我所能奉献的
只有热血、辛劳、眼泪与汗水

暗至
刻时

Anthony McCarten

DARKEST HOUR

How Churchill Brought Us Back from the Brink

［新西兰］安东尼·麦卡滕——著

陈恒仕——译

上海译文出版社

图书在版编目（CIP）数据

至暗时刻：力挽狂澜的丘吉尔/（新西兰）安东尼·麦
卡滕（Anthony McCarten）著；陈恒仕译. —上海：
上海译文出版社，2019.7（2025.4重印）
书名原文：Darkest Hour: How Churchill Brought
Us Back From the Brink
ISBN 978－7－5327－8132－4

Ⅰ.①至… Ⅱ.①安… ②陈… Ⅲ.①丘吉尔
(Churchill, Winston Leonard Spencer 1874-1965)—传记
Ⅳ.① K835.617=5

中国版本图书馆CIP数据核字（2019）第072141号

Anthony McCarten
Darkest Hour: How Churchill Brought
Us Back From the Brink

图字：09－2018－1178号

至暗时刻：力挽狂澜的丘吉尔	Anthony McCarten	出版统筹　赵武平
		策划编辑　陈飞雪
Darkest Hour: How Churchill Brought	[新西兰] 安东尼·麦卡滕　著	责任编辑　邹　欢
Us Back From the Brink	陈恒仕　译	装帧设计　山　川

上海译文出版社有限公司出版、发行
网址：www.yiwen.com.cn
201101　上海市闵行区号景路 159 弄 B 座
上海市崇明县裕安印刷厂印刷

开本890×1240　1/32　印张8.75　插页8　字数166,000
2019年7月第1版　2025年4月第6次印刷

ISBN 978－7－5327－8132－4
定价：58.00元

1940年5月，一次战时内阁会议后，丘吉尔与安东尼·艾登（右）、金斯利·伍德爵士（左）
(© H. F. Davis/Topical Press Agency/Getty Images)

1937 年，哈利法克斯勋爵（左二）在希特勒位于巴伐利亚阿尔卑斯山脉的贝格霍夫"夏宫"
(© Ullstein Bild)

1938 年，哈利法克斯迎接自慕尼黑会议"凯旋"的内维尔·张伯伦（右）
(© Hulton Archive/Getty Images)

1939 年，张伯伦与哈利法克斯会晤意大利独裁者墨索里尼
(© Popperfoto/Getty Images)

作家丘吉尔在其位于英格兰肯特郡的查特韦尔庄园的书房
(© Kurt Hutton/Picture Post/Getty Images)

1940 年 5 月的丘吉尔

(© Fox Photos/Hulton Archive/Getty Images)

丘吉尔发表全国演讲

1940 年 5 月 25 日，新任首相丘吉尔与夫人克莱门坦前往唐宁街 10 号
(© H. F. Davis/Topical Press Agency/Getty Images)

1940年5月，克莱门特·艾德礼（右三）与法国总理保罗·雷诺（右一）出席英法最高战时委员会会议

(Alamy D995B5 © World History Archive/Alamy Stock Photo)

位于伦敦白厅街地下的战时内阁会议室

(© IWM)

勇士丘吉尔体验"汤米冲锋枪"
(© Capt. Horton/IWM via Getty Images)

伦敦居民收听丘吉尔演讲
(© Felix Man/Picture Post/Getty Images)

丘吉尔示以 V 字胜利手势

(© Popperfoto/Getty Images)

丘吉尔在皇家阿尔伯特音乐厅

(© Universal History Archive/UIG via Getty Images)

演说家丘吉尔在保守党会议上滔滔演讲

(© Keystone-France/Gamma-Keystone via Getty Images)

丘吉尔与夫人克莱门坦在爱普森赛马会
(© Central Press/Hulton Archive/Getty Images)

丘吉尔增强语言感染力的一系列肢体动作
(© Fox Photos/Hulton Archive/Getty Images)

弁　言

多年来，我的书架总少不了这么些书，其主题或可概括为"改变世界的演说名篇"。这些书讲的是一个道理，即演说改变世界的作用尽管遭到质疑，但已多次恰逢其时地为史所证：言当时之须言，聚化为符合当时要求的思想，再由时势所呼之干才说出。

在这些演说汇编中，我总可读到至少一篇温斯顿·斯宾塞·丘吉尔的杰作。通常两到三篇。他的演说读来略显老套，气势凌人，且有玩弄词藻以至于夸夸其谈之嫌，虽则如此，但绝不乏精词妙句，华彩节段，足令纵使是上下千年的听众刻骨铭心。

我曾潜心研读尼赫鲁、列宁、乔治·华盛顿、希特勒、马丁·路德·金等人的演说，这教我对演说术及诸君势如矢雨的词藻倍加仰羡。他们鼎盛之时，能将一国或一族之人民未表达的所思所想表达出来，将各种各样的情感聚化为一种人共有之的激情，这种激情足以化不可能为现实。

我叹羡丘吉尔竟在短短四周内撰就三篇不朽演说。于他，一九四〇年五月是一段灵感迸发的非凡时日，促其成就了撼世伟作。而且，这些演说完全由其亲力所为。当时，他受到何等驱策竟至如此高度？怎样的政治与内心压力使他在如此短的时间内竟三次展现点石成金之功？

简要之，就因英国卷入战争。德国闪电战令人色变，欧洲民主国家因之急速接连倒于纳粹铁蹄与炮火之下。英国新任首相直面恐怖，手握椽笔，着打字员兼秘书之扈从于右，忖度当国家或须臾将遭强敌恶敌之侵，什么话语能振奋国人以进行英勇抵抗？

本书以及《至暗时刻》的电影剧本正是基于上述所问和这样的痴迷，旨在探寻一个处在千钧一发之际的男人的行事风格、领袖品质、所思所想、精神心态。他是这样的男人：有诗人的心，心底有一执着信念，即言语举足轻重，言语作用非凡，言语甚至可以改变世界。

研究肇始，我便专注于从一九四〇年五月十日丘吉尔出人意料地升为首相到六月四日危在旦夕的英国远征军几乎全部撤离敦刻尔克（标志着法国迅即沦陷）的这段时期。顺请注意，六月四日这天，丘吉尔发表了三次精彩演说中的最后一次演说。

英国国家档案馆在我研究过程中提供了不可或缺的帮助：我阅览了温斯顿在那段昏暗时日里主持的战时内阁会议的如实纪要，借此了解了他生涯中鲜有的踌躇，除此之外，他后来的相位稳如磐石。垫座的铭文是为雕像服务，而非为人服务；细读纪要发现，展现于前的不仅是一位遭各方攻讦、曾不知该择何路而行的领袖，且有我前所未闻的有关战时内阁的一段经历：设若战时内阁与敌媾和，世界格局可就因此改变。在与希特勒媾和之事上，温斯顿究竟走到哪步？我发现，他差点促成此事。

一九四〇年成立的战时内阁最初位于海军部（自唐宁街经白厅街往北走一小段路即到），后迁至财政部大楼的深层地堡。当时，战时内阁面临的难题是，英国是否独自继续战斗，直至全军覆没甚至国亡；或者，与希特勒媾和换得苟存。意大利驻伦敦大使曾表示，愿请意大利法西斯领导人贝尼托·墨索里尼出面斡旋，促成柏林、伦敦缔结和约，筹码是意大利获得在非洲、马耳他、直布罗陀等地的部分殖民贸易。哈利法克斯勋爵曾是相位竞争者，疾呼至少在未清楚希特勒底牌前，不妨尝试媾和之道。前任首相内维尔·张伯伦附和，称英国几临灭顶之灾，若要避之，哈利法克斯的提议似唯一明智之策。温斯顿一度茕茕孑立，无人可询，定夺只得仰仗自我。

伟大的温斯顿·丘吉尔在史上的形象是希特勒的大敌，从未有过动摇与气馁；可他竟曾与内阁大臣说，"设若希特勒先生愿议和的条件是收回德国殖民地及统霸中欧"，原则上不反对与德和谈。许多读者得知这件事后，该大跌眼镜。据有关资料，五月二十六日，他甚至表示，"只要保住我方底线和主要力量并以此谈判，纵使割让某些领地，如果能摆脱当前困厄便谢天谢地了"。什么领地？这就是欧洲乃至英国的领地。还有其他相关记录。据张伯伦五月二十七日日记，丘吉尔在战时内阁会议上如此表示，"我们若能从泥潭脱身，纵使让出马耳他、直布罗陀与若干非洲殖民地，他[温斯顿]也会毫不犹豫抓住这样的机会"。

丘吉尔当时真就考虑与一个令他憎恶至极的嗜血狂魔谈判议和？看似如此。他当时压力如山，不仅有此酝酿，且允许哈利法克斯拟写致意方的绝密函，列出英方条件，主动先行，意在摸清希特勒底牌。

部分人或认为，说丘吉尔曾主动且郑重思考与希特勒议和，这贬低了这位伟人、玷污了他的声名。我认为恰恰相反：公众视丘吉尔为好战的、不服输的斗士，这并非如实反映，反倒使其变得极不真实、毫无特色，与其说是血肉丰满的人不如说是众人臆想之物。说他优柔寡断，说他能一面以强人姿态提振士气、一面思考诸种解决方案，这非但不降低其史上尊位，反而增其光辉。

本书书名所指的黑暗时刻，便是上述丘吉尔经历的时刻。就是在——甚至可以说，也正因为——如此黑暗时刻，丘吉尔才有了两次逆转性的恢宏演说，堪为经典。第一次演说的听众为非战时内阁成员，第二次演说的听众名为整个英国议会实为整个世界。第一次是货真价实的第二次的热场。这次演说没有完整记录，不过，两位当时在场听众的日记可呈其概貌，且录有不少关键词句。第二次演说，就在丘吉尔说出这些词句时，便注定永载青史：滩涂、登陆之地、田野、山岗、海域、空中；他视这些地方为英国抗击令人闻风丧胆的野蛮德国佬的战场。

这两篇演说，包括之前几周的另一篇演说（丘吉尔在该演说中对英国民众誓言，无论如何，他将不惜热血、辛劳、眼泪与汗水），表明他运用了自古希腊、罗马圣贤著作中学得的各种演说技巧，其中，西塞罗的作用尤甚：首先唤起听众对演说者的祖国、演说者本人、演说者服务的对象和演说者的境地的同情，逐渐发力，直至叩动听众心扉——古罗马演说家称之为结束语①——旨在调动所有听众，煽其情，驭其心。

丘吉尔在一九四〇年五月与六月初旬间做的三次精彩纷呈的演说有其模本。其中，马可·安东尼为阿基利乌斯之辩尤值一提。辩中，安东尼揭起阿基利乌斯之衣，亮出他战斗留下的伤疤——然而，就算其辩精彩，英国下院及民众也未曾耳闻，他们听到的是丘吉尔无与伦比的演说。丘吉尔的演说改变了政界同僚的悲观心态，提振了担惊受怕的民众士气，及至吁使他们踏上一条不测之路——漫漫途中，凶险重重，按温斯顿预计，他们须做出各种牺牲（实际牺牲远少于他的预计！）——直到最终取得完全胜利。

这真可谓传奇。

---

① 原文为拉丁语，epilogos。

温斯顿去世后，有人说他在一九四〇年英国独力抗击恶寇的那段黑暗时日，调动起了英语这门语言的所有能量，使之化为战斗力。这一形象之说不仅听来美妙，且名副其实。在那段备受煎熬的岁月里，他所有无他，只有话语。设若身处只有一样东西可用于战斗的境地——务听箴言——你恐怕难及温斯顿之什一。

目　录

弁　言　　　　　　　　　　　　　　　　　　　　　I

第一章　分裂的下院　　　　　　　　　　　　　　3

第二章　社会不齿之人　　　　　　　　　　　　19

第三章　一个领导者的倒掉　　　　　　　　　　51

第四章　圣狐　　　　　　　　　　　　　　　　65

第五章　伟大的"口述人"　　　　　　　　　　79

第六章　热血、辛劳、眼泪与汗水　　　　　　91

第七章　日益恶化的战局　　　　　　　　　　105

第八章　来自内部的忧惧、怀疑与压力　　　　125

第九章　内阁危机与领袖地位　　　　　　　　151

第十章　"在任何一块滩涂战斗"　　　　　　177

跋：真相大白又如何　　　　　　　　　　　　193

鸣　谢　　　　　　　　　　　　　　　　　　198

译者致谢　　　　　　　　　　　　　　　　　199

参考文献　　　　　　　　　　　　　　　　　201

索　引　　　　　　　　　　　　　　　　　　251

一九四○年五月七日，星期二

希特勒侵入捷克斯洛伐克、
波兰、丹麦、挪威。

———————————

他蓄势待发，要征服欧洲其余各国。

———————————

在英国，下院不再信任其领袖内维尔·张伯伦。
寻求继任者计划已启动。

第一章
分裂的下院

英国下院辩论庭沸反盈天，批评声、斥责声此伏彼起。楼上，贵族与上院议员们高呼"滚出去！滚出去！"。他们身体前倾，伸着脑袋，把楼下看个清楚。"辞职吧，老兄！辞职！"眼前发生的是英国政治上史无前例的一幕。各反对党派成员将手里的下院程序文件卷成匕首状，掷向一个坐在辩论桌前的男人。他强撑不为人知的病体，心力交瘁，不复有生气活力。此人便是英国首相保守党人内维尔·张伯伦。

即便如此，张伯伦不愿下台。他有很多理由，其中之一——也是让他深为不安的问题——自己辞去首相之位，谁可能继任？

八个月前，英国卷入战争。战局持续失利。英国政界与民众呼吁更换首相。不凡时代有其别于一般时代的诉求，因此，他们要的新首相须是一位不凡的领袖。他须做到唯不凡领袖方能做到的不凡之事，亦即，能说出打动、左右、说服民众的话语，能说出可召唤民众赴汤蹈火的话语，能说出鼓舞民众使其欢欣的话语，甚至能说出诱使民众心底生出种种未曾感受的情感的话语。话语催生行动。当然，行动的结果，视行动周全缜密与否，不外乎两种：或凯旋班师，或一败涂地。

不仅如此，大凡陷于险境的国家或许还望其领袖具有一种更令人咋舌的秉质：质疑。这种秉质不可或缺。他们的领袖须能质疑自己的各种判断；他们领袖的脑袋须能同时容纳两种对立的主张，并综合两者；这样的领袖不固执己见，而固执己见者只能与一人交流，这人便是其自我。一个固执于某种主张的理论家很不适合做当下英国的领袖。英国需要的领袖须是一个全方位的思想者。

正如奥利弗·克伦威尔一六五〇年致信苏格兰教会所言："我以仁慈上帝的名义，恳望诸位思量这种可能，即你们也许错了。"当下乱象丛生，没有定数；英国面临的问题纷繁严峻，其命运前途系于下一步决策举措；一个重要问题摆在面前：这样的领导者又在何方？

2　　"即便你有过贡献，但远不足以支撑你久居首相之职。听我一言，辞职吧。英国不再需要你这样的首相。看在上帝的份上，辞职吧！"代表伯明翰市斯帕克布洛的下院议员利奥·艾默里道毕，坐回座位。下院厅内爆发出雷鸣般掌声。时间：一九四〇年五月七日夜，即今日已是传奇的挪威辩论会首夜。辩论会至此已进行九个小时。初夏夜晚透着暖意，夜色业已深沉。利奥·艾默里的话如刀，直捅保守党人张伯伦要害。

当时，英国分裂。政府没能凝心聚力，反倒政派纷争，因为人人偏执于自我，对鸡毛蒜皮问题的争执无休无止。因此，军事上，无论在陆地战场还是在公海战场，英国都遭遇了灾难性的失败。在欧洲，之前不可想象的事渐成现实：法西斯主义越来越劲，民主与人民渐行渐远。

那晚著名的议会辩论是果，因是五天前的事。当时，消息披露，驻扎在挪威特隆赫姆港的英军才第一次遭到纳粹德国猛烈进攻，便旋即撤离。由保守党议员和上院议员组成的旨在问责政府的索尔兹伯里勋爵监察委员会，与之目的相似、由克莱门特·戴维斯领导的跨

注：本书页边码为原书页码，对应文后的参考文献。

党派议会行动组，组内亦有工党成员，这两方与利奥·艾默里达成一致意见：无论如何，须就与纳粹德国首次交锋犯下的错误进行辩论，并希望通过这场辩论，弹劾他们认为其咎难辞的英国罪相。

时间：五月七日下午三点四十八分，为期两天的辩论的首日。地点：下院辩论庭。张伯伦第一个就"战争行为"发言。他竭力说明，撤军之举意在拯救英军。然而，他的发言丝毫无济于稳固其首相地位，也丝毫无济于消弭听众的恐惧：英国总之在走向毁灭。相反，他的发言进一步让听众确信：他已倦怠、唯求被动防御，他只会加速英国坠入险境。之后，有评论如此描述当时情形：张伯伦形容"悲伤枯槁"，其对手的中伤言辞更叫人难忘，即便如此，他仍硬撑着抵御。他对这些言辞熟稔于心，正是他创造了"我们时代的和平！"（他一年前信心满满的承诺）和"没赶上这趟车！"（他据观察而认定希特勒已无任何在欧洲兴风作浪的机会）。此刻，他创造的言辞，如一枚枚手榴弹，在自己脚下轰然炸开。

张伯伦在发言过程中，没听到支持声，用工党议员阿瑟·格林伍德的话说，这源于"一种化合大众心理"，下院气氛前所未有地沉重："它不安，焦虑，岂止焦虑，而且恐惧。"

张伯伦结束发言，回到座位。保守党议员海军上将罗杰·凯斯，一身戎装（如此装束开了下院着装先河），器宇轩昂走到辩论桌前。庭内鸦雀无声。凯斯长期不满首相所为。此刻，他指责政府"表现出的无能令人震惊"。他本人见证了这场错误，自有发言权。

随后发言者是反对党工党领袖克莱门特·艾德礼。他口才并不出众，不过此刻，他的话题显然使其一反常态，语言尖刻犀利，批评政府在处理当下形势方面的"无能"：

不止挪威。政府之前很多作为令人不满，挪威事件不过是其中登峰造极之举。英国上下在议论说，那些关键主事者从头到尾几乎没做成任何事。先是捷克-斯洛伐克[原文如此]、波兰，再是挪威。各地形势四字以括：为时已晚。首相曾用"没赶上这趟车"的说法。我质问，自一九三一年至今，他及其同僚错过了多少班车？这该如何清算？他们错过了数班和平之车，赶上的却是战争这班车。大家已看清，他们对态势从未有过正确判断，他们认定希特勒不会进攻捷克-斯洛伐克，他们认定对希特勒可采取绥靖之策，因此，他们似乎也不会预判到希特勒将进攻挪威。

时间：五月七日午夜前一刻。张伯伦命运封棺。但不少人认为，首相本人似乎不能接受。他的此种昏聩绝非首次。他的私人秘书长约翰·"乔克"·科尔维尔曾在一九四〇年五月六日星期一的日记中写道："报纸连篇累牍攻击他，他为此非常沮丧……我以为，他得了一种奇怪的虚荣与自尊综合征，这源于慕尼黑绥靖事件[即一九三八年九月，张伯伦被判定为默认了希特勒所有强横要求，但他本人却坚称，他用谈判赢得了和平]。该症自此始，给他带来累累伤痕，不见减轻，反倒严重起来。"

因此，五月八日上午，在辩论会第二天也是决定性的一天前，鉴于张伯伦明确表示不愿下台，监察委员会与跨党派议会行动组成员再次在下院聚议，决定强行推动下院投票。用工党议员赫伯特·莫里森的话说，"要求全体议员就满意或忧惧首相的作为表决"。换句话说，张伯伦继续合法执掌首相大印需得到规定的支持票数，此举旨在将他的支持票消减殆尽，彻底击溃他。

党鞭们①闻讯后四处活动，汲汲于与各投票阵营协议支持张伯

---

① party whips，英国政党的组织秘书。

伦。据科尔维尔日记，一些资深保守党人"都在谈重组政府，郑重其⁶事商议各种重组方案（方案将由保守党议员哈利法克斯[勋爵]向工党议员[赫伯特·]莫里森提出）。照此方案，塞缪尔·霍尔、金斯利·伍德、[约翰·]西蒙[爵士]等保守党政府要员退阁，邀反对党工党成员入阁，但前提是张伯伦保留首相职位"。

时间：下午两点四十五分。下院议员齐聚，继续就"战争行为"辩论，刀剑纷亮，尤为锋利。

工党议员赫伯特·莫里森对阻止下院投票表决的请求充耳不闻。工党方意志决然：绝不入阁一个仍由"那个人"，即张伯伦，主掌的联合政府。莫里森发表了长达二十分钟的激情澎湃的演说。他敦促，下院须用良心投票，须认真彻底思考鉴于目前形势，鉴于战争仅打了八个月，政府表现即如此糟糕，若不改变，英国还能存续下去吗？他的意思简单明了：不止张伯伦必须下台，所有支持对德绥靖政策的人也须一同滚蛋。他认为，英国三十年代盛行的这一政策是充满错误的主张，竟然相信只需喂饱独裁者，他便会心满意足，退而安居于自己的巢穴。这就意味着，塞缪尔·霍尔爵士（时任空军大臣）和约翰·西蒙爵士（时任财政大臣）也须辞职。

是否辞职须由张伯伦本人决定。应该说，他受到各方攻击，已疲弱不堪，该认败才对。然而，他仍负隅顽抗。他纹丝不动坐在长椅上，仅偶尔抬眼，迎向枪弹般猛烈的恶言毒语。终于，他站起身——据工党议员休·道尔顿描述——他满腔怒火，"跳将起来，像一只被⁷逼至死角的老鼠，呲着牙，大声道：'我接受挑战。我请求我的朋友们，在下院里，我仍有一些朋友，我请求你们今晚投票支持现在的政府。'"

英国面临的形势异常险峻，张伯伦竟没认清，令反对者更加愤怒。他话音刚落，两旁议员纷纷跃起，希望议长安排发言机会。辩

论庭响彻"滚出去!""辞职!"的怒吼,张伯伦不为所动。显然,还须予他最后致命一击。最佳执行者此刻站起身,喧嚣的辩论庭随即肃静。此人便是前战时首相自由党人戴维·劳合·乔治。他斥责张伯伦将英国置于"史上最糟糕的战略地位"。他起先语速柔缓,渐渐地,愈来愈激愤,说到高潮处,直击张伯伦良心:"做一个牺牲的榜样吧。为了赢得这场战争,他该牺牲权印;没有什么比这更有贡献于取得战争的胜利。"

下院议长太太玛格丽特·劳合·乔治夫人当时坐在楼上,听了这番言辞,颔首赞赏。她后来写道:

> 我真替丈夫感到欣喜,他有了一位帮他把张伯伦逐出下院的人。我从未见过这种场面:下院铁定心把他、约翰·西蒙爵士和塞缪尔·霍尔驱逐出去……他出去时,"出去!出去!"轰他的声音真是吓人。我也从未见过哪位首相离开时竟受到如此"礼遇"。他咎由自取。慕尼黑绥靖事件后,托利党人总挂在嘴边的话是,"他让我们免于战争,拯救了英国"。可怜的托利党人,他们这回该开眼界了吧。

辩论充满怨懑愤怒,持续至晚上。张伯伦不愿心平气和地辞职。也就几周后,他在日记里第一次写道,因为肠癌,忍受着"极大痛苦"。短短几个月后,肠癌夺去他的生命。他或许预感到:此刻辩论是他最后一次机会,来洗刷加在他头上的是他导致欧洲沦陷、民主消亡、英国人丧失了自己生活的罪名。当然,他不愿辞职,或许还有更深层、世人不知的原因。

在与张伯伦同一前排、隔着几个座位处坐着一个人。上月挪威一役，英军阵亡一千八百人，损失一艘航母，两艘巡洋舰，七艘驱逐舰，一艘潜艇。对此，此人其实更难辞其咎。

他便是海军大臣温斯顿·斯宾塞·丘吉尔。英国海军战略几招灭顶之灾，温斯顿是主要制定者。首相成为众矢之的，他的发言又靠后，因此，他尚未遭到攻击。他不动声色，避免也成靶标。

温斯顿当时绝非为人所敬。事实上，他受人嘲讽，是利己主义者，用保守党议员亨利（·"齐普斯"①）·钱农爵士的话说，他这"半个美国种"活着只为自己。谁能想到，如今，有报告称在英国，三千五百家酒吧酒店、一千五百多座厅堂大楼、二十五条街道用他的名字；啤酒杯托、门垫，几乎所有物件，印有他的头像；更别说美国总统椭圆办公室时不时摆出他的半身塑像。溯至一九四〇年五月，绝大多数人认为他和靠谱沾不上边。

一九〇四年，温斯顿脱保守党，入自由党；一九二四年，又脱自由党，重入保守党。因为改变党派，不少保守党人给他的标签一直是叛徒二字。但他的表现倒是证明他忠于张伯伦，这出人意料。此刻，他便表现出忠诚：劳合·乔治发言到一半时，他挺身而出，愿代首相受过："海军所为，我负全责，一切后果由我承担。"

劳合·乔治见丘吉尔打断其发言，并无慌乱，而是老练应道："这位先生愿代人受过，令人尊敬，但他决不可将自己变成防空掩体，为他的同僚遮挡弹片。"

丘吉尔貌似救张伯伦，实有他图。他的义举不过是其谋划好的行动的第一步，虽料定不会成功，但同时，他表现的令人动容的忠诚会赢得同僚的赞许——借此良机，他表现出自己若有意于首相之位，

---

① Chips是钱农爵士的绰号，意为"薯条"，与其大学室友的绰号"炸鱼"相对。该词也有"碎片"之意，他记录当时政要轶闻的日记汇编《碎片日记》也由此得名。因该词在全书中有以上双重含义，故取音译，便于称呼。

他会有多"具首相特质";继而顺势竞逐首相之位,成为一匹黑马。

他终于等到发言,洋洋洒洒。张伯伦的反对者们倾着身体,若有所期,想听他谴责张伯伦的隽语。然而,他们的期待落空,他的发言不足以名垂千古,也没什么值得让张伯伦拿去刻到自己的墓碑上。相反,他赞张伯伦,但又恰到好处地不温不火。这正是他想让听众感觉到的:不过尔尔,为时已晚。温斯顿其实可说更多,但他显然把更多雄辩留给将来的某天某刻。他已在酝酿这样的发言,在心里字斟句酌。它们要用在将来更撼人心魄的事情上,它们将在这座厅里产生他要的效果。

温斯顿回到座位上。他的发言或许为他赢得了一点:他的星,若熠熠闪光尚待时日,但在一个重要关节,当其他人的星黯然无光时,开始闪烁着一些光芒。

至此,议长发话:下院进行分区投票。绝大多数人认为票决结果已定。齐普斯·钱农回忆:

10–11　　　　我们盯着变节的保守党人一个个走出投反对票区……我们朝他们喊"叛徒""败类"。他们用"走狗"还击……"二百八十一票对二百票"……"辞职——辞职!"声不断……乔希·韦奇伍德那个又老又蠢的家伙开始挥舞手臂,唱《不列颠万岁》军歌。旁边的哈罗德·麦克米伦也搀和进去,不过,他俩被骂声压了下去。内维尔看似震惊于让他死里逃生的投票结果,第一个站起来,面色凝重,神有所思,怅然哀伤……慕尼黑绥靖事件前,他不乏掌声,但今晚无人为他喝彩——此刻,他只是一个孤独的不受人待见的男人。这个男人为英国已殚精竭虑。

张伯伦虽险胜,但失去了其政党的信任:共计四十一名保守党议员投了反对政府票。其中，最年轻的是保守党人约翰·普罗富莫。他时年仅二十五岁，竟溜出军营来参加投票。保守党党鞭戴维·马杰森第二天大光其火，骂他，"你这个卑鄙至极的人渣……你会为你昨晚的行为羞耻终生"。保守党虽然仍在下院占多数席位，但缩减至八十一席，政府信任度已见分晓，无需继续辩论。接下来便是看在首相接任人选上的公众动员，正如张伯伦私人秘书长乔克·科尔维尔评论道，"所有人只把精力放在政治内斗上，而不想明天，不想希特勒的下一步行动"，这委实"令人恶心"。事态发展到这步，英国须有一位新首相。问题是谁？谁具备这样的资格？谁做好了出任首相的准备？

英国局势本已糟糕，政治内斗雪上加霜。此时，须有人不仅能团结保守党，且能团结各反对党与军队。说到军队，他们相互掣肘，与德军首次交锋便失利；德国入侵波兰而引发的长达八个月的所谓"假战"，也因此遽然终止。

钱农在日记里写道：在英国政坛上层，"谣言与心计，阴谋与反制"，如火如荼。丘吉尔虽在过去几天辩论中赢得众多支持与赞誉，且渐获保守党内部力挺，但没人视他为首相人选。唯有一个名字浮出，该人被看作接替张伯伦的唯一当然人选。他便是现任外交大臣、上院议员哈利法克斯勋爵，可他不得坐在下院的坐席上。这些天，他与其他上院议员、外国大使以及来自英国盟国的政要，坐在辩论庭楼上，不动声色目睹了辩论始终。

哈利法克斯接替张伯伦的最大障碍是宪法条款。英国议会制度有其特色，规定：任何上院议员不能同时代表下院民选议员，也不能同时出任下院民选议员。假如哈利法克斯勋爵有意于首相之职，而首相自然成为下院领袖，可他非下院议员，宪法条款便构成了难以逾越之障。

据哈利法克斯传记作者安德鲁·罗伯茨记述，之前，没人想到哈利法克斯会成为首相接替人选；五月八日，亦即辩论第二天，结果出人意料。外交大臣与首相就此匆匆会晤，进行了短暂磋商。张伯伦
12 "明确表示，他若被迫辞职，望哈利法克斯接任"。五月九日，星期四，再提首相之职的接任，哈利法克斯勋爵的态度却非所期。他在日记里写道：首相请他上午十点十五分到唐宁街十号面晤；张伯伦向哈
13 利法克斯表示，"下院分歧已使首相之位难堪，他认为，不能听任这种状况继续下去；他还认为，当前要事是重建众人对政府的信任"。张
13 伯伦再次谈及首相职位的接任。哈利法克斯回应（据其日记）："若由我接任，他[张伯伦]或许继续供职于政府。我列举了所有能想到的不利于接任的理由，特别强调，身为首相却被排除在下院权力中心之外，将何等尴尬。"

有人若质疑哈利法克斯的谦让言不对心，不无道理。之后，哈利
13 法克斯的言行表明，他汲汲于掌握权杖。他在日记里写道："此次谈话，以及他[张伯伦]表露无遗的心迹，让我胃痛。我又重复前天的话说，即使工党愿唯我马首是瞻，我也该向他们表明，我尚无接任首相之心。"

胃痛？保守党议员理查德·奥斯汀·"拉布"·巴特勒在回忆录里记载了狡黠的哈利法克斯面晤张伯伦后与他的一次谈话，说辞大相径庭：

13-14 　　　　他[哈利法克斯]告诉我，他认为自己胜任首相之职。他还认为，须对丘吉尔施加影响，加以制约。如何更有效制约丘吉尔，是凭首相之威，还是凭丘吉尔政府中的阁员之位？纵使他选择前者，就丘吉尔的资质与经验而言，他肯定仍将我行我素，操控战事，他的首相之位因此旋将虚空。

哈利法克斯百般推诿，然而，上述理由似乎更为可信，解释了他为何婉拒代表英国政坛巅峰的首相宝座。他是上院议员，无法作为首相进入下院。如此，他作为英国领袖，又将位居何处？正是该问题，才致其忸怩。

只有大英帝国领袖名号，却没有实权可舞，兼之将一直受丘吉尔掣肘，他深知此人在军事战略与战术方面，较之于自己更胜一筹。因此，首相职位，对于哈利法克斯这类已有地位且自我的人，前景几乎吊不起胃口。问题是，他的政治伙伴们怎么就严重误判了他的心思？上院望他出任首相，国王乔治六世望他出任首相，连工党也望他出任首相。情形似乎是，他们在合力推举某人，可此人突然，至少就目前情况看，对所荐之位几无兴趣。

如此，丘吉尔这个名字令人不可思议地扶摇升至接任首相人选名单的首位。

好个惊天逆转。几天前，大家还压根儿没想过丘吉尔，现在，他竟被当作有力竞逐者。不过，大家顾虑重重。选他，委实教人为难，因为他是多个相互龃龉角色的合体：善表演，好炫耀，夸夸其谈，诗人，记者，历史研究者，冒险分子，忧郁，疑为酒徒，已到六十五岁可领取养老金的年龄，而最为人知的却是，一路走来，败绩连连，总把握不准态势，须明判时屡屡构错，且该类错误竟成家常便饭。他还被视作危险的好战分子，这源于他身为海军大臣在第一次世界大战中的错行（主要指那场他难辞其咎的人类灾难，即在地中海东部对奥斯曼帝国的加利波利一役中，英联邦将士亡四万五千人）。他因此过去十年中多半时间过着，用其话说，"与世隔绝的生活"。当然，其错不止于此，还可枚举，例如他反对印度自治，粗暴应对威尔士矿工罢工。

鉴于其错行累累，后果严重，丘吉尔此刻该质疑自己是否适居首相之位，方才合乎情理。他若相悖而行，觊觎首相宝座，实在反常，且心理上说不通。他并非不知自身瑕疵。他并非不知，在其生涯的当下阶段，自己是众人笑柄，漫画家们乐此不疲的人物模型——今天的许多人，只知后来的丘吉尔，或许会惊讶于前述。因此，尽管他竞逐首相的雄心不可动摇——他自少年起便梦想当上首相，填补父亲伦道夫未竟的家族史上的一页空白——他也自知过去每逢关节处的拙劣表现，及因此造成的人员伤亡。然而，即便他认为自我质疑是消极负面的——他常说，领导者应根据各类情报形成远见，并果断实践其远见——你我万不可苟同，须知，只要自我质疑不至于令人气馁，那么，一个人质疑自己时，便会对他人意见给予应有的重视、参考这些意见，因此，这种自我质疑可被视为任何稳健决策过程中不可或缺的一环。

英国总参谋长埃德蒙·艾恩赛德爵士当时对温斯顿的看法具普遍代表性。他的日记记录了其矛盾心理："能接替[张伯伦]者唯有温斯顿，这顺理成章。然而，他过于多变。不过，他确实具有终结战争的超人才干。"

由此可知，温斯顿能否登上英国政坛顶峰，远非定数，但他有哈利法克斯不能抗衡的一面，即战争经验。尽管他曾连连铸错，但在从戎资历上——他参加过英布战争和第一次世界大战；他当记者时亲历了各种军事冲突——他全面压过哈利法克斯。后者别说实战，即便纸上谈兵，也捉襟见肘。就在一个月前，哈利法克斯暴露了其军事无知。据罗伯茨记述，哈利法克斯被问及"进攻特隆赫姆是否比进攻纳尔维克更为有利，他不得不承认，愧阙能力，无法回答"。

哈利法克斯还有一减分项，其公众形象因之受损，即他是绥靖政策的支持者。希特勒贪婪之心已昭然若揭，就在此势态下，哈利法克斯仍固执主张和平，且是几乎不计代价的和平。

再者，此次竞逐首相之位一反常态，除哈利法克斯与丘吉尔外，

竟无其他强劲对手。安东尼·艾登本可为热门人选。据一九三九 17
年三月关于谁堪任下届首相的民意调查,安东尼·艾登的民众支持
率为百分之三十八,丘吉尔与哈利法克斯的民众支持率仅为百分之
七,相形见绌。只可惜艾登不满张伯伦的绥靖政策,辞去外交大臣
之职;之后虽再入政府任自治领大臣,但较之于前职,位低言轻。因
此,在这关节,他全无成为接任首相人选的机会。

哈利法克斯当下对首相之位又示退避之态。如此一来,丘吉尔
的姿态与言行——不论他人评价如何——俨然具备首相之风。

不过,丘吉尔并不想让人看出自己谋求首相之位,而要不动声
色地推进此事,为此,五月九日上午会晤了几个盟友。艾登为其中之
一,他在海军部与丘吉尔见面。当时,丘吉尔边修面边"与我[艾登] 17
又谈及前晚事情。在他看来,内维尔无力邀工党组阁联合政府,但组
阁联合政府之事势在必行"。

丘吉尔接着面晤老友比弗布鲁克勋爵。后者是报界巨擘,举足
轻重。他试图让丘吉尔就接任首相的问题明确表态。丘吉尔一如
过去,不露星点口风,仅道:"无论谁接任首相,只要他能掌控战争局 17
势,我都愿效劳。"

当天,丘吉尔与艾登及掌玺大臣金斯利·伍德爵士共进午餐。
期间,伍德明确表态,支持海军大臣接任首相。他向丘吉尔建议,"若 17-18
有人问到,他应明白无误地告知对方自己[接任]的意愿"。据艾登
回忆,"当时,金斯利·伍德提醒丘吉尔,张伯伦会让哈利法克斯接替
自己,且要求丘吉尔首肯。他这话让我始料不及。伍德建议:'别同
意,别做任何表态。'这番话则让我震惊,须知,他之前可是力挺张伯
伦。不过,他的确说得对。我表示赞同"。

张伯伦去意已决,于是,当天下午四点三十分,将哈利法克斯与
丘吉尔召至唐宁街。

三人会晤改变了历史。关于此次晤谈的版本相互抵牾，因此，它多少成了一桩公案。如今，能确定的是参加晤谈的人：内维尔·张伯伦，哈利法克斯勋爵，温斯顿·丘吉尔以及保守党党鞭戴维·马杰森。张伯伦召集几位，一要告知他们自己辞职的决定，二要与他们议定谁承接领导英国的大任。此次会晤最直接的记载来自哈利法克斯的日记。据他回忆，张伯伦明确了辞任之心，但他并未明确支持谁接任其

18　职，仅说，"两位中无论谁接任首相，他都将乐意效力麾下"。工党要人们——他们主导工党如何或是否与保守党组成联合政府——计划当晚前往伯恩茅斯，翌日将在那里召开会议；而新政府，无论谁来领导，都得授工党要员们要职；因此，必须尽快做决定。

19　情势紧张急迫，让哈利法克斯难以承受。他回忆，当时他"胃部依旧疼痛"。看来，即便欲任首相，身体也不允许。他比较了自己与丘吉尔的"资质"。不止于此，他再次谈到，倘若接任首相，他的地位究竟如何："温斯顿将执掌国防……而我[上院议员]，宪法禁入下院。两块举足轻重的领域，我均不能参与，从而游离于大事要事之外，不用多久，会沦为荣誉首相"。他的情况分析鞭辟入里。接下来，

19　他多少有些尖酸地评价丘吉尔"得体表达的敬意与谦卑，[丘吉尔]说不由得感受到我话中的力量。首相无可奈何，而丘吉尔显然甚少无可奈何，表示接受我的意见"。外交部常务次长、哈利法克斯的左膀右臂亚历山大·卡多根爵士的当天日记佐证了这段回忆。

丘吉尔的回忆或许谬误最多。他在回忆录《风云紧急》里误记了此次面晤时间，记为五月十日。他以独有的笔法描述了当时情

19　景：张伯伦情绪激动，问，"温斯顿，一位上院议员不该出任首相，我问你，其据何在？"温斯顿对此"保持沉默；[随后]很长时间，无人说话。可以肯定，长过纪念停战日时人们须静默的两分钟"。他如此描述，无非要让历史记住，他们的缄默令人煎熬，逼得哈利法克斯率

先打破缄默；他极度痛苦，不厌其烦地解释为何不能担任首相。然而，据戴维·马杰森回忆，哈利法克斯其实当即开腔，力荐丘吉尔，称其更具资质。

缄默与否，留作公案。有一点可证：他们达成了一致意见。据亚历山大·卡多根爵士日记，至此，"党鞭[马杰森]与其他人均认为，²⁰下院一干人心里已渐偏向于他[丘吉尔]。设若内·张[张伯伦]留[在内阁]——他也有此意愿——那么，丘吉尔会服从他的意见，他也能把控丘吉尔"。如此盘算，他们愿打开笼门，放出丘吉尔这头雄狮。会晤结束。张伯伦当晚六点十五分即刻会见克莱门特·艾德礼和阿瑟·格林伍德。两人允诺，工党愿入阁联合政府，但提醒，不愿听命于他。工党翌日在伯恩茅斯召开高层会议。艾德礼和格林伍德届时将把有关事项提交会议讨论。

与此同时，哈利法克斯与丘吉尔走到唐宁街十号的花园，品茶休憩。据丘吉尔回忆，他与哈利法克斯并未谈及"任何特别之事"。之²⁰后，他回到海军部，准备要做的事。当晚，他与安东尼·艾登共进晚餐，向他讲述了白天发生的一幕幕。用丘吉尔的话说，他"希望内·张²⁰[张伯伦]不走，继续领导下院，继续领导[我们]保守党"。而就在翌日下午，张伯伦向国王乔治六世递交辞呈，并建议起用丘吉尔。更有意思的是，温斯顿不仅当了首相，且自领一顶新设官帽：国防大臣。

工党五月九日高层会议漫长激烈，无论结果如何，有一事已成定局：丘吉尔将主导战事。属于丘吉尔的时刻终于到来，且恰逢其时。希特勒正瞒天过海陈兵于德国与荷兰、比利时及法国的边境，布置坦克，即将发动一场闪电战①。其势凶猛，不多时，政要们话风便开始转向：整个欧洲可能将臣服于纳粹虎狼之师。

---

① 原文为德语，Blitzkrieg。

21　　　丘吉尔后来回忆："我感觉，仿佛与宿命同行；我走过的路做过的事皆是为这一刻、这一考验做的铺垫……我认为，自己对这场战争了如指掌，且自信该立于不败之地。"如今，英国命运系在他的身上。他的表现不愧为超凡卓越。

第二章
社会不齿之人

那么，将领导英国投入其史上大战之一的是何许人物？

欲"三言两语"说清温斯顿·伦纳德·斯宾塞·丘吉尔，绝非易事。史上有谁比他更招笔墨？有关他的书，数量之多，令华盛顿、恺撒、拿破仑等人的书有小巫之差。写其强敌阿道夫·希特勒的书亦非少数，然相形见绌。个中原因简单明了：纵观历史，鲜有人如他福寿，所做甚多，既施善举，又有乖行，挽狂澜于既倒，拒人生碌碌无为。本书以下院一九四〇年五月紧张的几天为肇始，而他之前的六十五个春秋也可大书特书。

他演说气势如虹，酗酒，机智，爱国，支持殖民，富有远见，设计坦克，犯过错误，好出风头，出身贵族，曾为囚徒，战争英雄，战争罪犯，好征服，遭讥讽，擅泥瓦工，拥有赛马，戎马倥偬，画画，从政，当记者，获诺贝尔文学奖。关于他，可列一份长长的名头清单。若只给他安一个名头，则以偏概全；若综而观之，则无异于将二十块拼图拼就一幅统一图画，谈何容易？

那么，若要从现代视角，用现代人熟知的心理语言，拨开层层迷雾，既细节又整体了解丘吉尔，该从何处入手？

请想象这样的场景：温斯顿端坐在一张椅子上，面前是一位现代精神病专家。后者会将前者归于何类？假设丘吉尔叙说了自己情绪如何摇摆，会被诊断为躁狂与忧郁交替发作症患者吗？该服起安定作用的锂盐吗？假设他坦言了自己的种种乖戾、不同于常人的叛逆、不安于现状、爱冒险以及偏好红色或绿色丝绒连衫衣裤，会被告知说，他其实在以此抑制儿时精神创伤与亲情匮乏造成的痛苦吗？他骨子里极度自恋，但尚可救药；有哪位大夫敢不讳言地如此告知他吗？若仅依据丘吉尔这个男人每天喝的东西，按现代诊断标准，他则极可能被归为自我医疗的酒鬼。

他既如此复杂，我们还是自外部入手，步步深入吧。第一步，我们来了解早年塑造他的各种因素。借此可知，丘吉尔后来为何非彼而此：既疑忌又信任他人，既自疑又自信，既自卑又自尊，既斗牛犬般好勇斗胜又表现出令人不堪忍受的畏葸不前。

首先，丘吉尔是维多利亚时代生人。他在维多利亚女王治下度过了人生前二十七年。当时，大英帝国势如洪流，可谓君临天下。这对丘吉尔的世界观产生了深刻影响。

再者，丘吉尔出身贵族。一八七四年十一月三十日，他出生在牛津郡布莱尼姆宫，是第七代马尔伯勒公爵之子伦道夫·丘吉尔勋爵与妻子伦道夫·丘吉尔夫人（出阁前名珍妮·杰罗姆）的第一个孩子。按常理推测，丘吉尔是提前两个月出生的早产儿，但伦道夫·丘吉尔夫人十有八九婚前便怀上了丘吉尔。

伦道夫与珍妮之间的红线由威尔士亲王，即后来的国王爱德华七世，一手相牵；二人于一八七三年八月在怀特岛考斯划船赛场初见。温斯顿在《我的早年生活》里记述了伦道夫如何"对她一见钟情"；两人如何迫不及待，相识仅三天便订婚约。一八七四年四月十五日，年仅二十五岁的保守党人伦道夫第一次成为下院议员的两个月后，他与珍妮在英国驻巴黎使馆低调成婚。

珍妮生下温斯顿时，年仅二十岁。她采取了维多利亚时代上层阶级女性一贯的育儿方式：大部分时间里，将温斯顿与其弟杰克交由尽心尽力的奶妈伊丽莎白·埃弗里斯特太太照料。温斯顿很爱奶妈，叫她"爱姆"。埃弗里斯特太太叫他"温尼"。珍妮出身富家，父亲伦纳德·杰罗姆，纽约人，人称"华尔街之王"，为商界巨子。年轻时，珍妮是光鲜夺目的交际花。她好聚会，爱旅游，风流韵事不断；为照料孩子而牺牲这样的生活，不是她的做派。温斯顿后来写道："我孩提时，母亲在我眼里同样熠熠生辉。她的光芒，我以为，灿若金 ²⁵ 星。我深爱她——然爱而远之"。

在照料孩子方面，父亲伦道夫的表现更加糟糕。温斯顿视他为偶像。然而，伦道夫勋爵将一生耗在政治上。他是公认的雄辩家，是主张保守党须与时俱进的中坚，是受人钦仰的财政大臣，是下院领袖。但好景不长，这颗流星般升起的托利党新星，很快失去光芒。一八八六年十二月二十日，入阁不足一年，他因提交的财政预算案搁浅辞去任职，仅保留下院议员身份。多年来折磨他的病痛随即加剧。

据对他病痛的描述，伦道夫应该患有梅毒。他究竟何时、如何染上该病，众说纷纭。不过，他染上梅毒的时间估计最早在一八七五年。他仅四十五岁便告别人世。在最后二十年里，梅毒引发麻痹性痴呆，他的神智急剧退化，疯癫得不能自理。因此，父子间没能亲近并相互理解。丘吉尔在之后的一生里，深深受扰于这种缺失。他在《我的早年生活》中写道：

> 父亲于一月二十四日凌晨去世。当时，我还在邻近的一栋 ²⁶ 房里熟睡，被唤醒。天色黢黑。我跑过格罗夫纳广场，半路，摔倒在雪地里。他走向生命终点时，没有一丝痛苦。事实上，他早已昏呆。我一直梦想与他同舟共济，入下院与他为伴，在那里为

他助阵，所有这些梦想随他而逝。我要做的唯有继续他未竟的事业，证明我不辱门庭。

温斯顿七岁时，如当时他这个阶层的许多男孩，被送到寄宿学校。寄宿学校的生活令他备受煎熬，"毕竟……我之前有各式各样玩具，无比快乐……如今却是没完没了的功课"。罚戒学生司空见惯。温斯顿早熟，爱读《金银岛》及其他一些大人读的书；受罚是家常便饭。他上了多所预备学校，最后，一八八八年四月，入名校哈罗公学。丘吉尔家族男孩原本自十八世纪起只读与哈罗公学齐名的伊顿公学。哈罗公学位于山上，空气格外清新，家人认为更适合体质偏弱的温斯顿。

温斯顿学习平平，被安排在差班。他讨厌典籍，但发现自己与英语语言、历史有种契合。事实上，正是这两门学科将来为他添翼助力。他如此评价老师萨默维尔先生："一位讨人喜欢的绅士，我深深感激他"。萨默维尔先生热情洋溢，"专教最笨男生最受轻视的课程，即如何写英文而非其他语言"。词、句、结构、文法，"化入了[温斯顿的]骨髓"，让他受用终生。

在哈罗公学，温斯顿还发现其他一些让自己乐此不疲且能做好的、值得追求的事情。他加入哈罗公学军校预备班；参加击剑锦标赛；诗歌背诵赛量压对手，频频获奖；多篇文章见于《哈罗公学周报》。

哈罗公学学业行将结束。他计划从戎，为桑德赫斯特皇家军事学院的入学考试做准备。一八九二年七月，他第一次参加招考，结果平平：入学最低分须六千四百五十七分，他仅得五千一百分。他之后又考了两次，一八九三年八月终被录取，时年十八岁。估计他当时期盼父亲暖人的贺信。然而，伦道夫·丘吉尔的精神状况恶化，他寄给温斯顿的竟是令人心碎的斥责。伦道夫的文才了得，可惜被他用作了一把无情剑，直刺儿子内心——温斯顿一辈子没消除这种伤痛：

一八九三年八月九日

亲爱的温斯顿：

　　你名登桑德赫斯特皇家军事学院录取榜，为此，你过喜近狂，为我始料不及。应试成功之道有二：一种值得称赞，一种反之。可惜你属后者，然而，你竟因凭此道成功而喜形于外……

　　你享有优势，愚妄地自以为有禀赋但实为家族关系所赐；为使你生活轻松舒适，为使你不至于因重负压抑而厌倦学业，家人殚精竭虑。基于此，你方有你所认为的荣光，其实也不过二三等成绩而已，仅够格服役于骑兵团……写此信直接明了嘱你下述诸事，于你有益。万勿认为，我会每每因此劳神动笔长信劝诫。我绝不会再次信谈此类问题。另，你不必烦神回复此此［原文如此］信以下所言，因为不论你列出什么成就功绩，我都不以为然。我的态度，你务必服膺，即，你在桑德赫斯特皇家军事学院若不痛改前非，依旧懒散马虎，只知玩乐，鲁莽冒失……我将终止为父之责；你将自食其力，以期维持最低颜面的生活。我如此告诫，理据是，我可以肯定，你如果不戒除不求上进、浑浑噩噩、一事无成的恶习，此恶习在你上学期间及之后数月暴露无遗，公学不乏劣品，你势必将与他们为伍，变成社会不齿之人。如此，你势必堕落为渣滓，谈何幸福成就。果如是，人生实为不幸，你本人罪咎难辞。望你扪心自问，回顾清点家人为你所付出的心血，这样才能知道自己为何有无可比拟的机遇；你若非丘吉尔家族苗裔，又何来得此机遇？你唯有扪心自问，方能回顾清点自己如何失于言行而荒废了如此机遇。

望你业已振作，开启新程。切记代我们就去桑德赫斯特皇家军事学院应做何准备咨询詹姆斯上尉。你母亲嘱我转达其爱。

爱你的父亲
伦道夫·斯·丘

年轻的温斯顿原本热切盼望父亲的赞赏认可，没承想收到这样一封信，打击之巨大，难以言表。但他并未因此沉沦：这个"为社会不齿之人"，在军校的表现堪称优秀。伦道夫勋爵去世前一个月，温斯顿以优异成绩（在一百五十名毕业学员中列第八位）毕业。他上学肇始，在许多人眼里，乏善可陈，桑德赫斯特皇家军事学院的学习则为他的教育历程画下了令人刮目相看的句号。丘吉尔后来写道："我对公学举双手赞成，但我不想再回到那里。"

一八九五年三月，他入第四轻骑兵团，军衔中尉。新入列人员尚须接受六个月紧张集训。丘吉尔写道，这里的训练"严苛程度远超我过去的军事训练"。尽管如此，他很快适应，同时，他新发现可让他自由放松的机会。他加入伦敦一家绅士俱乐部；他跟踪最新政治动态；他出入各种派对舞会，与上流社会打成一片；他打马球；他参加骑兵营障碍赛马。活动颇多，但他在军事训练上不敢有丝毫懈息。

同年，父亲去世。温斯顿的生活似乎愈来愈多阳光，直到七月二日他接到一封电报，电报内容让他肝肠寸断：奶妈埃弗里斯特夫人罹患重疾。他火速赶回北伦敦。路遇暴雨，回到家时全身浸湿。他守在埃弗里斯特夫人病床旁。他在《我的早年生活》里忆道：

她仍认得出我，但她的知觉渐失。离世时，她很安详。她一生服务他人，纯洁无邪，充满爱心。这就是她的人生宗旨，何其

质朴,因此,她没有任何忧惧……在我二十年人生中,她是我最
挚爱亲近的朋友。

埃弗里斯特夫人终生无嗣,但在温斯顿如孝子般的陪伴下走得
安详。在众人眼里,温斯顿一生感情丰富,且不隐藏自己的感情。关
于他当众流泪,他的密友甚至与他共事的政、军界人士,有说不完的
故事。一个人若自小敏感,因父母而产生的情感压力不可低估。温
斯顿便如此。他多亏有埃弗里斯特夫人尽心尽力的爱,否则,他会变
成一个与后来迥然不同的温斯顿,走一条与后来迥然不同的人生路。
温斯顿越来越不安于现状。虽继续从军,但他议道:

> 在维多利亚女王时代最后十年,大英帝国享受着几无中断 31
> 的和平,竟至于勋章及其他体现军人资历勇气的东西在英国陆
> 军中几成罕物……如今,命运让我过上行伍生活,而军中同仁强
> 烈感到军人没有足够的仗打。

对战事的渴望不日可得到满足,而且战事将极其残酷。到时,他们将
踩在欧洲堑壕的泥浆里,直面令人谈之色变的战场。温斯顿与其他
英军军官可没想到这些,他们一心只盼打仗。

于是,温斯顿将眼睛投向世界其他地方,搜寻战事。真巧,他找
到了始于一八九五年初的古巴反抗西班牙的独立战争。
十月下旬,离二十一岁生日仅差几周,温斯顿乘船抵达古巴。他
的亢奋跃然纸上:"晨曦初露,天际深蓝;远方的古巴海岸进入我的 32
视野,渐渐分明。我恍若与朗·约翰·西尔弗一同乘船探宝,且是我
先于他看到了金银岛。"在发给《伦敦每日画报》五篇报道中,温斯

顿发扬光大了萨默维尔先生在哈罗公学教授的语言技能,自然混着男孩子的幻想,描写如何躲避枪弹、游击战如何激烈。温斯顿效力西班牙人仅一月稍余,便离开古巴回到英国。他带回了从未有过的对报道战斗前线的兴趣……和空囊而装的古巴雪茄。

他搬回与母亲同住,直到九月十一日。之后,他与第四轻骑兵团一千二百人乘船开赴"大英帝国王冠上的宝石"印度,十月初抵达孟买。

温斯顿的部队驻扎在南部城市班加罗尔。他很快适应了新环境,安定下来。他喜欢这里的宜人气候;印度的旖旎风光令他称奇;"英国在印度做着伟大工作、实践崇高使命:管领这群尚未开化但和善的种族,为他们和自己带来福祉",他为此感到自豪。他在整个政治生涯中坚持这种观点,因此,议及将独立还给英国的这块殖民宝地时,他极力反对,不惜与将来的保守党同僚抵牾生隙。

温斯顿早有隐忧:自己所受教育不够,是明显劣势。在印度期间,这种忧虑更甚,促使他开始丰富深厚自己的知识。他"决定博览历史、哲学、经济等书",于是,"请母亲寄这些闻而未读的书籍。母亲欣然应承,立刻搜集,之后,每月大包寄来我认为堪称经典的著作"。他在《我的早年生活》里记述了接下来如何"踏上瑰丽壮观的奇妙之旅[其一生对文献史籍的挚爱],以及……借劲风,挂满帆,向前航行"。

一八九六年十一月至一八九七年五月,他每天读书四到五个小时,内容涵括历史、哲学、诗歌、散文、传记与经典文章,如吉本的《罗马帝国衰亡史》,麦考利的《英国历史》,柏拉图的《对话录》,苏格拉底的著作,亚里士多德的《政治学》,叔本华悲观主义论著作,马尔萨斯人口论著作,达尔文的《物种起源》,诸如此类,通览无遗。他甚至研读关于英国议会辩论及立法发展共计二十七卷的《年鉴》。这是一场马拉松式的自我精进,一次严苛的脑力强化训练,也是在自觉为将来承担大任秣马厉兵:他将是一位领袖,且是一位英明领袖,既浸淫于史上伟大人物的伟大思想,又洞悉人性及其痛苦。己欲影响人——换而言之——首先须愿被人影响。

时间到了一八九七年春。温斯顿驻扎印度已过两年,他又开始思变。在给母亲信里,他屡提想当议员。回到伦敦,他将精力放在政治上面。他联系保守党人,希望他们为自己安排几次短时演讲。 六月二十六日,时年二十二岁的温斯顿·伦纳德·斯宾塞·丘吉尔终遂夙愿,步父后尘,发表了人生首次政治演说。

他的演说取得一定效果。但温斯顿又匆匆回到印度。普什图人部落与英国、印度军队已兵戎相见。温斯顿受英国《每日电讯》与《先锋报》委派,发回大量报道。

冲突血腥。温斯顿驻前线数月,精疲力竭,直到一八九七年末方得亟需的休整。然而,他一如既往,不愿无所事事。他利用这段闲暇写了第一本书《马拉坎德远征史》,详述了这场冲突。此外,他创作了他的第一部也是唯一一部小说《萨伏罗拉》,讽刺伦敦社会。故事发生地是一个虚构的首府,由独裁者统治;女主人公逃离独裁者,即其丈夫,投入名为萨伏罗拉——实则为温斯顿化身——的怀抱。温斯顿对萨伏罗拉不吝笔墨。在他笔下,萨伏罗拉"唯行动方可使他休息,唯险境方可使他满足,唯乱势方可使他安宁……他的内心动力来自雄心壮志。他对此根本无力抗拒"。

伦道夫勋爵四十五岁英年早逝,然其魂未散。人称他"难捺其志,汲汲求成"。他的儿子何尝不是他的魂的附体。

一八九八年,温斯顿作为战地记者前往苏丹,加入马赫迪战争中的基钦纳勋爵军团。这是英国史上最后几次大型的骑兵进攻,温斯顿参加过其中一次，并在私下不无得意地称宰杀了不下三个"野蛮人"。

一八九九年三月，温斯顿回到英国，决定进军政界。奥尔德姆区下院议员恰巧去世，因此，下院须于六月补选议员。第一次良机降临。温斯顿使出浑身解数，但终告失败。失败没让他止步不前。当时，第二次英布战争爆发，他到达南非，又开始报道前方战事。

丘吉尔置身炮火连天的战场，他的勇敢被广泛报道。几周后，他被布尔人俘虏。消息传到英国，在民众中炸起一片呼声。他被俘时带着爱不释手的驳壳枪，但仍自称"非战斗人员"，布尔人不予理会。我们的冒险家不愿坐等外交谈判来决定他的命运，自己冒险成功逃出比勒陀利亚战俘营。他顶着毒日，徒步走了不知多少小时，终于见到一条铁路。他跳上一列火车，到达德兰士瓦高原，重获自由。在近三百英里的逃亡过程中，他的传奇更甚。他在南非淹留了六个月。人们慕其名，宴请不断。一九〇〇年七月，他回到英国，旋即再次进军政界。他的努力和声誉为他带来回报。一九〇〇年十月一日，温斯顿·丘吉尔，再有两月便满二十六岁，终以保守党人身份当选议员。

或有人不以为然，说，政治不排除名人效应，他的当选就是这方面的早期案例。但《丘吉尔传》的德高望重的作者罗伊·詹金斯不认同。他在传记中这么写丘吉尔的当选：丘吉尔"信他的'星'，他的星当时就悬耀在奥尔德姆区的天空"。温斯顿一如既往，不满足人生只走一条路。他继续写作，同时，周游英国、美国、加拿大，做演说，向听众描绘他在南非的英雄经历，赚取丰厚报酬。一九〇一年一月二十二日，传来维多利亚女王驾崩的消息。英国迎来新纪元。丘吉尔直到女王出殡日才回英国，第一次坐在下院议员席上。詹金斯写道，丘吉尔"在他后来的大部分时间里，被视为遗留在英国政坛的维多利亚时代的独苗,可就是这棵独苗,因一心赚演说费,竟放弃了议员觐见女王宣誓效忠的机会。二月十四日,他第一次宣誓效忠,国王已是爱德华七世"。爱德华七世宽宥了他。二月十八日,丘吉尔做了第一次下院演说。

温斯顿是聪明人,估计知道自己的盛誉多少名不副实,因此,当议员前四年,总体低调。他采取在印度时的做法,多听少言,花时间思考分析保守党同僚及各反对党人的观点。他愈加笃定:不能参与政府决策,仅做普通议员,这不是他要的结果。他要成为左右英国命运的人。为了这一天,他用了近四十余年。

他不甘沉寂太久,很快便就政府增加军费问题发表演讲,挑战同党主张。他在《我的早年生活》中忆道:

> 战火虽未成燎原之势,但已再燃。我完全赞成再打这场[英布] 37
> 战争,直至胜利。为此,我若可决策,将投入更多军费,组织更精锐
> 的军队。我会动用印度军队……在我看来,要结束战争,该武力金
> 钱并用。一俟战争结束,即刻回到和平、缩减开支与整饬之路。

一九〇二年,第二次英布战争结束。丘吉尔并未因此与保守党元老们同声。他支持自由贸易,这悖于同党态度,因此,一九〇四年五月三十一日,他脱离保守党,投向自由党。此举震惊朝野。他的密友维奥莱特·博纳姆·卡特描述当时情景:温斯顿"来到前面,依栏 37-38
而立。他瞥了瞥过道下边坐了多年的席位,又将眼光掠过反对党方空着的替补席,朝[议长]主持席走了几步,鞠躬,蓦地转身,走向右侧自由党席,坐了下来"。 而且,他就坐在戴维·劳合·乔治——保守党人约瑟夫·张伯伦的政敌——身边,用心良苦。

据丘吉尔身为议员的头四年政治表现，可以肯定，他此次反戈，将成为自由党贬抑保守党、宣扬自由主义好处行动的急先锋。一九〇五年十二月，亚瑟·贝尔福辞去首相职位，自由党终掌英国政府。年轻的叛徒与其导师，坚忍不拔的威尔士人劳合·乔治强强联手，功不可没。丘吉尔被任命为殖民地次长。该职虽非显要，但他熟悉印度、南非，因此也是适配，做来游刃有余。一九〇八年四月，他的地位提升：入内阁，任贸易大臣。

丘吉尔在内阁获得席位，固有意义，但与他后来在一位人称圣赫利尔夫人的女士举办的宴会上得的席位相比，大为逊色。

在宴会上，因忌讳十三号座，丘吉尔被安排在"幸运十四号"座；旁边坐着一位年轻貌美的女士。他一转头，与她四目相对。短短六个月后，两人结为厮守终生的伉俪。她便是克莱门坦·霍齐尔。

克莱门坦当时二十三岁。她的母亲是布兰奇·霍齐尔夫人，她的父亲，怎么说呢，可能是亨利·蒙塔古·霍齐尔，可能是威廉·"贝"·米德尔顿上尉，可能是布兰奇夫人妹妹的丈夫阿尔杰农·弗里曼·米特福德，可能是其他什么男人——众所周知，布兰奇夫人始乱终弃的情人可有好几位。

克莱门坦毕业于索邦神学院，刚亮相上流社会交际圈，便引来众多追求者，曾两度与西德尼·皮尔爵士订立婚约，又两度毁约。

也是冥冥之中安排，丘吉尔遇见她，且打动她的芳心。在两人婚后日子里，她让他变得自信，给他信任，批评并规范他的行为，热切地忠诚于他，被他视为生命中的巨大力量；她不从政，但她的手腕与感染力可抗衡下院最精明的政客；在他受不堪回首被喻为"黑狗"的抑郁的折磨期间，她克服自己的心魔，呵护他，助他渡过难关。最重要的是，她一生将他的利益，即国家利益，置于自己的利益之上。

温斯顿与克莱门坦一生伉俪情深。他亲昵地叫她"小猫",她叫他"哈巴狗"或"胖猪"。两人聚少离多,鸿雁传情。每封信末,各自画一个代表对方昵称的动物小像。婚姻意味着改变与适应,而克莱门坦,身为议员夫人、公众人物,须改变适应的东西更多。婚后几个月,她怀上第一个孩子。她的父母在她刚满六岁时因相互不忠而分道扬镳,她不愿与温斯顿的婚姻也是这般结局,决心营造坚实稳固的家庭氛围。

一九〇九年七月十一日,克莱门坦生下女儿戴安娜。她一心追求牧歌田园般的家庭生活,但生子育子让她萎顿焦虑。温斯顿看在眼里,忧在心头;戴安娜出生几周后,克莱门坦想离开伦敦静心休息一段时间,他倾心支持。于是,克莱门坦将孩子交奶妈照料,去到乡村的妹妹家调养。很快,她的精神状态好转,自信心得以恢复。她把孩子接到身边,最后回到伦敦。

温斯顿出任贸易大臣不久,参加曼彻斯特西北部选区补缺选举,败给保守党人,颜面大失。此后,克莱门坦立刻感觉丈夫精神恍惚。温斯顿的确遭受重击,但未被击垮。凭着不屈的意志,他易地再战:仅过两周,他登上往苏格兰的火车,参加敦提选区选举,斩获胜利。他的席位,在多数人眼里稳如磐石。他自然可放下包袱,全身心实施他激进的社会改革计划。他的两项改革,一是设立低收入者最低工资标准,二是维护工人工作期间短时吃饭休整的权利,得其力推,均获通过。接着,他提出设立失业保险与劳工流动的改革。一时间,他赢得空前赞誉,与同僚的关系也空前和谐。

一九一〇年大选,自由党险胜。丘吉尔本人,不出意料,在敦提选区再度如愿当选,并出任内政大臣。不过,自由党提出的预算案(该案颇多社会改革措施,多数为丘吉尔的主张)遭遇保守党贵族麇集的上院阻击。新继任国王乔治五世出面干预,授权首相赫伯特·亨利·阿斯奎斯解散政府，当年举行第二次大选。阿斯奎斯希望，自由党改革方案符合民心，借此在下院赢得压倒性多数，确保《议会法案》通过，从而制约上院权力。这于自由党当然利好。不过，丘吉尔却时逢背运。他一生经历过几次前途攸关的危机，这是他遭遇的第一次危机。他深陷其中，待脱身时，已遍体鳞伤。

在威尔士山谷深处有一个叫托纳潘迪的小村。来自那里的数千名矿工抗议工作条件，举行罢工。局势急剧恶化，骚乱四起。报纸指责内政大臣，本应及时出动军队控制局势，却贻误时机。警察的暴力残忍被渲染报道，工党不失时机，借此批评丘吉尔的冷酷镇压。该事件自此成为他一生心病。

温斯顿回到伦敦，也未见吉星。一九一一年一月，伦敦发生一起抢劫案。一伙俄罗斯抢劫犯射杀三名警察后逃窜，警察将他们堵在伦敦东区悉尼街一幢房子里。这伙罪犯为阻止任何人靠近，从窗口往外不分对象胡乱开枪。苏格兰卫队被紧急征调，支援警方行动。内政大臣丘吉尔接悉电报，立刻赶到围堵现场。现场挤满围观居民，丘吉尔推搡着来到前头。他当时头戴高顶礼帽，身穿毛皮滚边大衣，格格不入，甚是夺目。伦敦警察厅首次被拍下了新闻图像，其中一些在英国各影院放映，满堂讥笑与嘘声。观众看到，警察与士兵在"悉尼街围困"中英勇无畏，不遗余力，可他们的内政大臣惶惶不知所措，躲在一幢建筑物后，探头探脑看着双方对阵。

他在悉尼街的表现遭新闻记者揶揄。舰队街的漫画家们视他为难得素材，对他极尽讽刺：将他丑化为潘趣、弄臣、拿破仑、流浪汉。他渐失美誉，人们开始将他与各种过错、愚行、误判相提并论。尽管如此，好在他骨子里不乏超级自信，尚能坚信自己绝非无能之辈。

一九一一年中期，摩洛哥爆发危机。他应对得可圈可点，因此被擢升为海军大臣。阿斯奎斯需要他整饬英国海军。这可是一项艰巨工作，新任海军大臣深知其中甘苦："当时，我想的是，英国爱和平却乏思考，做不到未雨绸缪何其危险；我想的是她的实力与美德；我想的是她充满良知与公平的使命。我想的是强大的德国，在其帝国的光辉下煌煌不可一世，处心积虑谋划冷酷无情的新行动，俟机而动。"英国须加强海军力量，做好交战准备应对"德国随时可能发动进攻"的现实威胁。

新职给他带来可观的福利，比如，海军部有一艘名为"女巫"的专用游艇，他在位于摩尔大道海军部大楼有豪华气派的住所。宽大的住所尤为有用：克莱门坦再度怀孕，妊娠反应强烈，令她心身俱疲；一九一一年五月二十八日，她在这里为丘吉尔家族再添一丁。夫妇俩为这个传宗接代的儿子取名"伦道夫"。

丘吉尔新设作战参谋部。它类似英国陆军作战部。他用它聚集各前任海军大臣、各舰队司令以及其他海军高级将领，就战略战术与短板问题征询他们的看法。他对动力燃料进行改造，改煤为油，提高战舰速度；提高海军总预算，总计由三千九百万英镑增至五千多万英镑。增加经费，旨在明示"德国人：无论他们建造什么，英国不会落后，只会超越他们"。至此，欧洲进入毫不掩饰的军备竞赛，军费以每年百分之五十的比例递增，直到第一次世界大战爆发。

政府内阁同僚知晓德国加紧扩军，但比较而言，更关注丘吉尔何以如此呼风唤雨。他们认定，丘吉尔的故交、时任财政大臣的劳合·乔治是背后推手。据罗伊·詹金斯回忆，温斯顿当时的"头号劲敌"正是总检察长约翰·西蒙爵士。鉴于丘吉尔所为，西蒙爵士迅即行动。他建议阿斯奎斯，丘吉尔虽是干才，失之可惜，但失去他不会分裂自由党，相反，因为党内反战与反增加军费各派看到了希望，自由党甚至或许因此更稳固强大。

公众也反对丘吉尔。他不断发表演说，言明德国扩张海军，对英国构成多方面威胁，但所谓的威胁似乎仍远在天边。迈克尔·谢尔顿在《野心浪漫》里写道："在许多英国人眼里，两个高度文明的民族，竟会各自动用无畏级舰队炮击对方、上演一场海上终极对决，这简直匪夷所思。"大家越来越不信任他们的海军大臣，与此同时，自由党也逐步返回老路：反战。就连劳合·乔治也称德国是热爱和平的民族。丘吉尔顿觉像站在滩头上，随潮而至的是满滩头主张和平的人，自己却在挥剑恫吓。但没什么可动摇他的决心。一九一四年六月二十八日，萨拉热窝响起夺命枪声。他听着呢。他早已秣马厉兵。

"全欧洲的灯火正在熄灭。我们在有生之年不会再见它们重新被点亮的那天。"此话出自时任英国外交大臣爱德华·格雷爵士之口。他说这话时，正是英国向德国宣战的前夜，即一九一四年八月四日。

开战前几个月，英国海军伤亡惨重，五千五百多人战死。丘吉尔初始把控战局的能力遭到新闻界与下院的猛烈抨击。一如他在"悉尼街围困"中的表现，他此时的表现令英国人大惑不解：内阁要求他当机立断，他也如其所愿，但他的决定是，亲赴遭围困的比利时安特卫普。他认为自己能成为这座城市的救星，听来异想天开。到达安特卫普仅一天后，他发电报给阿斯奎斯，请辞海军大臣一职，求"任安特卫普战场英国守军与援军统帅"。他之所以提此请求，或与他在陆军当骑兵时的冲锋经历有关，也或与他当前线记者时躲避子弹带来的刺激有关。无论与什么有关，有一点可以肯定，温斯顿看来无法做到不插手其职权范围外的事务。首相当然否决了他的提议，令他即返英国。但温斯顿认定，唯有他才能率军守住安特卫普要地。他不管自己可是海军大臣，执意在安特卫普多驻留了三天。十月七日，他目睹安特卫普沦陷后，才回到英国。就在当天早上，他的女儿萨拉降生，他没能在场迎接她来到人世。

他在安特卫普的军务中目中无人，招致报纸的口诛笔伐。他仍不为所动，毫不怀疑自己的才干。接下来的事可谓英军史上不堪回首的一页，只需说出一个词便足以羞辱英伦：加利波利。

一九一四年，奥斯曼帝国与德国结成反俄罗斯同盟。该盟约将奥斯曼帝国推向战争一线，其国土成为主战场。鉴于佛兰德布有层层防御铁丝网，强攻佛兰德非上策，丘吉尔认为另一条对策可行，即陆海军协同作战，强行穿越达达尼尔海峡，登陆加利波利半岛，舰队抢占马尔马拉内陆海，进攻君士坦丁堡（今伊斯坦布尔）沿岸，从而逼土耳其政府退出战争、签订和约，如是，英国便可打开经黑海而达同盟国俄罗斯的通道。

他不仅在内阁战争委员会力主发动此战役，且向各军事首脑施压。他提出自己的战术，望付诸实施。但军事首脑们认为，他的战术难经推敲。权当马后炮吧，达达尼尔战役惨败的原因，如今显而易见。主要原因之一便是战术，或者说没有统一的、环环相扣的、贯彻落实到位的战术。当时，三套战术并存，它们的制定者自以为是。丘吉尔青睐"仅依靠战舰"的战术，海军部二号人物、海务大臣费舍尔倾向陆海军协同作战战术，陆军大臣基钦纳勋爵则主张"陆军为主的更稳妥战术"。且事态愈变愈糟，原因是，三人间的关系越绷越紧，詹金斯将之喻为一口"沸腾的大镬"。

丘吉尔素来一意孤行，此次又如愿以偿。一九一五年一月二十八日，内阁战争委员会批准了他的作战计划。达达尼尔海峡水雷密布，他几次强行穿越，均告失败。英法联军损失三艘战舰。战争委员会这才决定调用陆军，以图拿下加利波利半岛。四月二十五日，陆海军攻上半岛。然而局面混乱不堪，不知该由海军还是陆军主导战事。究其因，是事先没有海军行动失败、陆军如何支援的周全完备的作战方案。或许，尤为要命的是，正因为英法联军的组织协同一开始便纰漏百出，奥德联军得以有一个多月布置防御，抵抗后来英法联军的猛烈攻势。

自英法联军攻上加利波利半岛之日起，双方展开激烈厮杀。血流成河。如此持续八个多月，方才罢兵。伤亡近四十万人，其中，英国与爱尔兰伤亡七万三千人，澳大利亚与新西兰伤亡三万六千人，法国伤亡两万七千人，印度伤亡四千八百人，奥斯曼帝国伤亡二十五万一千人。英法联军没料到会遇到土耳其陆军如此顽强的抵抗。至一九一六年一月，英法联军不见胜机，别无选择，决定撤兵。

无须待这场战役结束，丘吉尔的海军大臣之位早就不保。一九一五年五月十五日，海务大臣约翰·费舍尔爵士辞职。同僚们本就指责丘吉尔是这场荒唐战役的罪魁祸首，借机纷纷弹劾他。首相阿斯奎斯见此形势，提出与保守党成立战时联合政府。保守党对此开出条件：罢黜丘吉尔。温斯顿遭弃，被贬为兰开斯特公爵郡大臣。

让丘吉尔一人承担加利波利战役失败之责，实在有失公允。可军政界认为，他无视参事之见，凌驾于其他将领之上，刚愎自用，不采取必需的防御措施，这些是导致战役失败的主因。其实，就此事做过一次民意调查，结果并非如此，但军政界急于找到替罪羊，民调结果并无用处。丘吉尔辩护说，他毕竟不是首相，他的每个决定都报请了战时内阁。但基钦纳勋爵及其他海军部同僚并不赞同他的作战方案，他置若罔闻，一意孤行。他对此反应不是自我检讨，而是忿忿不平。他曾向一个友人抱怨："我受够了！……不会再管我该做的一切——策动战争，打败德国人。"

被降职后灰不溜秋的丘吉尔搬出了海军部大楼里的住所。过去五年，克莱门坦与丘吉尔很是享受社交带来的快乐，然而，自此以后，成了社交圈的弃儿，远离了这块乐地。克莱门坦后来跟丘吉尔的传记作者马丁·吉尔伯特说，她丈夫一生经历过几段极度痛苦的时光，这便是其中一段；她当时"认为他痛不欲生"。丈夫将被贬，令她怒不可遏。为此，她致信阿斯奎斯："你若抛弃温斯顿，只能表明你的怯弱。你要组阁的联合政府，作为一部战争机器，不会比现在的政府强大。"但首相不为所动。新战时内阁宣告成立，丘吉尔被排除在内阁成员之外。鉴于此，丘吉尔决定辞职，彻底脱离政府，再次加入西线陆军。

他回到老部队：第四轻骑兵团。不过，他一到法国，一辆小车将他直接接送到圣奥梅尔陆军总部。他受到香槟酒款待。觥筹交错间，英国总参谋长约翰·弗伦奇爵士给丘吉尔两个选择：一是任近乎闲职的他的副官，一是上前线带兵打仗。丘吉尔选择了后者，这或许并不出人意料，他一直不乏冒险念头。不过，除此之外，他可借此机会为他笃信的事业而战，从而彰显自己，并洗刷因加利波利战役蒙受的耻辱。

丘吉尔在法国才待两周，便请求弗伦奇总参谋长擢升他为旅长。一是丘吉尔几无领兵一个旅的经验，二是阿斯奎斯恐招致众怒而建议三思，故弗伦奇没答应丘吉尔的请求。他说服丘吉尔先少带兵马。丘吉尔便以中校衔统领第九师苏格兰皇家燧发枪第六团。一九一七年一月末，他的部队开赴比利时前线。丘吉尔在堑壕里度过了三个半月。期间，因为不是主战场，丘吉尔的部队未遭敌方猛烈进攻，但也不得休整，因为"德军炮火不断，机枪步枪火力一直构成威胁"。

在英国，克莱门坦四处活动，一心要洗清有损丈夫政治声誉的垢污。鉴于阿斯奎斯政府风雨飘摇，下院还在就丘吉尔折戟加利波利战役一事进行辩论，如此，要减弱众人对丘吉尔的敌意，尚需时日。她想到这些，不禁心忧。她还忧心丈夫安危，尽管如此，劝他不急于

回国。她给丘吉尔的信写道："要想成为一个伟人，须做到让头脑简单的人都能理解其所作所为。你赴前线之意，外人无须揣摩便可理解——而你回国之意，要让外人理解，则颇费口舌。"一九一七年三月，丘吉尔休假一周。期间，他回到英国，并在下院发表演讲。反响极其糟糕。这让他处境维艰。五月七日，他不顾夫人劝阻，执意再返伦敦，希图修复受损声名。

丘吉尔最终再度跻身内阁高职，但已是近三年后的事情，且之前还颇费周章，任过别的官职。在这段时间里，盟军与德国签订停战协定。停战协定签订后第四天，一九一八年十一月十五日，克莱门坦生下第四个孩子：女儿玛丽戈尔德。

刚再度当选首相的戴维·劳合·乔治给予老友丘吉尔极大信任，于一九一九年一月任命他为陆军大臣。丘吉尔上任伊始，几乎迫不及待开始幕后运作，让仍驻扎在俄罗斯的盟军军队在俄罗斯内战中成为白军后盾。在丘吉尔眼里，英国民主面临几大威胁，布尔什维

50 克主义乃其一。他再次，用詹金斯的话说，明白无误地宣扬他的"理念，这就是，为了实现愿景，意志力与乐观精神比充足的资源更为重要"。他谋划在俄罗斯北部发动进攻，抢占西伯利亚大铁路，但以撤军与全面败北告终。这在当时使得现已成为共识的观点更加坚定：他是一个有勇无谋的军事冒险者，不可信赖。

就连劳合·乔治对其陆军大臣也信任不再，于一九二一年调他任殖民地事务大臣。该职仍是内阁高位。温斯顿居此位，至少可携夫人出席当年春在开罗召开的中东会议。这次有关殖民地事务的会议不乏名人。会议期间，丘吉尔夫妇便结识了名声赫赫的托马

斯·爱德华·劳伦斯上校（人称"阿拉伯的劳伦斯"）与探险家格特鲁德·贝尔。然泰极否来。四月，克莱门坦返回伦敦，悲讯传来：她的弟弟，惹人喜爱但素有赌名的比尔·霍齐尔，在巴黎一家酒店饮弹自尽。她和丘吉尔都爱比尔，备受打击。几个月后，温斯顿母亲过世。就在接二连三的不幸已使他们家气氛哀戚之时，克莱门坦接到一个电话：女儿玛丽戈尔德罹患败血病，病情危急。

夫妇俩赶到她的身边，彻夜伴护她。八月二十二日晚，玛丽戈尔德回光返照，要母亲唱她特别爱听的儿歌《一直不停吹泡泡》。克莱门坦强忍悲痛，唱起了："我在吹泡泡，我要一直不停吹泡泡……"她还没唱几句，玛丽戈尔德便将手搁在她的臂上，要她"今晚就唱到这儿……留到明天唱完吧"。第二天，玛丽戈尔德再没能看一眼陪伴在身旁的父母。温斯顿后来跟小女儿玛丽说："当时，克莱门坦伤心欲绝，禁不住发出一连串尖叫，听似被剧痛折磨的动物发出的惨厉叫声。"

夫妇俩一辈子感受着玛丽戈尔德之死带来的悲痛，但鲜少提它。玛丽·索姆斯①描述了母亲如何以令人敬佩的坚忍，"没沉浸于悲伤，而将它压在心底深处，继续往后的人生"。克莱门坦与温斯顿接受度假建议，一九二二年一月，去了法国。在法国，克莱门坦发现自己又有身孕。玛丽戈尔德死后一年稍余，丘吉尔家族迎来第五个也是最后一个孩子：玛丽。也就在这时，他们新添一处乡村府邸，位于伦敦往南三十英里的肯特郡查特韦尔庄园。

该处成了最能代表丘吉尔的故居，声名或仅次于唐宁街十号，这是后话。当时，新宅稍显颓败，修葺略需费用，克莱门坦对此不免耿耿于怀。但她知道，温斯顿一直盼在乡村有处自家的永久性清静修

---

① Mary Soames（1947—1987），原名玛丽·斯宾塞·丘吉尔，索姆斯是其夫家姓。

养之地，查特韦尔庄园正好遂其夙愿，也就尽力让自己喜欢上它。

于丘吉尔，该避风港得的正是时候。劳合·乔治的联合政府濒临破裂。一九二二年九月，首相被迫辞职。英国举行大选。丘吉尔此时受阑尾炎折磨，身体不佳，无法前往敦提选区竞选下院席位。结果不啻为一场灾难："他在一九〇八年赢得的'终生席位'因此圮毁。"

于是，夫妇俩决定前往蔚蓝海岸，开始长达六个月的休假，温斯顿趁此调理身心。一九一五年，即被赶下海军大臣职位那年，他喜欢上了绘画。如今赋闲在家，时间充裕，他重拾旧好。一九二三年夏，他们回到英国，监工查特韦尔庄园最后阶段的修葺。在修葺费用问题上，克莱门坦依旧耿耿于怀。不过，温斯顿在这里倒是舒心：可写写文章，画些画，帮着做些修葺事情。

久游离于政治圈外，这非温斯顿秉性。在一九二四年选举中，他以自由党人身份未能赢得下院席位，试图以非党派人士身份再竞，也未能遂愿。他认为，自由党与保守党应携手而非对立。保守党在伦敦埃平选区的下院席位很是稳当，他们商议以它为筹码将温斯顿再度拉入党内。当年四月，他听闻此事，感到意外，举棋不定，但很快便又倒向了保守党，自此迄老未再脱党。

他在埃平选区竞选活动中强烈反对苏联，猛烈抨击工党提出的英苏条约，得到选民共鸣，最终以绝对多数票获得下院席位。新首相斯坦利·鲍德温犒赏温斯顿回归保守党，任命他为财政大臣。据称，受命之时，他对鲍德温说："这一职位圆了我愿。我仍保存着我父亲任财政大臣时的服装。在您麾下担当这一无尚荣光之职，我感到自豪。"无尚荣光，的确如此，单是住房福利便令他欣喜：唐宁街十一号财政大臣府邸。克莱门坦与子女们非常喜欢这处新家。往后四年半，他们都在这里度过。

丘吉尔向来踌躇满志，这点，无论赋闲之日还是尴尬之时，未受丝毫影响。不过，他执掌财政大权期间发生的几件颇有争议之事是他这段生涯的败笔。首当其冲的是实施的一项财政政策。它导致英国经济衰退，罢工纷起。早在鲍德温执政前，恢复金本位（英国为遏住英镑急剧贬值颓势，于一九一四年弃用该制）的主张流传开来。丘吉尔起始对此顾虑重重。他进行了全面彻底的调研，征询了同僚与学者的意见。其中便有剑桥大学年轻有才的经济学家约翰·梅纳德·凯恩斯，他写了《丘吉尔先生政策的经济后果》这本小册子，认为英国若重拾战前金融体制，将给经济发展与就业带来灾难。不幸的是，保守党与议会各专门委员会多数强力支持金本位，最终胜出。丘吉尔《一九二五年四月预算案》重启金本位。当时，他的家人就在下院辩论庭楼上，见证了该案通过。

金本位是鲍德温政府的最大失策，这如今已是广泛共识。而预算案上，丘吉尔签名赫然在目。事实证明，凯恩斯有先见之明：英镑过于坚挺，出口受挫；各行业尤其是煤炭业，遭到灾难性打击。一九二九年，英国爆发史上绝无仅有的全国大罢工。罢工如火如荼时，参加者达一百七十五万之众。温斯顿派军应对，鲍德温坚持军队不得配带武器。如此，力度有所减轻。很快，海德公园拉起一道道带倒刺的铁丝网。白领阶层干起了蓝领阶层的活：扎着伊顿公学领结的体面人士，或在滑铁卢火车站搬运行李货物，或开火车、公交车，或送报。部分服务因此得以恢复。丘吉尔亲自下到各码头平息骚乱。各行业工会也愈发害怕爆发大规模暴力冲突，开始偃旗息鼓。仅用十天，政府平息罢工。但丘吉尔因其高压手段成了众矢之的。

一是大罢工阴影在英国人记忆里很长时间挥之不去，二是失业率居高不下，保守党在一九二九年大选中失去了多数席位，斯坦利·鲍德温引咎辞职。丘吉尔倒是保住了埃平选区下院议员席位。

不过，往后两年，他与保守党同僚在一些核心问题上产生分歧，越来越被同党孤立。

温斯顿蛰伏于查特韦尔庄园，捡起写作、绘画的旧好。内阁公帑被停，投资因一九二九年华尔街大崩盘损失惨重，温斯顿不只是再度远离政治中心，家用也变得拮据；温斯顿在雪茄、香槟酒上的花销无度，更加大了他家庭的经济压力。这种孤寂日子自此往后长达十年。

他虽然政治失势，但自诩为某些事务的权威，认为须让公众知道他在这些事务上的立场。一九三一年，印度自治被提上日程。他反对印度提出的类似加拿大、澳大利亚、新西兰自治领地位的请求。他又一次既逆历史潮流又逆保守党主流。他担心，无论印度提出何种自治领地位的请求，准允之日便是大英帝国对印度统治的终结之时——印度新政府将迫不及待想方设法消除英国影响赶走英国人。

印度总督欧文勋爵，他更为人熟知的称号是爱德华·哈利法克斯子爵，虽与英国国王及贵族头面人物过从甚密，但出人意料的是革新派支持印度自治。随着即将任满，他笃信，多年来暴力抗英和非暴力不合作运动不断，准许印度自治是和平解决印度问题的唯一之道。鲍德温附和该主张。他在下院发言称，保守党若再度执政，为印度争取自治将被列为"一项重要工作"。丘吉尔曾被视为保守党内思想较为开明的一派，不过，此次他不得不退出了影子内阁。罗伊·詹金斯评论道："丘吉尔一直认为，印度问题是政治事务的中心问题。他为此殚精竭虑。因为在印度问题上的立场，接下来至少三年，他更被孤立，难以作为，有如困于瘴气之中。"

丘吉尔既远离政治，便专心写作。期间，他几次前往美国，发表演说，上广播节目。他仍常就金融与国际安全问题在下院陈述己见。他仍念念不忘印度问题，但他的观点听似不识时务。在许多人看来，无论如何，第一次世界大战结束意味着大英帝国时代也寿终正寝。

丘吉尔则不然,他毕竟是维多利亚女王、国王爱德华七世时代的产儿,他愿英国在全球的地位永续。

希特勒领导的德国国家社会主义工人党正迅速崛起。丘吉尔认为,这对英国构成了最大威胁。其看法堪为基于各种事实的慧见。是的,印度社会现状如何,他没亲见,但他遍游德国,目睹了"一队[队]体魄强壮、信仰坚定的日耳曼青年行进在德国各条大街、公路上,眼里闪着愿为祖国受苦赴难的光芒"。他心如明镜:德国全民汲汲于恢复已失自尊的强烈愿望将导致诉诸武力,接下来,便会要求归还失去的国土。

早于一九三三年四月,丘吉尔在下院发表了一次长且精彩的演说,分析了德国威胁的实质,阐明了观点:"德国并没因大战而受到多大惩罚";"她[德国]"是向盟军保证过,"要建立议会,成为民主国家",但

> 其所有承诺已被抛到九霄云外。诸位现在看到的是一个独裁的德国——一个空前黑暗的专制政府。先生们,在那里,军国主义思潮泛滥,激发战斗精神的呼声四起,比如,大学又兴决斗之风,教育部长力主小学尽可动用杖戒。诸如此类彰显武力、斗勇逞强的事,比比皆是。他们还迫害犹太人。尊敬的先生们,你们不少人议过此事。一个人,无论男女老少,有权生活在生于斯的世界,有权追求一直受出生地公共法律保护的生活。每一个衷心赞同这点的人,不会对迫害犹太人无动于衷……

丘吉尔不断在报纸上发表文章,写信给同僚,发出警世危言。然应者寥寥,唯有一次,英国广播公司作出回应。其创始人约翰·里斯视温斯顿为极端主义者,成功封杀了温斯顿的公开演讲。一九三五

年，英国政府竟然让步，与德国签订《英德海军协定》，同意其重启军备，按英国海军力量百分之三十五的最高限制重建海军。

　　一九三五年六月，首相工党人拉姆齐·麦克唐纳因健康恶化退位，丘吉尔老友斯坦利·鲍德温继任。鲍德温同前任首相一样，是绥靖政策的坚定支持者。不过，新闻界开始报道新纳粹政府的暴行，许多英国人为此茫然。在他们看来，德国因第一次世界大战失败已付出了高昂代价。尽管如此，英国人最害怕的仍是苏联的威胁。马丁·吉尔伯特在《绥靖主义的根源》中写道，"希特勒本人声称要身先士卒捍卫欧洲，阻止共产主义在这块大陆上蔓延"。因此，英国人尤其是上层阶级，不愿将他斥为危险分子。

　　希特勒继续一步步实现其军事野心。一九三六年三月，德国军队无视战后《凡尔赛条约》及《洛迦诺公约》，强行开进莱茵兰非军事区。是时，英国发生一件大事：爱德华八世宣布，非娶沃利斯·辛普森——一位离婚的美国女士——不可，以至于不惜放弃王位。丘吉尔再次站在政府对立面，支持两人的浪漫联姻。这段婚恋吸引了大多数英国公众眼球，他们压根不愿想或许会起战事的问题，这就说明，虽然德国加紧夺回德语民族地区，但英国人并未嗅出危险。

　　几年来，英国政府也进行了一系列军备扩充，但没能针对希特勒的新动作采取某种军事制裁。丘吉尔警告，任由德国肆意妄行，她觊觎奥地利、波兰、捷克斯洛伐克与罗马尼亚，只是早晚之事。他建议，英国须加快扩充军备。越来越多的人开始支持丘吉尔。不过，他的警告与建议仍未得到鲍德温内阁多数人响应，一如既往，他们视他为战争狂人。一九三七年五月，内维尔·张伯伦就任首相，其内阁未纳丘吉尔。主因是，两人政见向来抵牾，尤其是近年来在对德关系与爱德华八世弃位问题上更水火不容。

　　张伯伦倒也积极关注外交政策，可他的对德政策与鲍德温的并无二致。外交大臣安东尼·艾登与丘吉尔观点一致。艾登对德国已心存戒意，认为张伯伦的对德政策，及其对意大利独裁者贝尼托·墨索里尼（在法西斯分子入侵阿比西尼亚后）的软弱无为，均为大错，因此，他与新内阁渐离渐远。张伯伦望枢密院议长哈利法克斯勋爵多涉外交事务，结果导致艾登与政府之间的嫌隙愈甚。一九三七年十月，首相敦促在德国度假狩猎的哈利法克斯接受希特勒邀请，与其会晤。

艾登向来强烈反对与希特勒会晤，因而将新首相之举看作是对他的轻侮。他给哈利法克斯发去指示，言辞严厉，要求他在希特勒觊觎奥地利、捷克斯洛伐克与波兰之事上务必立场强硬。然而，希特勒自把持政权以来，在拉拢迷惑英国政界人士方面展示了非凡手腕。哈利法克斯自然被玩于股掌之中。他与希特勒会晤后回到英国，大唱这位德国领袖的赞歌，甚至不顾艾登反对，向内阁通报他借会晤之机已向希特勒表明态度：英国将愿与德国就两个问题，一是德国进入中欧地区，二是德国恢复对因战后和平条约被剥离的领土的主权，进行磋商。哈利法克斯让内阁尽可放心，而且他本人也笃信，希特勒绝无开战之念。对此，艾登不以为然，嗤之以鼻。他决定辞去外交大臣之职。

一九三八年二月二十日，艾登递交辞呈。内维尔·张伯伦任命哈利法克斯勋爵为外交大臣。丘吉尔难过至极。他后来回忆：

> 我的心沉了下去。一时间，绝望有如一片漆黑幽深的水，淹没了我……我一向睡眠很好……但此刻，一九三八年二月二十日夜，一生中唯一一次，睡眠弃我而去。自黄昏夜至黎明，我躺在床上，痛苦忧虑，备受煎熬。优柔，退让，误判，怯弱，如同一排排长长的潮水，它们一路蓄势，难以抵挡。然而，似乎偏有一位也

是唯一一位身强体壮、意志坚定的年轻斗士挺身而出，抵挡漫展的黑潮。我做事，与他[艾登]做事，在很多方面或相龃龉，但此刻，我以为，他仿佛就是大英民族，这个已为人类做出巨大贡献且能为人类贡献更多的古老而伟大的民族，存续希望的具化。可他已退隐。我看着天光渐渐自窗而入，一点点洇开，眼前所见却是死神的魅影。

两天后，德国开始吞并奥地利，捷克斯洛伐克也岌岌可危。鉴于此，丘吉尔给下院写信，措辞严厉地警告，英国将为绥靖之策付出怎样的代价："我预见，不久某个时刻，你们将不得不就某事表明立场，这天定会到来。我祈求上帝，不要等这天到来，英国或才发现，因为执行如此下策、被逼表明立场时，已是形单影只。"

如今看来，希特勒之心路人皆知。而在当时，丘吉尔的种种担心在数月后坐实。一九三八年九月，内维尔·张伯伦前往德国，向希特勒提交英法就苏台德问题商定的、捷克与苏台德领导人也原则性认可的解决方案。该方案遭希特勒反对。吉尔伯特写道："苏台德领导人愿接受不脱离捷克斯洛伐克而实行自治的方案，希特勒大为光火。他嗾使他们要态度强硬，索取更多。结果是，他们不愿遵行其意……于是，希特勒公然气势汹汹地斥该方案为一张废纸。"

丘吉尔的预见变为现实，内阁这才终于再度接纳丘吉尔，但丘吉尔仍非内阁成员。虽如此，在张伯伦与希特勒会晤无果后的几周里，丘吉尔与首相、外交大臣有过多次晤谈。遗憾的是，他们仍不愿听从他的建议，不愿承认绥靖政策的失败。

张伯伦执意与希特勒进一步商讨，以图解决苏台德问题。在他去慕尼黑前，丘吉尔谏言，"要让德国知道，她踏上捷克斯洛伐克领土之日，便是英德进入战争状态之时"。然而，张伯伦充耳不闻。与希特勒做了不过一天稍多的商讨后，九月三十日，他返回英国，接机的是一大群支持者。他挥舞着已签字的《慕尼黑协定》的文件，走下舷梯，神采飞扬地向在场新闻记者宣布，它"象征我们两国人民的共同心愿：从今往后，再不开战"。当时，很多人感觉，他其实默认了希特勒所有蛮横要求。下院开会，就此事展开四天辩论。丘吉尔终于等到了其人生中意义无比重大的时刻：辩论第三天，下午五点十分，他开始就五天前发生的事发表长达四十五分钟的压倒性演讲：

> 我选择……先谈谈最不迎合诸位因而也最为诸位所排斥的事。我选择先谈谈诸位宁愿避而不谈或置之脑后，实则不以诸位意志为转移而不得不谈的事，这就是，我们已不折不扣地被彻底打败……他[张伯伦]为捷克斯洛伐克所能争取到的最大利益，在诸多争端中所能争取到的最大利益，不过如此：德国独裁者无需动手攫取餐桌上的菜肴，已有人主动将一道道菜肴敬奉于前，这让他心满意足……一切就这般解决了。捷克斯洛伐克不能发出自己的声音，只能舔舐伤痛，只能任人宰割，只能接受国破心碎的命运。所有这些让她国已不国，坠入黑暗……让我无法忍受的是，我感觉，我们国家慑于纳粹德国淫威，拱奉其道，受其摆布，我们的生存取决于他们是否心存善意，是否心情舒畅……我们绝不愿被领着踏上这样一条大道，即沦为纳粹德国统治欧洲体系中的附庸。再过短短数年，或许再过短短数月，我们肯定将面临各种蛮横要求，对方肯定将延请我们照办。这些要求或许是割让国土，或许是放弃自由……我对我们的人民无丝毫怨隙，他们忠诚，勇敢，随时愿不惜代价践行他们的义务……他们理应了解真相。他们理应知道，我们在维护利益的问题上严重失职，左支右绌；他们理应知道，我们已不战而败，

其后果将影响深远；他们理应知道，我们经历了一个可怕的历史节点，如今整个欧洲失衡，乱象滋生；他们理应知道，有人发出了与西方民主国家为敌的令人不寒而栗的宣言："你被称在天平里显出你的亏欠。"①千万别以为这是终结。这只是野心的肇始。这只是我们第一口浅尝苦汁滋味。这杯苦汁将年复一年被端到嘴边，除非我们以非凡之力彻底恢复原有的正义心与斗志，再次崛起，一如过往，捍卫自由。

德国入侵捷克斯洛伐克与波兰后一年不到，英国对德宣战。

一九四〇年五月，英国政坛风起云涌，绥靖政策制定者的记忆里不会不响起丘吉尔的冷峻言辞。然而，一九三八年十月的那天，没几人能料到，这个立场决绝的男人将是英国的救星。

---

① 语出《圣经》（和合本），《但以理书》5：27。

一九四〇年五月十日，星期五

德国实施代号"黄色方案"进攻计划。

四百万德军部署在德国与荷兰、
比利时、法国接壤一带。

德国投入百万空军，发动闪电战。

张伯伦政府垮台。

第三章
一个领导者的倒掉

　　一九四〇年五月九日之夜渐近尾声,丘吉尔休养生息,准备接受一项重大的使命:领导英国。之前,儿子伦道夫给在海军部的丘吉尔打来电话,他向儿子透露:"我想,明天我将成为首相。"原以为权力交接之时该风平浪静,然时事乖蹇。翌日破晓,即令丘吉尔有失颜面的"七零八落"的挪威战役的整一个月后,希特勒再次在欧洲燃起熊熊战火。 67

　　凌晨五点半刚过,通常,手下会为丘吉尔送来一盘惯用早餐,一条烤面包,几枚鸡蛋,中间一杯掺苏打水的威士忌,再唤醒丘吉尔,但此次送来的是令人震惊的消息:德国已入侵荷兰。丘吉尔回忆:"海军部,作战部,外交部,接二连三送来一盒盒电文。"早晨六点,他致电法国大使,商议向荷兰邻国比利时派兵之事。事态很快明朗:德国同样入侵了比利时。须知,战争初始,荷兰与比利时可是宣布中立的。通完电话,丘吉尔随即与空军大臣塞缪尔·霍尔爵士、陆军大臣奥利弗·斯坦利讨论对策。霍尔回忆,丘吉尔的"精神根本没被失利或灾难击垮,于危机中反倒更加昂扬。一如既往,[他]信心百倍,随时能拿出应对之策"。且举证:"当时是早晨六点,下院此前刚结束一场耗时漫长的激烈辩论。他没马上离开,而是抽着硕大雪茄,吃着 6767–68

煎蛋熏肉,看似一大早纵马归来的神态。"

丘吉尔、空军大臣塞缪尔·霍尔爵士、陆军大臣奥利弗·斯坦利随后来到海军部内阁作战室。早晨七点,这里将召开军事协调委员会会议。最新战报纷至沓来:德国军队于格林尼治标准时间凌晨三点展开进攻,其速度、规模、战果令人瞠目。纳粹德国空军密集轰炸了荷兰、比利时境内的重要目标,并往这些地方空降了数以千计的德军。此刻,德军正进攻卢森堡境内重要目标。军事协调委员会会议已下达命令,英法军队在向比利时挺进。英国总参谋长埃德蒙·艾恩赛德爵士回忆,当时乱哄哄的,他进到一间屋里,"再想出来,已无可能。值夜班的,值白班的,均不见人影。所有门加了两道锁甚至三道锁。[他]走到一扇窗前,打开窗,爬了出去。确实人心惶惶"。

艾恩赛德爬窗时,英国各地在收听英国广播公司对内广播电台的七点新闻节目,欲知端倪。电台风闻德军行动,播报道:"据尚未得到官方确认的消息,德国人已入侵荷兰。"

伦道夫·丘吉尔就在父亲的老部队第四轻骑兵团服役。早晨七点三十分,他从赫尔军营给父亲打电话,探听究竟。温斯顿告诉他:"德国这个流氓国家在大举进兵低地国家。英法军队前往迎击他们。一两天后,双方将短兵相接。"伦道夫问:"您昨晚说的今天出任首相之事怎么办?"父亲回答坚决:"啊,我现在不关心此事。现在头等大事是击溃敌人。"

不过,伦道夫问的事,在过去三天里,传得沸沸扬扬。结果究竟如何?谁将出任首相?张伯伦已放出话来:他要等工党决定,再就辞职之事表态。设若工党愿合作,加入他领导的内阁,则正合他意,他当然继续担任首相。克莱门特·艾德礼和阿瑟·格林伍德似乎还不知德国人正采取闪电攻势、横扫西欧,搭乘十一点三十四分的火车由滑铁卢火车站前往伯恩茅斯,参加在那里召开的工党高层会议。

按理说，张伯伦那天将得知工党的态度，却迟迟没听到工党决定。

与此同时，将近八点，丘吉尔步态轻松，沿老路出海军部，穿过皇家骑兵卫队阅兵场，朝唐宁街十号走去。斯坦利、霍尔两人跟在后面，步态同样轻松。战时内阁那天在唐宁街十号会议不断。他们便是去参加第一个会议。内阁大臣、军队将帅、内阁秘书等共计二十人围红木圆桌坐定，讨论目前局势。温斯顿尚未被正式授权掌领政府，内维尔·张伯伦仍处"主位"，但丘吉尔毫不矜持，俨然以首相自居，唱起了主角。他明确无误地告诉在座诸位："英法盟军向低地国家进军的全盘计划业已实施。部队尚未与敌人正面交锋，但肯定指日可待。" ⁷⁰

不到三小时，温斯顿便主掌整个战事。有人会以为，张伯伦既目睹他如此当仁不让，事已至此，该会接受前天商量结果，即由他接任首相。如果这么想，就大错特错。塞缪尔·霍尔和丘吉尔均记载道，此次会议后，张伯伦私下对塞缪尔·霍尔男爵说，他"不该提辞职一事，除非法国战事结束"。早晨八点的战时内阁会议的纪要并没记录张伯伦的发言，他会后不让位的表态，的确令人惊讶。事情还在戏剧性发展：英国百姓一觉醒来，发现前天的事已走漏风声，上了各报头版头条：⁷⁰

张伯伦行将辞职：新首相有望是丘吉尔 ⁷⁰
首相最后一搏宣告失败：工党回应"不"
首相称：努力至终。若联合政府动议遭否，即日辞职
社会主义者在十号的最后之夜

张伯伦既然已经同意，怎能事后又改口背信？不过话说回来，他又怎能放弃权印？若丘吉尔此刻上位，他在位最后三年甚至在锒而不舍推行绥靖政策过程中的所有努力将付诸东流。结果是,他会被证明犯错了。大错特错。他对丘吉尔长达六年的告诫充耳不闻会被视为错上加错。一九三八年九月三十日,他自慕尼黑返回伦敦,走下飞机舷梯时宣布"我们时代的和平"。这话如今听来如此可笑。他当初攥着的那纸又轻又薄的协议如今也成笑话。如今,过去一切皆成笑话。

唯丘吉尔例外。他识清了来自德国的威胁。在英国,王室、贵族、缙绅,均被纳粹障眼迷惑,但丘吉尔始终眼明脑清。他不惧众人蜚短流长,仗义执言。结果呢?遭到他参与建构的政治圈的排挤,被贴上"战争贩子"标签。尽管如此,他不改初衷,一直固守自己奉行的原则:绝不与独裁者协议媾和。

如今,外人只能想象,张伯伦第一次接到德国坦克横扫整个西欧的战报时当作何想——他处境狼狈。尽管颜面扫地,他仍欲最后一搏,保住相位。近年来,人们评论他的所作所为及其后果时温和了许多。大战刚结束时及随后几十年间,他可是人民公敌。但比较而言,他临终前几个月才是最艰难的时刻。战时内阁会议结束,他召来财政大臣金斯利·伍德爵士,表达了留任想法。

将张伯伦力保相位归结为执迷不悟或赤裸野心,或许是错误的。他对丘吉尔的确心存疑虑。他与许多同僚及几乎所有接受与希特勒媾和主张的人——这些人(其中就有哈利法克斯)心照不宣形成了一个能量巨大的政治集团——想到丘吉尔坐镇政府,辄倒吸冷气。温斯顿居至尊领袖之位?丘吉尔家族的温斯顿统掌全局?这个六五耆耋、玩弄辞藻、酗酒成性、数十年间误判错断之人掌舵英国?鉴于丘吉尔过往表现,张伯伦不愿让位,也是情理之中。

张伯伦负隅挣扎,倒不全是出自私心。他的行动代表了一批位高权重者的心声。在这些人心里,英国此刻,或许比以往任何时期,更需一位稳定、清醒、理智、冷静、沉着的领袖。温斯顿无论如何够不上如此标准。丘吉尔本人口若悬河，表示愿派大军与强敌展开胜负难料的恶战，听似投入的不像是血肉之躯的军人，而是他总角之年玩的铅兵铅将，兼之他满脑子美妙却不切实际的英雄主义诗歌作祟，这使人笃信，英国将因此速招灭顶之灾。

一九四〇年五月，连丘吉尔铁杆拥趸中的许多人，想到他领导英国，也忧心忡忡，以至于惶恐悚然。鉴于此，战时内阁会议开毕，张伯伦便找金斯利·伍德表露心迹。他有理由期望，他的一些友人在最后关头给予支持。他们即便不认可他有领导英国的优势，至少须看到他的对手的诸多劣势。

但木已成舟，颓势难挽。英国需要联合政府。工党为此提出了不容讨价还价的条件，即张伯伦必须走人。

金斯利·伍德是这场跌宕起伏较量中的传信者。他认为，狠狠心向张伯伦直言传递委实是记闷棍的坏讯，反倒对张伯伦好。这就是，"与您的期望相反，新危机使得成立联合政府之事尤为必要，惟其如此，或能直面这场危机"。在大多数人眼里，金斯利·伍德有如张伯伦门生。张伯伦此刻从他嘴里得知此讯，只得无奈默认了交印结局。⁷³

德国装甲部队正迅速进军比利时、卢森堡、荷兰低地国家，法国在其虎视眈眈之下。与此同时，上午十一点三十分，战时内阁召开第二次会议。他们得到战报，德军已轰炸法国南锡，造成伤亡。但掌握的情报少得可怜，且不确切。艾恩赛德告知内阁，德国人或计划一⁷³路横穿卢森堡和阿登森林，直逼比利时默兹河防线，另一路强行通过比利时进攻驻防阿尔贝特运河沿岸的盟军。事实上，德国人推进速度远快于盟军预期。然而，正如菲利普·华纳在《法国战役》中所写，比利时早已宣布中立，这就意味着，它的军队没想过为防德军进攻"默兹河沿岸防线"而准备和训练，"[因而，]德国滑翔机降落在她的防地，为他们始料不及。起初，他们以为这些不过是出了故障的飞机，第一反应竟是要帮助他们以为被困的飞行员"。

国防委员会第二次会议延至下午一点在海军部召开，讨论锁定"比利时默兹河沿岸几个渡口"展开轰炸的作战计划。会议再次由丘吉尔"主持"。比利时也已向盟军求援。陆军上将黑斯廷斯·伊斯梅，也是丘吉尔的坚定盟友，回忆，早在一九三九年十一月，英法最高战时委员会会议决定，"德国一旦侵犯比利时领土，D 计划自动实施。这就意味着，英国远征军[一九三九年九月战争爆发后驻扎在法国超过三十九万四千人的英国陆军]无须等待下步行动命令，可迅疾开赴比利时。"如今，该时刻已到。据会议纪要，"如果越来越多证据表明，德国人已'肆无忌惮'，那么，英国政府将采取行动，即夜发动进攻，[轰炸]德国境内的炼油厂和列车编组站"。

这一天于丘吉尔相当漫长，远未结束。他与心腹比弗布鲁克勋爵一起匆匆用完午餐，又赶回唐宁街十号，主持下午四点三十分召开的第三次战时内阁会议。联合情报委员会呈上报告，报告详述了德国对新锁定的荷兰、比利时、法国、瑞士境内目标以及对英国肯特郡五处目标的轰炸情况。（德国第一次轰炸英国，时间是一九三九年十月，目标为英格兰东海岸。）之前会议讨论了如何对德国境内目标实施反轰炸。第三次会议继续讨论该问题。在这次会议上，温斯顿表现出不放过点滴细节，认真倾听他所信赖、经验丰富的与会同僚的意见。空军元帅西里尔·纽沃尔赞成立刻反击德国，理由是，"迅疾打击敌人最薄弱之处，将在世界范围产生非常巨大的心理影响。"空军大臣塞缪尔·霍尔附和。他指出："我们若不立即痛击德国，将听到世界严厉批评之声。拖而不决导致不了了之的案例，史上不胜枚举。"空军态度强硬，而艾恩赛德意见相左。他佐以英国远征军总司令戈特勋爵的观点：如此空中轰炸"丝毫无助于地面战场"。估计，霍尔话里"史上""案例"四个字，如大本钟钟声，在丘吉尔耳际訇然，教他想到许多。没谁比他更了解，仓促贸然采取军事行动可能导致何种灾难性后果。因此，他倾向暂缓行动，二十四小时后再视情而定。据当时会议纪要，张伯伦"听了几方意见后……赞成延迟打击……无论如何须延迟二十四小时"。

会议接近尾声。首相告诉大家，他刚收到工党就成立联合政府之事做出的回应。工党声明："本党经酝酿，愿全力襄立新政府，听命于新首相，履行所分之职责。此举或将重振全民信心。"张伯伦接受现实，说，"他由此得出结论，唯一可行之道便是，他该即刻向国王递交辞呈。他说当晚便去"。当日发生的一切逼得他别无选择，但他仍不能也不甘在十九位参会者面前接受这样的结果：他心目中不适合继任首相的家伙，如今要接掌驾驭全局的缰绳。 75–76 76

休会。战时内阁成员各自回到办公室。工党决定在保守党内传开。有一位保守党党鞭仍做最后努力，欲说服哈利法克斯再次考虑接任首相。他赶到外交部，却吃了闭门羹：哈利法克斯看牙医去了。安德鲁·罗伯茨在哈利法克斯传记里写道："一九三九年末，[他]确须两月里看牙医两次，然而，假设他真愿见那些在最后关头劝他接任首相的说客，恐怕会被困在外交部难以脱身。" 76

战时内阁会议一结束，张伯伦即前往白金汉宫，正式向国王乔治六世交还相印，并荐举新首相。所荐之人却非陛下心仪。国王在日记里回忆：

> 我认为，他之前受到的待遇多么粗暴、不公平，所有关于他的争议令我深感难过。接下来，我俩就继任者一事做了非正式 76–77

交流。我当然青睐哈利法克斯。但他告知,哈[利法克斯]不热衷于此,原因是,他身为上院议员,在下院无实权,而下院可是动真刀真枪之处。我本以为,哈乃众望所归,至于他的贵族衔位,鉴于当下形势,可暂予忽视。实情却令我失望。我随后了解到,可邀组阁政府且深孚众望之人唯有温斯顿。我问张伯伦意见,他答,的确如此。

国王提出暂取消哈利法克斯贵族封号,助他成为实权首相,此举如何?国王希望相印不落他人之手,这么做,也是利用宪法条文的非常之策。要知道,国王在白金汉宫听报事态发展到这步,既错愕又难过;唐宁街十号即将易主为丘吉尔,尚在这里的张伯伦手下,心情也如他们的国王。张伯伦私人秘书长乔克·科尔维尔在日记里写道:

> 国王如此行事,是一场可怕的赌博,难免有一切为应急而采取的非常规做法所固有的危险。我不由得担心这个国家或将因此被推向前所未有的险境……没什么能阻止他[丘吉尔]实现己愿,因为他有左右他人的本事与能量,除非国王充分利用君主特权,强行排除他人;即便如此,天公不济,国王可用之人唯有哈利法克斯,而后者又执意不就。
> 尚在唐宁街十号的每个人已觉光景黯淡。

众人这些想法,如一块重石,估计丘吉尔被它压得痛苦不堪。他再怎么自信,也还是深深感受到来自众人的不信任。大家指责他曾导致巨大伤亡,他能否摆脱失败阴影,获得从未获得过的荣光?他看似咄咄逼人;脱掉这层外衣,他不过是一个阅历足够丰富的耆叟,如今,最后一次可望成功从而弥补过往失败的机会摆在他面前。

丘吉尔离开唐宁街十号，返回海军部。此时此境，他多么需要克莱门坦的支撑与宽慰。女儿玛丽回忆："那些天，他紧张焦虑，而克莱门坦[参加葬礼]不在伦敦，温斯顿为此非常痛苦。他感觉，决定性时刻即将到来，于是打电话给克莱门坦，求她尽早赶回。"就在他准备离开海军部前往白金汉宫时，她出现在他面前。她为他壮行，让他坚信，他是接任首相的不二人选。 **78**

一九四〇年五月十日，近傍晚六点，接温斯顿的车行驶在摩尔大道上。他坐在车里，看到"人们无暇关心国内外正在发生的事，白金汉宫大门处竟空无一人"。这番情形令他陷入沉思。不过也就一时罢了。他即将实现夙愿就任首相，越来越按捺不住内心狂喜，竟至于觐见国王时，略有几分失态。他回忆： **78**

> 陛下见到我，极其谦和。他请我就座，好奇地打量着我，过 **78-79**
> 了好一阵才说："我以为，你不知道我为什么请你，是吧？"我用
> 他的神态应道："是的，陛下，我根本无法想出您召见我的原因。"
> 他笑出声来，说："我想请你组建政府。"我应道愿效犬马之劳。

鉴于国王早先与张伯伦晤谈时的态度，如此开局，顺利得匪夷所思。国王在日记里写道，丘吉尔"一腔似火激情，充满必胜斗志，决意完成首相职责"。重任在肩，丘吉尔只能成功不能失败，因此，亟需这种似火激情。 **79**

第一次以大英帝国首相之尊打小车里出来时，丘吉尔转头看着警察保镖沃特·亨利·汤普森探长，说："只有上帝知道，首相担子如今多重。我只望担任此职为时不晚。可我很是担心，这天迟来了。别无选择，让我们殚精竭虑，勠力为之吧。"言罢，两眼噙泪。他别过脸去，嘟囔了几句，但很快镇定，神色转为坚毅，情绪变得高昂。他一 **79**

边踏上首相府台阶,一边酝酿起他的战时内阁。

温斯顿委实深谙政道。过去三天,该发生的均已发生,即便如此,他此刻心明如镜:须得到保守党全力支持,否则,他的首相之位很快就要丢了。毕竟,他未掌牢权柄。尽管当时下院里的形势是,众多托利党人站着嚷着弹劾张伯伦。这并不意味着,那些人乐见他登上相位。据闻,外交次长理查德·奥斯汀(·"拉布")·巴特勒曾如此评论:"温斯顿及其同伙密谋夺位,出人意料地如愿以偿,是一场严重灾难。发生这等事情并非必然。他们[保守党高层]表现软弱,没有作为,竟遂了有一半美国血统的家伙的心愿。"

估计温斯顿正是知晓这些,这才坐在海军部的办公桌后,提笔给张伯伦写下此信:

亲爱的内维尔:

我自白金汉宫返回海军部,首要之事便是给你写信,借此表达对你在危难苦痛之时尚允襄助于我、共济国忧之举的至诚谢意。我对前路不存任何侥幸幻想。我深知,在未来数月,我们别无选择,须闯过一条既长且险的沟壑。然有你指点襄助,兼之以你为领袖的杰出政党的支持,我坚信将不辱使命。你在弃小我、顾大义方面堪为楷模,为人景仰。这将成为不少人行事之准绳、所有人精神之源泉。

过去八个月,我俩共谋国事。期间,我日益赢得你的友谊与信任。为此,我不胜荣幸。我的成败,很大程度上,取决于你——对此,我尽可高枕无忧。至于其他,我则坚信我们的事业,它肯定不会败在我们手上。

我与工党高层晤谈后,当在今晚再写信予你。你将向翘首以盼的英国人民发表广播讲话,为此,我的欣喜之情难于言表。

你可信赖的

永远的

温斯顿·斯·丘吉尔

给一个曾不遗余力阻止其成为首相之人写信,怎样方能下笔啊。此举可有太多解释:出自真诚,策略使然,纡尊降贵,洞察时务,宽宏大量,诸如此类。无论温斯顿有何种动机,是时是举的精明程度盖世无双。就算张伯伦认为,丘吉尔的做法简直不可思议,可对方毕竟示好,因此难有微词。哈利法克斯勋爵也收到丘吉尔一封意思大体相当的信,但信的语气,因为一段读似宿命口吻的文字,较为冷硬:"我感觉,你我将为该事业并肩战斗到底,因此倍加欣喜。可以肯定,在这场战争中,你的外交行动是我方的一股核心力量。真诚感谢你愿留任该不凡之职,继续尽力。你任该职,可谓既勤勉有加,又游刃有余……"不出几周,得此番评价之人反过来让丘吉尔不得安宁:两人在各自认为至关重要的问题——是否与希特勒媾和——上发生冲突,竟至于不可调和。₈₁

不止于写信,丘吉尔还清楚,他的战时内阁不可缺少他俩,即所谓亲近朋友,更要亲近对手。倘若两人中任何一个辞任,毋庸置疑,将引发大乱,他也相位难保。鉴于此,张伯伦任枢密院议长并领导下院,哈利法克斯勋爵留任外交大臣。同时,丘吉尔邀工党方克莱门特·艾德礼与阿瑟·格林伍德分别出任掌玺大臣与不管大臣。人马配齐。丘吉尔认为,张伯伦、哈利法克斯会跟自己唱反调,如此安排,可望艾德礼、格林伍德起到平衡制约的作用。在《风云紧急》中,丘吉尔写道,自己"在下院与艾德礼、格林伍德相识相知良久。战争爆发前十一年间,在某种程度上,我独立于各党派,与保守党、各届联合政府,与反对党工党、自由党,均有龃龉,但与前两者冲突尤甚。"

在此关节,丘吉尔想得最多的似乎是他将遇到的抵牾以及谁与他抵牾。根据他任海军大臣时的表现,他从来做不到只安于本职,这让与他打交道的人甚为恼火。他如今又要越俎代庖。为不被人如此指责,他决定伊始便师出有名:新设并自任"国防大臣一职,且不对该职权限做任何说明界定。"他因此有了自由操控国家乃至战事的实权。为进一步巩固权力,他那晚又宣布了三项重大任命:任命亲密盟友安东尼·艾登为陆军大臣,任命工党议员阿尔伯特·维克托·亚历山大为海军大臣,任命自由党领袖阿奇博尔德·辛克莱为空军大臣。

至此,战时内阁组阁完毕。丘吉尔可缓口气,读读先前纷至沓来而今堆成小山的恭贺他就任首相的信札电文。晚九点,他打开收音机,收听内维尔·张伯伦向英国人民做的最后一次演说:

今天凌晨,没有征兆,没有理由,希特勒闪电进攻荷兰、比利时、卢森堡,在那些已令他的名字成为耻辱的罪行上更添新罪。纵观历史,没谁像希特勒一样,犯下如此滔天罪行,将如此多的人拖入受苦受难的深渊。他选择这个时刻,或许在他看来,这正是英国政治动荡、陷入泥淖的苦难之时,这正是英国内部分裂之时。如果他想借助我们的内部分歧实现他的野心,那么,他打错了算盘,错估了英国人民的意志……

这是我最后一次从唐宁街十号向你们表达我的心声,我想说一两件事情。在担任首相这段时间,准确说,将近三年时间里,我始终处于极度忧虑之中,我始终感受到责任的重压。大凡我认为能不失尊严地保有和平,我都竭尽全力抓住这样的机会。当最后的希望化为乌有,战争不可避免,我同样竭尽全力投入这场战争。你们或许记得,去年九月三号,我在广播里要求大家,我们应该与一切邪恶进行战斗。事实证明,我当时的言辞不足以描述现在这些人的邪恶。他们想通过这场刚刚开始的大战攫取所需。这场战争可能要打上数天甚至数周,不管怎样,我们知道了,战争业已爆发,我们不能像先前那样等待观望、犹豫不决。这或许起码让我们卸下了某种负担。无辜的荷兰人民、比利时人民、法国人民在经受考验,我们也终于等来了考验时刻。你们和我须团结起来,支持我们的新领袖。我们要勠力同心,以不可撼动的勇气,去战斗,去工作,直到这头窜出巢穴扑向我们的野兽最终被缴械,被掀翻在地。

张伯伦的广播演说充满尊严,鼓舞人心,得到了甚至他的批评者的好评。温斯顿收听完五分钟多一点的演说,接着又工作了六个小时。关于极具意义的这一天,他在《风云紧急》中如此写道:

在这场政治危机的最后日子里,从早到晚,我几无片刻休 84—85
整,然一直心平气静。我泰然接受一切发生之事。不过,我不能向读者隐瞒这样的实情:凌晨三时许,我躺到床上,自心底顿觉轻松。我终于大权在握,可发号施令,左右全局了。我感觉,仿佛与宿命同行,我走过的路做过的事皆是为这一刻、这一考验做的铺垫。十年远离政治,置身事外,让我已无党派对党派的惯有敌意。过去六年间,我发出了无数警告,且次次详究底里。如今,它们均为冷酷现实所证明。事已至此,谁还能说我杞人忧天。没人能指责我制造了这场战争,没人能指责我没为战争的到来未雨绸缪。我认为，自己对这场战争了如指掌，且自信该立于不败之地。因此，虽盼晨光，我仍能酣睡，且无需梦见什么令人鼓舞之事。梦再好，好不过无可争辩的事实。

伦敦城另一头，爱德华·伍德，亦即哈利法克斯勋爵，在其多彻斯特酒店的奢华套房里思考着自己的将来。这些天里，他拒绝也可说是放弃了大权在握之机——不能说他无成为首相的雄心壮志，只不过实现这样的雄心壮志须待时日——但绝没放弃其一生恪守的原则，这就是，任何问题总有一种理性的解决办法，用流血来解决问题该是万不得已之策。当他想着因自己屈让而得以顶替上位之人所代表的，几乎方方面面，与自己心目中领袖所应具备的形成巨大反差，想必心忧如焚。

第四章
圣　狐

一九四〇年五月十日，哈利法克斯正式拒任首相。对此，他的朋友，生于美国、眼光犀利、跻身英国上层社会的亨利（·"齐普斯"）·钱农爵士，在日记里写道："他的鸿鹄之志与强烈责任感均无87与伦比，他的贵族地位也要求他当仁不让，因此，我不理解他为何做出如此决定。"

众人希望他担纲领袖，他却在紧要关头拒绝承担如此重任，他究竟是个什么样的人？

哈利法克斯身高六英尺五英寸，面色苍白，双眼深陷，体形略显瘦削，让人敬而远之。不仅如此，因为先天缺陷，他无左手，左臂已枯干，为掩饰而代之以假拳，假拳套着黑皮手套。不过，残疾没有妨碍他成为名闻遐迩的骑手，也没有妨碍他痴迷于猎狐。他骨子里是英国贵族中的贵族。他生于一八八一年四月十六日，时名爱德华·弗雷德里克·林德利·伍德，是查尔斯·伍德即第二代哈利法克斯子爵的第四个儿子。他的童年在约克郡度过，但不幸的是，三位兄长在他十岁前先后夭亡。也正因为兄长离世，他成为世袭哈利法克斯贵族之位的当然继承人。

伍德家是极其虔诚的英国圣公会教徒。哈利法克斯的负笈之路亦中规中矩，先伊顿公学，后牛津大学。一九〇九年，他大学毕业，旋即决定进入政坛。他继承了位于伦敦的几处大的房产与位于约克郡的两处颇具规模的庄园，因此，保守党自然成为最适合他的党派。就

在当年，他迎娶多萝西·昂斯洛女士。多萝西·昂斯洛女士在众人眼里乃"杰出女性代表"，因魅力、友善、体恤、仁爱名贯英伦。自此，两人伉俪相敬。一九一〇年，哈利法克斯在北约克郡里彭市选区赢得下院席位。

　　第一次世界大战爆发后，哈利法克斯入约克郡龙骑兵队，带兵参加了佛兰德的战斗。当时，佛兰德有如人间地狱；他的许多朋友在那里战死；伤亡惨重，气氛阴惨，所有这些让他一生未得安宁，也影响了他的为政之道。

　　战争结束后，他与其他共计二百零一位保守党下院议员联名致电参加巴黎和会的首相戴维·劳合·乔治，敦促他在要求德国赔偿的条款上务必从严，不可让步。

　　一九二一年四月，哈利法克斯与时任殖民地事务大臣的丘吉尔第一次在政见上抵牾。丘吉尔当时是联合政府中自由党的成员，对哈利法克斯出任殖民地事务次长的提议甚为不满，竟至于两周拒绝见他。一向沉稳得体的哈利法克斯被如此轻慢，怒火中烧，冲进丘吉

88–89尔办公室，叱道："我没想成为你的手下，也无意于任何官职。我已决定明天递交辞呈，离开这里。但只要还在这里一天，我希望得到应

有的尊重。"在许多人眼里，他"为人清高，不苟言笑，信仰坚定，足智多谋。丘吉尔则用两字概括之：'圣狐'"。肇始不顺，不过，两人出于权宜，倒也能搁置嫌隙。哈利法克斯还是担任了位不高但也是有生以来第一个部长级官职。

　　直到一九二六年，哈利法克斯方才获任真正使其得到同僚尊重、地位不容小觑的职位：印度总督。他的爷爷，第一代哈利法克斯子

爵，一八五九年至一八六六年间任印度事务大臣。有意思的是，温斯顿·丘吉尔的父亲，伦道夫·丘吉尔勋爵，也担任过类似职务。哈利法克斯一九二六年走马上任，同时被封为欧文男爵。该头衔使他得以跻身上院。既如此，他则不可继续保有下院席位。

了解哈利法克斯在印度问题上的立场，便可知其人。他任印度总督五年，支持英国全面管辖的印度实行自治，主张印度应与澳大利亚、新西兰一样，充分享有"自治领地位"。和平主义的印度领袖圣雄甘地与他过从甚密。然而，因其观点，他与几乎所有保守党大佬矛盾激烈，其中便有温斯顿·丘吉尔。丘吉尔认为，哈利法克斯摆明了是视印度重于对党忠诚。英国政府与印度政治领导人的谈判破裂，印度各地再次爆发暴力冲突，哈利法克斯本打算推进印度自治，这些事件导致他的计划受挫，反对声四起。

印度各地非暴力不合作运动如火如荼。保守党认为，哈利法克斯应对印度的举措过于软弱。丘吉尔谏劝时为保守党领袖的斯坦利·鲍德温，面对事态，他万勿让与哈利法克斯的友情"左右你的判断"。哈利法克斯依然一如既往，在总督任上做了最后一件事，即强力推行他的计划，于一九三一年三月三十一日签署《甘地-欧文协定》。印度各地骚乱因此结束，众多遭囚禁的示威者因此重获自由。《协定》也为当年晚些时候在伦敦召开的讨论印度宪政改革的第一次圆桌会议铺平了道路。但也正因该协定，力主维持帝国全球统治的英国各派对他恨之入骨，其中尤以丘吉尔为甚。他对哈利法克斯口诛笔伐，指责他在印度总督任上的"一系列错误和灾难"。因为观点相左，丘吉尔一怒之下与保守党决裂，开始他长达数年远离政治圈中心的生活。

一九三一年，哈利法克斯甫返英格兰，便回到乡村，过上了往日生活。他有三大爱好，一是猎狐，二是信教，三是从政。当年十二月，

90

90

他在上院发表了第一次演讲。据说，他当时"严格说，尚算不上政府要员，但做派俨然"。

一九三四年一月，他的父亲去世，他的勋爵封号顺理成章变为哈利法克斯子爵，身份因此提升。一年后，官位也有进阶：首相拉姆齐·麦克唐纳因健康不佳辞职，斯坦利·鲍德温再度出任首相，并擢升故交哈利法克斯为陆军大臣。仅过五个月，随着保守党在一九三五年大选中获胜，哈利法克斯再获提拔，任掌玺大臣和上院领袖。

希特勒先生任总理至此已满两年。哈利法克斯对这位德国领袖持何种态度呢？

新任英国外交大臣安东尼·艾登在过去两年里，就德国重启军备之举可能产生的各种后果不停发出警告。哈利法克斯一九一八年时也赞成严惩德国，可如今，尤其自印度归国后，对德国受到据《凡尔赛条约》和《洛迦诺公约》而强制执行的惩罚表达了某种同情。一九三六年，英国这方，国王爱德华八世弃位之举衍变为危机，闹得沸沸扬扬，而德国那方，希特勒公然恶意违反《凡尔赛条约》和《洛迦诺公约》，下令坦克开进莱茵兰非军事区。

如前述，艾登确实提防希特勒，不过，莱茵兰事件后，他的起始想法与哈利法克斯的一致，认为该事件可通过磋商谈判解决。两人出席一九三六年三月十日在巴黎召开的《洛迦诺公约》签署国政府代
表会议。在会上，用艾登的话说，两人发现，"我方提出的方案，即先谴责德国所为，后出台建设性方案，从而重建欧洲局势，根本不可能得到其他各方认同"。这出乎两人意料。也就是在这次会议上，我们发现，哈利法克斯脑子里开始有了"解决欧洲问题的方案"的原则，且愈来愈坚定。尽管屡屡受挫，尽管战争已打响，哈利法克斯想的仍是绥靖。在一九四○年五月间的几次战时内阁会议上，他又大谈特

谈绥靖。

英国政府对德国重启军备的威胁视而不见,接受德国占领莱茵兰的既成事实,认为不值得为该事件与德国兵戈相见,继续谈判策略。希特勒由此得出结论,违反《洛迦诺公约》的禁令,将不会招致抗力,因此,加快了重新夺回德国第一次世界大战后失去的领地的步伐。

在英国人眼里,苏联威胁更大。不止于此,英国贵族中很大一部分有很强的亲德心理。其中包括新近弃位、获封温莎公爵的爱德华八世。弃位不足一年,他决定会晤希特勒。英国政府并不十分担心德国重占德语民族聚居地区。尤其是在希特勒为安抚法国而主动与之签订不侵犯条约后,许多英国人认为,希特勒的许多想法值得尊重。 据记载,在一九三七年一月召开的一次内阁会议上,哈利法克斯说,他愿意"改善我们与德的关系";"在他看来,德国不满英国同情法国,不满英国指责德国,不无道理"。 92

一九三七年五月,斯坦利·鲍德温退休,继任者是等候此位良久的内维尔·张伯伦。他甫上台便大张旗鼓推行绥靖政策,以期避免第二次世界大战。哈利法克斯又与张伯伦交情由浅到深,如今自然得到快速提拔,官任枢密院议长,很快成为张伯伦麾下急先锋。

赫尔曼·戈林,盖世太保创始人,盛情邀请哈利法克斯参加一九三七年十一月由他组织的在德国举办的猎狐活动。不止于此,期间,哈利法克斯还将被安排与希特勒进行晤谈。晤谈置哈利法克斯于风口浪尖,因为首相张伯伦与外交大臣在对德政策上抵牾。张伯伦认为,德方如此行事,不过是哈利法克斯猎狐活动结束后附加的一般礼节性安排。此番解释让原本只是怀疑的外交部忧心忡忡:首相准是背地里授权支持绥靖政策的哈利法克斯与德国会谈,商议各种外交举措。因此，艾登极力反对哈利法克斯前往德国，但哈利法克斯的德国之行仍获批准。不过，他只被允许谈论希特勒接下来觊觎的两个国家，奥地利与捷克斯洛伐克，哈利法克斯"在就这两个国家问题表态时，须措辞强硬"。然事与愿违。哈利法克斯回国后即向外交大臣递交了一份备忘录。其中一段文字让艾登读后十分惊恐：哈利法克斯与德方已经商讨"替代欧洲现有秩序的其他各种可能的秩序，它们或许注定赖以时日，得以实现。商讨的问题中涉及了但泽、奥地利和捷克斯洛伐克"。

哈利法克斯与希特勒起初见面闹出了笑话。他刚开始将元首误以为侍者，差点将脱下的外衣递了过去。不过，哈利法克斯很快折服于希特勒的"个人魅力与政治才干"。他回到英格兰后，在给其导师斯坦利·鲍德温的信中写道："民族主义与人种优劣论在德国甚嚣尘上，但我无法感觉出它们有违人性或不道德！……我本人很难怀疑这些朋友不是发自内心憎恨共产主义及其他！而且，我敢说，假如我们处在他们的位置，或许同感！"

哈利法克斯这番关于希特勒的评论令人震惊。须知，希特勒一九三三年当选德国总理，旋即在全国范围内禁止与犹太人有任何商业往来，剥夺已获德国国籍犹太人的公民权，宣布跨种族婚姻为非法婚姻。不过，比较而言，写给鲍德温的信倒不是那么让人难以接受，让人难以接受的是哈利法克斯在希特勒面前表现的谦卑恭顺。他在与希特勒长达三个小时的会谈中的确含混表达了不尽赞同的意见，这就是"纳粹制度中有许多照英国政府观点不大能接受的东西（对待教会的做法，或许次之的是对待犹太人的做法，还有对待工会的做法）"。除此之外，他对希特勒极尽赞美之辞，之所以这么做是因为，用他信里的话说，"希特勒在德国所为可谓伟大"。他还在信里替希特勒辩护，"如果英国舆论倾向于攻击他……毋庸置疑，部分原因或许是英国民众尚未充分了解"他给德国带来的翻天覆地的变化。

　　哈利法克斯想回避一切可能导致他与希特勒抵牾的话题，这一点显而易见，然而，他却主动提起外交大臣已诫其别说谈、连碰都绝不可碰的外交话题，加之他对希特勒不知曲意还是真心地赞不绝口，这两点表明，他不仅政治上浅薄到了不可容忍的地步，而且对真实情形的无知到了令人揪心的田地。他在日记里写道，希特勒"给我的 95印象是，非常真诚，言由心生"。戈林，在他眼里，则更具魅力："坦率 95说，他的性格以及他的那份内敛，恰如一个在校的杰出男生，很是迷人……他集多种角色于一体：具有电影明星风范的男人，热衷于地产的大地主，普鲁士邦内政部长，社交活动组织者，查茨沃思庄园猎场总管。"尤其是戈林的"大地主"身份，很合对田园情有独钟的哈利法克斯的口味；那天，于他，充耳的是德国人如蜜的话语，估计他也极力不想受惑于那些蜜语，而戈林的"大地主"身份完全蒙住了他的心眼。

　　待哈利法克斯返回伦敦，一切皆成定局：精明狡诈的德国人通过眼花缭乱的公关成功地让他相信了假象。哈利法克斯在给内阁的报告里说，战争纯属"无稽之谈"，"德国人根本没有马上采取冒险 95行动的计划。他们正忙于建设自己的国家，无暇顾及其他"。他在报告结尾提到一个想法，该想法还会在一九四〇年五月二十五日至二十八日间几次针锋相对、剑拔弩张的战时内阁会议上被反复提出，即，将几块殖民地让给德国，以助于全面解决欧洲问题。哈利法克斯与张伯伦后来积极推行的绥靖政策正是基于当时提出的这个想法。

　　一九三八年一月，张伯伦正式宣布殖民地绥靖政策。政府随即着手评估欧洲可让给德国哪些土地。该政策遭到政界、新闻界公开讥嘲。这些批评甚至直接引发了希特勒本人的不满。令人不可思议的是，哈利法克斯为安抚希特勒，出面干预。英国广播公司播放的几个节目邀请了几位反殖民地绥靖政策的代表人物各抒异见，哈利法克斯对此加以封杀。

希特勒本就觊觎奥地利，墨索里尼对地中海地区也有所图，绥靖政策的出台为他们送去了东风。艾登因此愤而辞职，张伯伦则顺势任命哈利法克斯为外交大臣。

刚过两周，一九三八年三月十一日，希特勒以迅雷不及掩耳之势吞并奥地利。不过，他称之为德奥合并①。哈利法克斯已知希特勒迟早会有此举，但甚少干预。待欲干预，为时已晚：德国已兵进维也纳。德国驻英大使约阿希姆·冯·里宾特洛甫后来竟至于将吞并奥地利完全委罪于哈利法克斯。战后，里宾特洛甫被关押在纽伦堡接受审判。他在牢房里撰写回忆录，其中提及哈利法克斯一九三七年说的一句话，"英国人民绝不会因为两个德语国家意欲合并而同意投入战争"。里宾特洛甫写道，哈利法克斯这句话实际上给希特勒入侵奥地利亮了绿灯。

希特勒完成了德奥合并，随即将目光锁定在捷克斯洛伐克的德语地区苏台德。哈利法克斯又将如何应对？

当时，哈利法克斯被说成是"优柔寡断，了无主见"之人。马丁·吉尔伯特在《绥靖主义的根源》一书中如此描写哈利法克斯、张伯伦以及秘密结盟的几个有头有脸的绥靖政策拥护者——约翰·西蒙爵士、塞缪尔·霍尔爵士、金斯利·伍德爵士、托马斯·英斯基普爵士、雷金纳德·多尔曼-史密斯爵士与斯坦霍普伯爵，他们认为，"重启军备、德奥合并与反犹太主义引发了暴风骤雨，国际关系卷入其中，但仍有可能挽救英德关系，使之免于这场风暴的冲击。"因此，他

---

① 原文为德语，Anschluss。

们达成一致意见，英国绝不可能承诺，设若德国派兵吞并一个德语民族占绝大多数的地区，将在军事上做出任何回应。

一九三八年夏，德军在捷克边境集结的消息传得沸沸扬扬。希特勒对英法提出的解决方案置若罔闻。鉴于此，同年九月在慕尼黑召开了一次会议。事到如今，哈利法克斯虽还寄希望希特勒尚存理智，但已想着给自己留条退路，说话表态开始闪烁其词，并毅然决然支持英国迅速扩充军备之策，然为时过晚。

安德鲁·罗伯茨在传记《圣狐》中写道：

[哈利法克斯]试图将他与[印度]国会打交道的经验运用到处 97–98
理欧洲诸多问题之策中，犯了灾难性错误。他没看清这样的事
实，即希特勒既不信谈判磋商，也不信所谓的非暴力。[他]在印
度时持有的每一个观点……百分之九十的问题是心理层面的问
题……面对面谈判磋商行之有效；为了全面解决问题，须暂时
忍辱负重；历史的发展有其必然性，会制约人的妄为——这些
放在印度完全行得通。可他与纳粹德国打交道时仍继续原封不
动运用这些准则，结果只能是招致灾难。

九月三十日，张伯伦自慕尼黑返回伦敦。他扬着一张小小白纸，宣布："我们时代的和平！"哈利法克斯与张伯伦的支持者们一道欢庆这个看似胜利的结果。他们忽略了签订这纸协定的代价，其中之一便是，希特勒要么得到捷克斯洛伐克（时机未到），要么得到苏台德地区。

果不其然，一九三八年十月一日，德国人不费一枪一弹，大摇大摆走进了苏台德地区。

鉴于希特勒所为，哈利法克斯本应亮明该有的立场，然而，

一如既往，他出尔反尔。这说明，他在外交策略上根本没有能力。

一九三八年十月十二日，欢庆完看似胜利的慕尼黑会议后两周不到，在与美国驻英大使约瑟夫·肯尼迪晤谈时，哈利法克斯所言与自己原来所持原则相悖。肯尼迪事后向华盛顿如此报告：

今天下午，我与哈利法克斯花了一个小时在他官邸壁炉前品茶谈事。他简要介绍了我认为或许是国王陛下政府未来的政策。首先，哈利法克斯确信希特勒无意与英国开战；他认为，除非英国领地受到直接威胁，否则英国与希特勒开战绝非明智之举。按他观点，英格兰今后要加强空中力量，同时，"法国也不妨照此而行"，这样一来无人可从空中挑衅他们。在此前提下，且让希特勒在中欧为所欲为……[只要]英国保护好领地，与美国关系紧密友好，至于其他，希特勒可尽其所能，做他想做的事。

十一月九日至十日，德国全境掀起一浪浪反犹狂潮，史称水晶之夜①事件。该事件促使哈利法克斯立刻反思。他紧急召开外交政策委员会会议。在会上，他告诉大家："慕尼黑会议之后，发生了一连串事件。继它们之后，过去几天里，德国又事件频发。我们的处境因此变得危险。"正如他早前跟约瑟夫·肯尼迪所说，他此刻提议立即增加飞机产量。他还建议出台国家义务服兵役登记制度，张伯伦与财政大臣约翰·西蒙爵士否决了这个建议。

一九三八年十二月十五日，内阁开会。哈利法克斯在会上公开表态反对德国，声言："他希望看到最终达到的目的[就是]，一句话，彻底消灭纳粹主义。只要纳粹主义存在，和平就飘渺不定"。

---

① 原文为德语，Kristallnacht。

一九三九年，新年的曙光初露，支持哈利法克斯担任首相的势头也随之形成。张伯伦业已年迈疲倦。他一如从前，接二连三犯着令其不堪的错误。让哈利法克斯目瞪口呆的是，在没先与他这个外交大臣沟通的情况下，张伯伦竟召开记者会，振振有词地说，德国的表现已经有了改善，且"保持了一段时间"；英德正在商讨裁军。然而，一周不到，德军战车隆隆开进了布拉格，张伯伦因此再次沦为笑柄。哈利法克斯敦促政府，倘若希特勒企图入侵波兰，务必确保其不受侵犯。他的动议多少给自己招来风险，不过，身为外交大臣的他因此倒更让人觉得适合将来担任首相。一九三九年九月一日，德国入侵波兰。英国随即卷入战争，究责声一时四起，哈利法克斯首当其冲。但他认为，自己多年来已为和平进行了不懈努力，由此所做的决定是正确之举。

纵观哈利法克斯与丘吉尔从政生涯，直至一九四〇年五月的内阁危机，无论政见还是私交，两人可谓水火不容。他俩堪称最不能变通之人，很难牺牲各自长期所持的信仰、思想与是非标准。在印度自治与绥靖政策问题上，两人立场对立，且互不谅恕。不过，两人也有共同之处，即均自信胜过他人：自己提出的策略是英国该遵循的正道；自己是最爱英国之人；历史，甚至可说是上帝，早已托付他们在最严峻时刻保英国安然渡过难关。

哈利法克斯后来如此描写第二次世界大战中的英格兰：

> 回家路上，阳光朗照，[我们]在一处可将约克郡平原尽收眼
> 底的地方坐了半个小时。平原近处风光无一不觉亲切：每一处
> 景致，每一个声音，每一缕气味，都是如此熟悉；每一块草地都
> 教人生出某种庶几淡忘的联想；那个到处是红色屋顶的小镇及

其周围的小村，不因时光而改变，相互偎依，环绕着灰色石块筑成的古老教堂；那些亦如我们的男女，虽早已长眠地下，然曾几何时就在那座教堂里跪拜祈祷。就在这里，就在约克郡，亦如在多佛白崖，或如在英国人挚爱家园的其他任何一处，可真切感受到英格兰何以持久永恒。然而，如今，面临这样的问题：脚蹬长靴的普鲁士人是否可能强行闯入这片田园，任意践踏蹂躏它？仅此担忧便令人感似凌辱，怒不可遏；这种感觉恰如一个人被逼撕心裂肺地看着自己的母亲、妻子或女儿遭受奸淫。

一个一向让人觉得冰冷到毫无情感的哈利法克斯竟写下如此情真意切、动人心魄的文字。当然，若换由丘吉尔，也会写出这样的话语。这两个男人爱英国均爱得深沉炽热。但他们的诸多不同并不因此消亡：温斯顿信奉，一旦产生冲突，不回避它，直面它，一展英国力量；哈利法克斯则信奉，如果英国对其他国家，如印度、德国、意大利，采取不加干涉的做法，那么无论他们有什么野心，不一定会干扰到英国或是文明的事业。罗伯茨将哈利法克斯的观点称为"辉格党"观，其意为，哈利法克斯信奉，"任何问题皆有理性的解决办法，所需要的便是找出一个让各方均感舒服的权宜之计[①]……哈利法克斯的这种世界观须有一个前提，它们[原文如此]便是，代表各国的一方均真诚希望解决问题。"

哈利法克斯始终坚信，人本质是理性的。他之后的各种做法、抱有的各种希望以及留给这个世界的遗产，无不深深打上这种信念的烙印。

---

① 原文为拉丁语，modus vivendi。

一九四〇年五月十一日，星期六

丘吉尔任命战时内阁。

德国闪电战重创荷兰、比利时。

德军兵临法国边境。

第五章
伟大的"口述人"①

因为过去这天心绪难平，英国新首相直到第二天凌晨三点才上床休息。即将投入新工作，就算自我犒赏，他也该小憩一会吧。但他没这么做。那天，亦即周六，他醒来第一件事是给内维尔·张伯伦再次去信，"有劳你和爱德华[哈利法克斯勋爵]大驾，于下午十二点三十分来海军部作战室。我期望与两位共研形势，详讨对策"。张伯伦表示同意，并补充道："在你未完成组阁之前，我们三人将不得不共担指导战事之责。"

于丘吉尔，这天多少不太好过。首相大印移交给他后，他面临棘手敏感的问题，即如何平衡新联合政府中两派关系，力求皆大欢喜。一派是可翻云覆雨、左右相位的克莱门特·艾德礼和阿瑟·格林伍德。他俩不仅拒绝听命于内维尔·张伯伦麾下，且已明白无误要求温斯顿，鉴于张伯伦失策无数，绝不可悯恤他，不得让他入战时内阁或担任任何大臣要职。温斯顿分别给张伯伦和哈利法克斯写完会议邀请函，接着与艾德礼和格林伍德进行"长谈"，希图与他俩在亟需做出的决定，亦即是否将张伯伦和哈利法克斯纳入内阁并授以要职一事上进行协商，达成共识。晤谈结束，艾德礼和格林伍德认为，已"基本动摇了温斯顿的想法"，因此，温斯顿同意领导下院，张伯伦任其副手兼枢密院议长。

丘吉尔达成了第一次折中，接着在海军部召开大臣会议。与会者包括张伯伦，哈利法克斯，丘吉尔的股肱咨议、充当首相与军队间桥梁的陆军上将黑斯廷斯（·"巴哥"）·伊斯梅，内阁秘书爱德华·布里奇斯爵士，空军参谋长、空军元帅西里尔·纽沃尔爵士，第一海务大臣兼海军参谋长、海军元帅达德利·庞德爵士，英国总参谋长埃德蒙·艾恩赛德将军爵士，英国副总参谋长约翰·迪尔将军爵士。

九位开始商议如下事项：运回英国储存在阿姆斯特丹的黄金、继续曼海姆布雷计划、在为目前滞留荷兰的前德意志皇帝提供避难的问题上征询国王意见、向法国增兵、力图说服瑞典结盟参战、为防止德国入侵英国而武装警察使其成为预备兵力、将四千至五千名在英国的敌国侨民囚禁于英国东南部与东部的集中营。泛议毕战事，几位同意当晚十点召开第二次会议。

读哈利法克斯勋爵关于这次会议的日记，很有意思。他写道，
温斯顿告诉与会各位，"工党在竭力阻止内维尔领导下院"。可谓当时日记狂人、下院议员、保守党人亨利（·"齐普斯"）·钱农爵士也有记载：

温斯顿在海军部召见了内维尔和哈利法克斯。一点左右，我闻悉，他们三位一直争论得不可开交，原因是，看似工党领导人……明确表态，不仅拒绝听命于张伯伦，而且拒绝与他为伍；就在昨晚，温斯顿已为张伯伦安排了职位，后者实际上接受了前者的安排，且对外也如此宣称；因此，温斯顿此刻进退维谷。他眼下或许被逼不得不在工党与内维尔之间做出选择，结果或许

---

① 原文为dictater，谐音dictator（专制者）。

是，他根本无法组阁。不过，经过一天艰苦努力，他终于做到使各方各退一步，从而完成内阁调整，并宣布了结果。

会议纪要并无钱农爵士说的"争论得不可开交"的记录，究竟为何？这就要说说内阁秘书爱德华·布里奇斯爵士。第二次世界大战期间，他主要负责详细记录战时内阁每次会议讨论的与会议主题相关的所有内容。身为英国最资深的政府工作人员，他言行谨慎周密，而且众所周知，借用丘吉尔的一个话务员露丝·艾弗之言，"长期以来， [可谓]尤为注意泄密与不审慎的言行"。他对那些或许他认为是敏感的言辞慎而又慎。因此，原本火药味十足的争论，经他严苛的笔法，变成了几条干巴巴的记述，外人因而无福品读原汁原味的东西。倒是主要争论者的私人日记不时有让外人更好一窥当时争论真相的内容，这些内容可不像布里奇斯的那么了无情味。 107–108

战争结束后，布里奇斯将未录入纪要的笔记均付之一炬，这使得真实再现内阁各次会议情形以及具体到会上交锋者的激烈言辞难上加难。鉴于往后会议剑拔弩张的气氛，可以想见，布里奇斯的笔记该是劲爆得一点即燃。

五月十一日，星期六下午渐晚，保守党人也渐看清，丘吉尔这么一位首相究竟意味着什么，对新内阁人选的揣度也渐发强烈。如今，不仅是保守党人要面对一位并非众心所向或深孚众望的领袖，而且，因为战时内阁须有艾德礼和格林伍德的席位，这就使得位于白厅街的各大臣官邸形成对峙的两派。艾恩赛德将军认为，"我[们]需聚工 108党下院议员之全力，以助我们渡过难关"。哈利法克斯所见则迥异，他在日记中写道："艾德礼和格林伍德进入内阁，西蒙、塞缪尔·霍 108尔、金斯利·伍德退出。可以肯定，我们不会因此在智慧上有任何增进。"张伯伦异见尤甚，干脆直接致信丘吉尔，指出"[紧]要的是人 108

员。格林伍德会是一位性格温和、与人为善的合作者，对这点我无异议，但我认为，除此之外，他难有裨助"。丘吉尔就任甫始，便已听到党内的反对之声，遭遇党内掣肘。

五月的伦敦，天空蔚蓝，但这天再次被防空气球遮挡，这是一个不祥的信号：首都面临危险。哈利法克斯拿着国王亲手给的一把钥匙，与妻子一道穿过白金汉宫花园，来到外交部。据他的日记，在路上，他和妻子"邂逅国王与王后"。

109 王后对下院的表现甚为不满。国王跟我说，他本望，内维尔·张[伯伦]如果卸任，我当成为他的首相，对此，我恰如其分地表达了谢忱，同时，也望他不以我的判断为无稽之谈，总体而言，他对此予以接受，但对温斯顿的执政之道明显心知肚明。

哈利法克斯这段日记末尾用词其实委婉。丘吉尔将如何任命各位大臣的消息开始透露，并传到了各位将任相应大臣者耳中，白厅街上空一片怨声。当晚九时，英国广播公司报道了任命结果。之后，信
109 息大臣约翰·里斯爵士在日记里写道："战时内阁今晚宣布，丘吉尔任首相兼国防大臣。天佑我等。海陆空三军大臣分别为亚历山大、艾登和辛克莱。丘吉尔如此任命，便能或多或少视他们如无物，直接指挥各参谋长。可怕。"约翰·里斯爵士态度既然如此，因此，翌日早上，他收到丘吉尔在未提前告知便将其撤职的致歉信，或许就非咄咄怪事。信如此措辞：

110 你收悉此信，则被视为已告知你你所任之职旋将易人——我以为易人是别无二选之策。本应提前通知你，不意耽延至今，想必你将谅囿。新政府须尽快完成部门的配备重组，事关国家，

意义非同小可。

五月十一日第二次"大臣会议"临时推延至十点三十分召开。过了午夜,会议方才结束。这让哈利法克斯大为恼火。他在日记里写道,"这样的夜生活于我无益。"他与其他大臣真是寡闻,其实,这就是丘吉尔的工作方式,在可预见的战争日子里,他将如此工作。五月十二日星期六召开的几次会议同样令哈利法克斯愤然。他写道:

> 温斯顿原本[傍晚]六点三十分召集的会议延至[晚上]十点三十分才得以召开。实在难以忍受——我要跟他说,今后午夜开会,我不必参加。讨论相当冗长,温斯顿的工作方式让我反感。深夜一点本是酣睡之时。至深夜还不得休息,这很损健康,尤其不利于三军参谋长。关于夜间开会之事,我要联合内维尔发动其他人反对才是。

丘吉尔走马上任仅两天,哈利法克斯便已开始策划伙同张伯伦挑战他。

首相们喝的水里兴许添加了什么? 众所皆知,玛格丽特·撒切尔曾声称每晚仅睡四小时。不过,丘吉尔好歹有其理由:英国正处战时,面临生死存亡。他清楚无暇在白金汉宫花园里徜徉散步,享受这个五月不同寻常的温暖,因为,他要召开各种会议,要在会上讨论敌人各种可能的进攻。新首相恪尽厥职的工作精神本应赢得赞誉,然而,他听到的似乎除了抱怨还是抱怨。丘吉尔私人秘书长约翰·"乔克"·科尔维尔,身为首相办公室一员,后来也是丘吉尔最为倚重的雇员之一,嗅出"唐宁街十号笼罩着'某种怨怼的气氛',原因在于,这里先前的主人、现已故首相的工作生活习惯齐整而有规律可循，温斯顿的则琐碎凌乱得教人疲于应对，两相形成反差。我以为，我们会习惯这点。不过，想到今后晚上没完没了的会议，往往开至凌晨两点甚至更晚，便感觉暗无天日"。

熬夜也就罢了，丘吉尔还比别人起得早，当然，他一般醒不离榻，就在床上办公。他一向随性随意，在床上抽雪茄司空见惯，陆军部作战军官约翰·辛克莱爵士回忆，"早晨[七点]这个时候"闻到雪茄烟味让他的"胃很不舒服。待胃平复，我才将地图铺在他肚子上面，向他汇报英军在代勒河防线的情况"。丘吉尔行事素来如此，查特韦尔庄园的人对此已习以为常。

为保证精力充沛地工作到深夜，丘吉尔有条铁律：下午晚些时候小睡两小时，七点醒，随后洗个热水澡，亦即当天第二个澡。据克莱门坦传记的作者索尼娅·珀内尔描述，"浴缸里的水须三分之二满，准确加热至华氏九十八度。他整个身体泡进水里后，水温升至华氏一百零四度——他喜欢浴缸里水量保持不变，可又爱在浴缸里翻跟斗：这种动作实在太大，大量的水因此溢到缸外，自地板缝隙渗漏滴到楼下，淋湿了客人脱下后挂在衣帽间的外衣"。他一边起劲拿刷子刷着身子，一边向候在浴室外头站也不是坐也不是的秘书，或男或女，口授演讲稿与备忘录。曾任丘吉尔的秘书齐普斯·吉梅尔回忆，她常被召至浴室门外；为了让里面的丘吉尔知道她是谁，她会特意咳嗽一声；丘吉尔便嚷"不要进来！"，她自然不会越雷池半步，"站在浴室外，接着便听到只有浴室里才有的让人浮想联翩的妙音：一会是听似在头顶挤压海绵的声音，一会是水流到低处的声音。他时不时会打里头喊'不要走开！'，我便'没呢，没走，我还在这呢'应道；里面冲洗声没完没了；有时……他忘了想说的内容，遇上这种情形，浴室外实际根本无需哪个秘书候着"。丘吉尔传记的作者罗伊·詹金斯注意到，"他有一种"几近于"海豚一样的秉性。这种秉性决定了,除了酒,第二样给他身体带来强烈快感的事就是泡在浴缸的热水或微温的海水里"。

洗澡是丘吉尔非常喜欢的保健运动。每次洗完澡,他毫无顾忌地走过海军部与唐宁街十号间的连廊;他的女儿玛丽·索姆斯回忆,他"用又宽又长的浴巾裹着身体,看似罗马皇帝,打浴室出来,滴着 113水,穿过大街,回到自己的卧室"。谢天谢地,他毕竟用了浴巾。这要在私邸查特韦尔庄园,他为求松快,赤身裸体出来也是常事。珀内尔写道:"温斯顿每次洗礼般洗[完]澡,男仆用浴巾为他擦干身子; 113之后,温斯顿也不愿穿衣,直接一丝不挂去到另一个房间。有些工作人员,新来乍到,见到一个红扑扑皮肤、十六英石重、塌肩弯背、一路碎步迎面跑来、嘴里嚷着'借道,别看!'的光着身子的男人,目瞪口呆。"除此之外,也曾任丘吉尔秘书的伊丽莎白·吉利亚特回忆,他有时嚷着"我本色出来了,当心啊!",以此预警;结果是,秘书们一个 113个逃之夭夭,旋踵疾走。

温斯顿终于想通澡后尚须穿衣,他在军备商店的高昂费用账单便越积越多,原因是,他固执地认为,他的皮肤受不住粗糙质料,因此,浴后只能穿细腻轻软的淡粉色丝绸内衣。温斯顿私人秘书之一乔克·科尔维尔回忆,温斯顿穿上那种衣服,就看似"一头非常可爱 113的猪"。里头是丝绸背心;套在外头的长衣也是丝绸,绣有龙或花卉,华丽炫目。丘吉尔的追求奢华、奇习怪癖被传得神乎其神,连在柏林的约瑟夫·戈培尔也知一二。他在日记中写道:"一本写丘吉尔 114的书说,此人饮酒无度;穿丝绸内衣;或在浴缸里,或着短裤,口授各种文件。这种形象可谓惊世骇俗,让元首感觉极为有趣。"

纳粹视丘吉尔为小丑,这无损于他,因为被敌手低估未尝不是好事。了解丘吉尔的人认定,他虽喝酒,但清醒,原因是他长期喝酒,已练就可观酒量;若说他的瑕疵,仅偶有口误而已。他曾被问及何以能白天喝酒不醉,回答两字:"常喝"。

那么,他究竟如何喝酒?

他早餐吃熏肉、鸡蛋。英国早餐习惯配茶。战争期间,他极其讨厌炼奶,而茶加炼奶,为此,他要求早餐不配茶,代之以一杯香甜的德国白葡萄酒。早餐后约一小时,喝兑了苏打水因此度数很低的威士忌。中、晚餐各喝一瓶波尔罗杰香槟。午夜过后加喝上等葡萄酒或白兰地助消化。在其往后漫长人生的每一天,他就这么喝酒,雷打不动,鲜有例外。诸位,你们可能会跟纳粹一样不免疑问:如此状态中人怎能领导英国度过最危险的时刻?

诗人,嘴咬雪茄,只手端杯苏格兰威士忌,这就是深入人心的温斯顿标准像。温斯顿本人行事也为此推波助澜。这种形象如今或许看似有趣,然而,在一九四〇年五月十二日周日那天,名声在外然毁誉参半的温斯顿让人笑不出来。在他的保守党同僚眼里,他是一个意义不同的笑话:他此前最后一次军事行动以达达尼尔战役惨败而结束;他亲近来自"放荡不羁圈子"、阿谀奉承的人。国务大臣汉基勋爵虑及此,写信给同样支持绥靖政策的塞缪尔·霍尔爵士,告诉他那天上午一到海军部:

我便发现那里一片混乱。谁也没真正了解战争到了怎样危险的地步。本应发号施令的人[丘吉尔]没有这么做,心思倒放在与工党政要们就内阁人事进行见不得人的讨价还价。内张[张伯伦]对此已不抱任何希望。英国的希望此刻唯寄托于丘吉尔、张伯伦、哈利法克斯能否成为团结的核心。但充满智慧的老象[张伯伦与哈利法克斯]能否约束离群野象[丘吉尔],我表示怀疑。

丘吉尔清楚,这些观点于他多么不利。他的一言一行在被检核审剔。

他若要保住且坐稳相位，须设法争取反对者的支持。

公众给予丘吉尔的支持已不可复加。近一年来，各大报纸一直为他入阁呼吁；伦敦到处可见招贴宣传，上写："丘吉尔胜算几何？"但他还需更多其他支持，方能成功。就在前天，刚就相位，他便采取魅力攻势：纡尊降贵致信张伯伦和哈利法克斯，以示友好。张伯伦毕竟仍是保守党领袖，因此，丘吉尔不顾工党反对，坚持任命他为枢密院议长。

丘吉尔对内维尔的另一示好是暂不入住唐宁街十号，而是在海军部再待一个月，如此，张伯伦夫妇便可从容搬出首相官邸。此外，丘吉尔绞尽脑汁，尽其所能，以使党派间少些摩擦。按计划，他五月十三日要在下院第一次作为首相发表演说，故此前这方面工作尤为重要。

陆军上将伊斯梅回忆当时情形：

> 他出任首相两三天后，我陪他从唐宁街步行前往海军部。在专供他出入海军部的门外已有很多人等候他。他们向他打招呼，喊着："好运常伴着你，温尼。上帝保佑你。"看得出，他为此动情。我俩刚进到楼内，他便情不自禁，眼噙泪水。"他们真是可爱啊，"他念叨着，"他们真是可爱啊。他们信赖我，可我在今后漫长的日子里能给予他们的只有灾难。"

116

温斯顿组建的是一个不同寻常的政府。荷此重任，他此刻满脑子想的不仅是可给他的政治伙伴们带来什么，还有能为正处至暗时刻的英国做出怎样的贡献。

一九四〇年五月十三日，星期一

德国穿插阿登森林进攻法国。

荷兰女王威廉明娜逃亡英国。

第六章
热血、辛劳、眼泪与汗水

温斯顿·丘吉尔"行吻国王手礼"、拜受首相之职后仅过两天,战事、内阁人事已须应对,然又有一事至关紧要,摆在他面前,即新首相在下院的第一次演说。

虽说赢得了相位,不过,温斯顿发现自己根基不稳。因此,他的第一次演说一是要平息来自白厅的批评声,二是要获得亟需的哪怕有限的支持。一句话,第一次演说只能成功。

温斯顿对此心如明镜。

下院于五月九日、十日分别开会激烈辩论过挪威事件与德国对低地国家的入侵,之后再未有过会议。如今,众多保守党议员深深自责于过去的言行。其中许多人当时投票反对政府,乃出自沮丧,发泄怒气,而未真正意识到内维尔·张伯伦会因此倒台。还是这批人,愧疚于过往,存疑于现在,此刻正"悔恨惕厉",态度冷淡,俯视抑或蔑视着新首相步入辩论庭;只有工党、自由党议员席位有稀稀拉拉鼓劲声;保守党方则几无掌声,静到近于冷漠地步。

此前几天来,下院漫无头绪。齐普斯·钱农在日记里记录了当时的气氛:

戏剧化到了匪夷所思的地步,且很有温斯顿式做派:我们先是收到由议长签署的会议召集电文,电文要求我们对即将召开的会议缄口不提。不过谈何容易,下院与上院均被召集,因此,电文数总计应过一千三百份,见过电文的人实际应达数千。

我于两点十五分到达下院,气氛让我感觉,个个茫然无措。没有一个人知道谁留任、谁被踢出局,或谁的职位变动。过去一周"令人躁狂"。我加入几位大臣的谈话……他们也是漫无头绪,只是闲聊,但流露出揣度与忧虑之情。

内维尔走了进来,一如平常,矜持、低调。议员们狂热起来,起劲叫喊,扬着手里的下院会议程序单。他受到领袖受到的欢迎。

国内波诡云谲,动荡不宁,无独有偶,过去周末两天,前线报告表明,在荷兰、比利时及法国三地,形势持续恶化。下院气氛显著紧张。时至此刻,得由温斯顿设法减轻众人"茫然无措"的心态,消除他们的忧虑惶恐;手段无他,唯有话语。

这真是难得的时机,丘吉尔本人恐怕策划不出如此时机。不过,在一定程度上,这样的时机肯定与他不无干系。

下午两点五十四分,他起身站到辩论桌案前,开始演说:

请允我动议:

本下院欢迎组建体现英国一致誓与德国交战直至最终赢得胜利之决绝意志的新一届政府。

开场白没引发不利反响,虽稍佶屈聱牙,但无疑甚是庄严。此开场白仿若网球首发,接下来便是连续出击般话语……

上周五晚，我受陛下委托，组建新政府。无论两院还是全体国民的愿望与意志均昭示，应在尽可能做最广泛考虑的基础上谋求组建新政府；新政府应由各党派代表组成，他们包括支持前届政府的各党派，也包括各反对党派。我已完成该使命的最关键部分。新战时内阁业已组成，成员五位。他们与反对党自由党人一道，体现了英国的团结。三党领袖已同意或奉职于战时内阁或效力于其他政府高层。三军最高指挥机构帅位业已充实。鉴于时势极其紧迫与严酷，该决定已在一日内定夺，实属必要。诸多他职，同等重要，昨日也得以充实。今晚，我将上呈陛下另一份名单，希望在明日便完成各主要大臣的任命。其他大臣任命，依照惯例，稍需时日，但我相信，在议会再聚之时，这部分任务也将完成，政府将万事俱备。

今日召集下院开会，是我的建议，我以为，这于公有益。议长表示赞同，随即依照《下院决议》赋予他的职权，履行了必要程序。今日会议结束后，我提议下院休会至周二，亦即五月二十一日，当然，附加一条，如有必要，下次会议可提前举行。后续一周须斟酌之事将在第一时间告知各位。现在，我敦请下院接受我的动议，据此表决批准我已实施的各项举措，并宣示对新一届政府的信任。

组建如此庞大复杂的新政府，本就任务维艰，但更为艰巨的任务尚在后面。我们不可忘记，这场战争是史上一场大战，我们尚在其初始阶段；我们要在挪威、荷兰许多重要战场投入战斗；我们须为地中海战场秣马厉兵；空战将持续不断；正如本庭后座、我尊敬的朋友业已指出，还有大量备战须在我们本土进行。值此危难之际，我诚望，我今天在此的演说若不甚周详，或可谅宥。这次政治重构波及我的朋友，我现在或过去的同仁，且不如以往依规循例，我诚望，无论何种差池，他们每一位都将以宽洪海量之心化之。我想向诸位重复之前向本届内阁同仁说过的话："我所能奉献的只有热血、辛劳、眼泪与汗水。"

我们面临最严峻的考验。我们面临难以预估的漫长的奋争与苦难。诸位要问，我们的对策是什么？我可以告诉诸位：是宣战，在海上，在陆地，在空中，对敌宣战，动用我们全部能量，动用上帝所能给予我们的所有力量；对专制恶魔宣战，这个恶魔犯下了空前黑暗、令人发指的反人类罪行。这就是我们的对策。诸位要问，我们的目标是什么？我可以一语答之：胜利，不惜代价赢得胜利，不惧任何可怕局面赢得胜利，无论前路何其漫长艰险也要赢得胜利；因为，不赢得胜利，则无任何存续之机。请让此成为诸位共识，不赢得胜利，大英帝国则不能存续；大英帝国所倡导的一切则不能存续；每个时代的共同憧憬与渴望，即人类要奔向共同目标，则不能存续。虽然肩荷重任，但我斗志昂扬，充满希望。可以肯定，我们不会坐忍我们的事业败于我们男子汉之手。此刻，我认为有权得到诸位相助；我要说："时候既至，勿犹豫，让我们团结起来，凝聚力量，踏上征程。"

丘吉尔只演说了七分钟，完毕，回到自己座位。

他演说最后吁求团结与凝聚力量，尚欠感召力：他的对手未积极响应，给予支持。钱农在日记里写道，丘吉尔的演说——如今被视为史上最伟大的政治演说之一——当时"收效不尽如人意"。下院反丘吉尔的情绪并未因其演说而得以缓释，然劳合·乔治不从流，表达了对新首相的敬意：

这是一个尤为危急可怕的时刻，值此之际，他出任首相，是国之幸事。恕我冒昧，我以为，国王陛下选择他，可谓英明。我们知道，眼前这位尊敬的绅士实乃合适的首相人选。他具耀世的才智与禀赋，他具一往无前的果敢，他深谙战争，他的经验能让他在指挥战局掌控走向方面审时度势——或许恰相反……这个时刻是英国史上任何一位首相从未面临过的严峻时刻，这段时期是英国史上任何一位首相从未经历过的危难时期，鉴于此，他表现出了无与伦比的责任心。

前战时首相的盛赞令丘吉尔感极而泣。据工党议员哈罗德·尼克尔森言，丘吉尔"揩[着]眼睛"。但钱农注意到，丘吉尔的发言以及随后他人的发言，"唯提及内维尔时，听众方才表现出兴趣与热情"。 124
124

不过，一些有关那天情形的日记倒不吝称道。尼克尔森称演说"[非]常短……但切中肯綮"；乔克·科尔维尔认为"演说简短精彩"；钱农评价"新首相的演说不止于好，甚至有出其不意之效……"。丘吉尔这篇演说如今被视为可媲美葛底斯堡演说，展示了同等高超政治演说才能，具有同等强大感染力，然而，当时，谁也没能估测到它的真正能量。 124
124
124

丘吉尔当时若有所失望，也可理解。他认为他的演说将载入历史，因此颇下功夫。他以诗人之敏字斟句酌、细究韵律，不厌其烦，反复润色；甚至将关键一句，也是这篇演说如今得以为人所知的一句话，早早精心用于与他人的谈话，以试其效。丘吉尔那天早些时候任命的一位大臣马尔科姆·麦克唐纳回忆：

　　　　我进到他的会客室。这位了不起的男人一副沉思模样，双肩宽阔厚实，其间的脑袋往前突伸，两手各攥着外衣两片翻领， 125–126

步子迈得很大,在屋里来回不停地走,仿佛在下院演说。

他回头见我,没止步,语气语调甚是夸张地说道:"我亲爱的麦克唐纳,很高兴与你见面。我能给予你的唯有……"话到一半,他故意顿了顿。我想着,他的意思可能是,只能给我一个邮政大臣或其他同样非高位要职的头衔吧。很快,他继续道:"……热血与辛劳,眼泪与汗水。"

这话让我猝不及防,我琢磨,他该不会成立了一个叫热血、辛劳、眼泪与汗水的新战时部门,要我当这样的部门大臣。

他瞥了一眼,想看我反应,脚步也随之止住,接着语气陡变,一如平常,轻松友善地说道:"我想任命你为政府卫生大臣。"

[利奥·]艾默里在丘吉尔私人秘书的办公室等我……于是问:"他刚才也要给予你热血与汗水以及辛劳与眼泪?"

我答"是"。艾默里告诉我,丘吉尔对他也说了同样的话,并猜测,"他准在练习今天下午下院的演讲哩。"

麦克唐纳的描述让你我得以粗识丘吉尔如何准备演说:攥着外衣翻领,在屋里来回踱步,一遍遍练习。乔克·科尔维尔回忆,"丘吉尔视任何演说准备为要事,舍得投入时力,绝不匆忙草率而就"。事实确实如此。据称,丘吉尔在演说方面,可谓台上一分钟,台后一小时,概莫能外。在他演说前的四天里,纷纷扰扰,备练受到影响,但影响有限,毕竟,他在过去漫长岁月里的准备,何尝不就是为了这次演说?

一八九六年,他在印度发奋自修,研读了众多伟大思想家、史学家著作。苏格拉底、柏拉图与亚里士多德对他影响颇大。在他们的著作中,他发现了尤为诱人的一块福地:修辞术。一年后,二十三岁的丘吉尔在未发表的题为《修辞的支柱》的撰文里议道:"修辞这门功夫,既全非天赋,也全非逐日自然获得,须经培育方成。演说家骨子里须具备独特气质与才华,它们经过练习得以开发提升而至臻。"实际上,丘吉尔在这方面练习长达四十余年。

丘吉尔的"热血、辛劳、眼泪与汗水"可溯至西塞罗的《论占卜Ⅱ》(公元前四十四年)与(提图斯·)李维的《罗马自建城以来的历史》(约公元前二十九年),其中最早出现且常并用汗水与热血①。数126百年后,约翰·多恩在其一六一一年诗作《世界的剖析》中吟道,"用127君之眼泪、汗水抑或热血将之浸润或安抚,不过是一场徒劳"。拜伦勋爵在一八二三年的诗作《青铜时代》里写道,"年复一年,他们表决127同意动用公银,累计数百万浸透热血、汗水与眼泪的民脂民膏啊——为了什么?为了日后的收租!"罗伯特·勃朗宁一八八三年诗作《伊克西翁》也写道,"眼泪,汗水,热血——每一样是肉体的痉挛,曾127痛苦不堪,而今皆化作荣光"。

政、军界领导人的演说对丘吉尔也不无影响。意大利革命者、爱国者朱塞佩·加里波第一八四九年在罗马圣彼得广场向其被围困的士兵发表了鼓舞士气的演说,其中有一句话:"我提供不了金钱,提127供不了住所,也提供不了食品;我提供的只有饥饿、干渴、被逼无奈的急行军、大大小小的战斗乃至死亡。"约半个世纪后,西奥多·罗斯福一八九七年在海军军事学院的演说中如此道:"我们先辈在过往127岁月里洒下了热血、汗水与眼泪,付出了辛劳,经历了苦难,因此方能一往无前,到达胜利彼岸。"

毕加索、托·斯·艾略特均说过"外行借用,内行盗用"的名言,关键是谁盗用谁的话语。

一九〇〇年,丘吉尔开始酝酿亲笔描述其在第二次英布战争中

---

① 原文为拉丁语,sudor et sanguis。

被俘后在战俘营里熬过的时光。在《从伦敦出发经比勒陀利亚前往莱迪史密斯》中，他自信地预言，英国赢得南非战争（第二次英布战争，一八九九年十月至一九〇二年五月）"只是时间与金钱的问题，换而言之，是洒下多少热血与眼泪的问题"。他显然中意"热血与眼泪"，在同年为《星期六晚邮报》的撰文中再次用了这样的语词："在和平时期，如此说法听似完全是非常悲哀残酷的语调，但下次战争爆发时，便会少洒热血与眼泪。"

"下次战争"一语成谶，第一次世界大战后来果真爆发。关于这场战争，他著有五卷本《世界危机》。第五卷于一九三一年出版。在该卷中，他描述了东线战场承受的巨大苦痛，"[记]录了数百万将士的辛劳、血战、艰辛与激情。他们的汗水、眼泪及热血浸润了漫无际涯的平野"。两年后，他的传记作品《马尔伯勒公爵传记》中出现了"浸透了热血、付出了辛劳的愚行妄为"字眼。一九三九年，在关于佛朗哥将军发动的西班牙内战的文章里，他写道，"国家生活结构有了全新变化，它们均构筑于热血、汗水与眼泪之上，实为同质，因而得以统一"。

在过去四十年中，这四个词汇毫无疑问已入丘吉尔的骨血。一八九七年，血气方刚的丘吉尔写了一篇契合其未来的随笔；该文写道："演说家是大众激情的具化。要能以情感染大众，他自己先须情不可遏；要能激起大众的怒火，他自己先须怒火填膺；若能让大众感动流泪，他自己先须涕泗横流；要说服大众，他自己先须坚信不疑。"如此看来，丘吉尔似乎早就准备好了接受诸如五月十三日下院给予他的那种冷遇——他或许甚至希望看到那种冷遇哩，因为他的演说听众可不只是政治同僚。英国大众，整个世界，不夸张地说，绵亘万古的历史，才是他的听众。

丘吉尔的亟需之一是让人们了解英国当下处境的危急，二是望民众相信他能带领他们历尽艰辛，安然抵达彼岸。他的演说以官话开场，随即进入正题，张收紧驰，高潮不断；他先清晰描绘了面临的险恶境地，接着让人们视他为救星，且为了他们，他这位救星将不知疲倦，勇往直前；他三次向人们展示境地之险厄，然末了慷慨激昂，充满大无畏与乐观的精神。多么经典的演说技巧。温斯顿要让听众对变化的处境有切肤之感，但又无需惶恐。他让人们看到了，他藐视艰难困苦，人民至上，堪为领袖。

丘吉尔巧妙运用了两种古已有之的演说技巧。一为"交流法"，吁求听众或对手，征询他们对正在讨论的话题的观点或结论。该技巧在他的演说里表现为"诸位要问，我们的对策是什么？"与"诸位要问，我们的目标是什么？"，这样的语句促使听众与他一道进到他渲染的世界。二为"首语重复法"，先前出现的某个字或几个字在后续内容的前面部分不断重复。他如此运用该技巧："宣战，在海上，在陆地，在空中，对敌宣战；对专制恶魔宣战"，以及"胜利，不惜代价赢得胜利，不惧任何可怕局面赢得胜利，无论前路何其漫长艰险也要赢得胜利；因为，不赢得胜利，就无任何存续之机"。

历史学家理查德·托伊在其《狮子的呐喊》一书中评论道："'胜利'两字在一句完整的话中重复了五次，这让听众印象深刻，强烈感受到丘吉尔的破釜沉舟和决绝意志；他没承诺胜利，但明明白白承诺，为了胜利，战斗不止，其蕴意便是，他告诫众人须洒热血、经炼狱，但同时，他对前途很是乐观。"他借此激发英国人祖辈相传的坚忍精神。他运用了《修辞的支柱》的观点：炉火纯青的演说是一门聪明人的技艺，它玩听众于股掌之间，"用一个接着一个的生动意象，这些意象不断被替换，听众根本来不及对哪个意象进行深究，每个意象，不等听众评头论足，便已消逝"。

如此一来，听众所得便只有情感共鸣，可他们或许说不清如何会有这样的共鸣，或许不明白为何会有这样的共鸣。从古到今，公民们就这么被演说家们轻而易举地左右。

在结构处理方面，丘吉尔也借鉴了下院过往的演说。在其《英语民族史》一书中，丘吉尔提及小威廉·皮特一八〇〇年在下院发表的演说，当时他就法国大革命时期英国与拿破仑的冲突进行辩论：

131

[福克斯先生] 给了我一个难题，要我用一句话概括本次战争的目标。能否如其所命，我无把握，但我可以四字作答，即"化险为夷"，我们面临这个世界从未有过的危险，但我们将化险为夷；我们面临史上从未有过的危险，但我们将化险为夷；我们面临的危险，无论深度或广度，无出其右，但我们将化险为夷；我们面临的危险威胁到世界各国，但我们将化险为夷；我们面临的也是欧洲各国均在抵御的危险，抵御当今危险的英国有过无与伦比的战绩，因为英国每逢危险，均同仇敌忾、全力以赴抵御之，所以，我们将化险为夷。

希特勒极端自我，"我"字贯穿其演说始终，丘吉尔则与之不同。经年研究让丘吉尔更加敏锐，对他如今领导的英国洞若观火。他深知，"我们"两字在号召英国民众投身于如此一场殊死战斗时所具有的威力。若要英国民众通过其演说明了，他们将经受的考验就是两个帝国———一个是民主的为民的帝国，另一个是极权且极其邪恶的帝国———之间势不两立的决战，丘吉尔清楚，"我们将要"远比"我将要"有效。这就是他为何在简短的盎格鲁—撒克逊句式里用了一连串的复数人称代词："我们面临""动用我们全部能量""时候既至，勿犹豫，让我们团结起来，凝聚我们的力量，踏上征程"，等等。

132
丘吉尔在《修辞的支柱》中评论道，"不深究其理者常以为，运用长词可让演说取得效果。此乃谬误，该谬误在已有的演说文本中比比皆是。一般说来，在一门语言中，词越短越古远，其意越深植于该语言民族的骨髓，更加有力地直达普通民众的心灵……"他用词不折不扣地遵循了这样的原则，比如，"战斗""热血、劳作、眼泪与汗水""战争""胜利""可怕""存续""憧憬""希望""凝聚力量"。

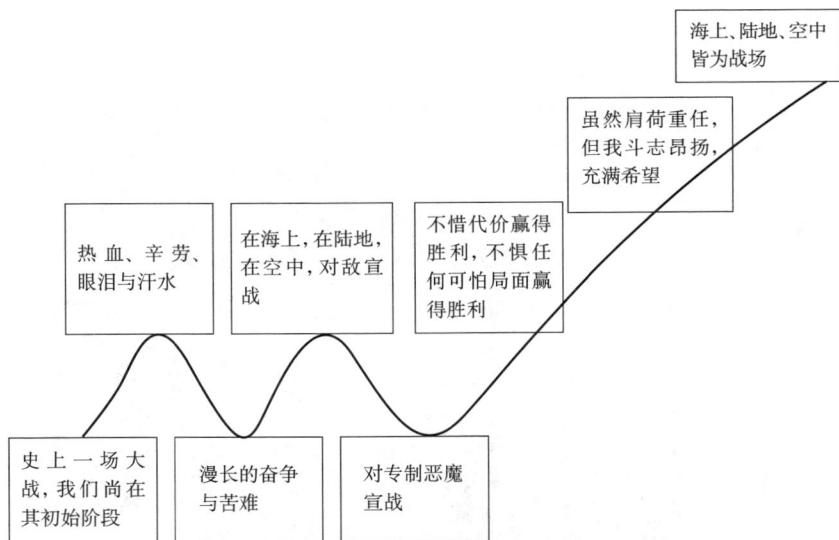

丘吉尔的三级跳式修辞术

普鲁塔克，这位柏拉图衣钵的继承者，关于修辞学有过这样的论断：它"是一门艺术，旨在借助字词作用于人的心灵。要掌握这门艺术，首业便是掌握人的性灵与情怀，它们好比是心灵这部乐器的丝弦琴管，抚弄时务必竭力精到细腻"。丘吉尔凭借这次演说达到了目的：他赢得了最重要的听众，即英国民众。翌日便见回馈：民众为之亢奋不已。与演说现场人士的第一手描述相比，《每日电讯》与《旗帜晚报》对演说的报道可迥然不同：丘吉尔的慷慨陈词让英国民众

"欢呼雀跃"。《旗帜晚报》还刊登了大卫·罗的一幅颇具代表意义的漫画,定下了英国民众信任新首相的基调。这点往后确实得以验证。

　　报纸这方着力宣传,战时内阁这方在唐宁街十号开会讨论欧洲
大陆的最新战况。丘吉尔告知内阁大员们,"他感觉英国必遭空袭。无论法国战场战局如何发展",眼下他该亲自出马,详告某人"严峻形势",此人,丘吉尔以为,也该听到了其睥睨强敌的演说。他便是时任美国总统的富兰克林·德拉诺·罗斯福。

ALL BEHIND YOU, WINSTON

大卫·罗作品《全英国支持你,温斯顿》
刊于一九四〇年五月十四日《旗帜晚报》

一九四〇年五月十四日，星期二

德军大举进攻荷兰，荷兰预计不日沦陷。

经过两天鏖战，德军装甲师攻过默兹河，
兵进法国。

德国战略企图扑朔迷离。

法国陆军统帅莫里斯·甘末林将军不听小心
德军圈套的告诫，一意孤行，指挥部队进入
低地国家，致使马其诺防线门户大开。

第七章
日益恶化的战局

　　五月十四日早晨，英国人一觉醒来，发现所有报纸响应大卫·罗的漫画表达的"全英国支持你，温斯顿"，称颂丘吉尔下院演说精彩。

　　称颂归称颂，战争局面急遽黯淡。德军已发动进攻，规模空前——闪电战投入了三百万军队，尚有两百万军队在本土候命待发；盟军用的是老掉牙的电话、电报设施与几成泥人的摩托传信兵，碰上如此迅猛进攻，一时晕头转向，弄不清敌人兵力，只觉得敌人铺天盖地而来，不知如何反击。

　　英方虽尚不明白整个形势，但不断接到一鳞半爪报告，因此，战时内阁开会，国防委员会开会，参谋长委员会开会，天天如此，没有歇日。每次会议，室内烟雾弥漫。白厅底下的湫隘地堡是内阁作战室，战争期间，英国政府在这里运筹帷幄。此刻，丘吉尔在作战室的地图室里盯着墙上地图上的彩针（绿色代表德国）。西欧大部分地区插上了绿色彩针。每回电话报告战情后，彩针便给拔出插到更西之处。用丘吉尔话说，头几天"有种莫名之感"，因为"生活里只有战争，想的全是战争，可又一筹莫展"。

137–138

　　上午十一点三十分，战时内阁成员聚于唐宁街十号，听最新战况：西线已为德军进攻的首选突破口；法军撤往安特卫普，以图与比利时军一道抗击德军装甲师与摩托化师；当下最大危险在那慕尔—色当（比利时—法国）防线南端，因为德军已过默兹河进入法国。默兹河自罗马时代便被视为天堑，古时，用于防御来自东方的进攻，护卫法国、荷兰、比利时平原。因此，形势让战时内阁成员深感不安。

荷兰抵抗难以持久。哈利法克斯勋爵告知战时内阁，上午早些时候，法国大使找到他说，接到眼下被国王乔治六世安顿在白金汉宫的荷兰威廉明娜女王信，颇为担心；照法国大使理解，女王想要荷兰与德国议和。哈利法克斯为安抚不安的法国大使说，自己的理解恰相反，荷兰政府态度依然强硬，绝无议和之心。

意大利可能配合德国参战。谈及此威胁，哈利法克斯提请战时内阁注意，他接到英国驻罗马大使的电报，大使建议"意大利一方大凡有任何言辞挑衅，我们切不可不忍，而至于贸然[对意]宣战……除非墨索里尼先生已决定参战，然而，事实是，他要做出参战与否的决定，应在三到四周后"。其实，根本无需这么长时间，墨索里尼这位此刻举足轻重的人物便亮明了态度。战时内阁两位扛旗大员丘吉尔与哈利法克斯将因此而起阋墙之争，不可调和。与此同时，更多事迫在眉睫，亟待解决。

傍晚六点，丘吉尔召开参谋长委员会会议，晚七点，召开战时内阁会议。他向每位与会人员通报了法国总理保罗·雷诺给他的电话内容：

139–140

德国想给巴黎以致命打击。德军已攻破我方在色当南部固若金汤的防线。究其原因，是我方无法抵御来自重型坦克与轰炸机群的夹击。尽管如此，还来得及阻击德军进攻。为此，也为让我方反攻告捷，须切断德军坦克与轰炸机支援。要达到这个目的，唯有依靠强大的战斗机群。英国已慷慨支援四个战斗机中队，这已超出你们先前承诺的数量。然而，我方若要赢得此战，我冒昧以为此战胜利可决定整个战局，英国还须立刻，如可能，就在今天，再支援十个战斗机中队。没有这样的支援，我方在色当与巴黎之间阻击进攻德军，难有胜算。色当与巴黎之间已无真正意义的防御工事，因此，须近乎不惜一切代价重建防线，才能成功。

我相信，在这样的危难时刻，英方定将伸出援手，不让我方请求落空。

德军轻而易举攻过默兹河着实震惊了法国。艾恩赛德将军认定，德军渡河如此快捷，想必动用了"两栖坦克。该坦克外护装甲，可防法军坦克火炮"。再一次，"战情扑朔迷离"，致使战时内阁无法在是否增援法国一事上当机立断。他们认为，"当下紧要之事是，不仅要尽快了解过往战情，还要把握法方今后打算"，以及他们究竟能否组织起有效反攻。 140

哈利法克斯勋爵早上开战时内阁会议时，便从一位驻罗马英国海军武官那里得到可靠情报："大量商船在各港口集中，它们正被改造为战舰……水上在布雷布网以作防御"。驻罗马英国大使的情报则大相径庭：据可靠消息，消息源自"法西斯最高层，墨索里尼先生已明确宣布，意大利不参战"。大使认为可信。由此引发争论：或主张不作为；或主张采取预防措施，譬如，关闭苏伊士运河，切断意大利物资供应。丘吉尔拍板，"我们先等等，看意大利人怎么行动，再视情决定我们怎么行动，这才是万全之策"。随即休会至翌日。丘吉尔回到海军部，继续工作。 140
140
140

丘吉尔在海军部大楼住所的客厅里临时辟出一个个人用"作战室"。乔克·科尔维尔回忆，"很有意思又煞是难看的海豚家具"，这 140–141

让丘吉尔灵感一现，他称此处为"鱼屋"；家具之间留出一块空地给丘吉尔私人秘书与经过特训的"夜间女打字员"；"他的办公桌旁还有一张桌子，上面摆满了一瓶瓶威士忌；办公桌上琳琅满目：牙签，一枚枚金质勋章（用作镇纸），不让外衣衣袖变脏的特制袖套，以及林林总总的片丸粉剂"。

　　夜里十点三十分左右，"各位要人聚集于此"：伊斯梅上将，陆军大臣安东尼·艾登，空军大臣阿奇博尔德·辛克莱爵士，丘吉尔决定留任的托利党党魁戴维·马杰森，刚任命的飞机生产大臣比弗布鲁克勋爵，以及驻英美国大使约瑟夫·肯尼迪（美国第三十五任总统约翰·费茨杰拉德·肯尼迪的父亲）。科尔维尔称他们"真像是睡在一张床上的陌生人！"，一字不落听他们讨论德军进攻——"肯尼迪先生将形势说得过于危急，……其观点不足以信"。

　　他们走后，丘吉尔继续工作过夜里一点，尽管如此，五月十五日七时便早早醒来，随即与法国总理通话。听到的消息非常糟糕。用
丘吉尔的话说，雷诺当时"情绪很不稳"；原因是，前晚晚些时候，法军在色当南边组织的反攻失利；如此，"巴黎门户洞开，战役宣告失败。他甚至谈及投降"。丘吉尔最不愿看到的事便是，英国最铁的盟友失去理智，放弃战斗，接受失败，让英国孤军抗击残暴强大的纳粹，因此，他力劝雷诺切勿做出悔恨终生之事：

　　　消息[军情报告]纷至沓来，其中不少满是恐慌，他[雷诺]切不可受之误导。迄今，也只有少量法军参战；德军虽攻破防线，但力量肯定不济。他还多次强调，无论法国如何行动，我们都将继续战斗到底。

　　　雷诺先生要求我们，如有可能，继续增援。首相回答，他对情况了如指掌，增援实难办到。

首相请求雷诺先生同意他与乔治将军（法国东北战线司令官）。请求获准。上午九点刚过，乔治将军打来电话。

谢天谢地，丘吉尔与乔治将军交流的结果让人不知踏实了多少。前者随后分别在上午十点召开的参谋长委员会会议和十一点召开的战时内阁会议上告知与会人员，"形势严峻虽是事实，德军虽已攻破 142 一条相当长的防线，但颓势如今得到了遏止"。

得到了遏止？这条令人欣喜的消息很快传开。

但忧虑也很快袭来。哈利法克斯勋爵收到令人不安的消息。一条消息是，在伦敦的荷兰流亡政府外交大臣那天上午给他打来电话，告知说，荷兰将"宣布放弃鹿特丹与乌得勒支，以求得不再无谓地牺 143 牲生命"。丘吉尔新任命的信息大臣艾尔弗雷德·"达夫"·库珀当即敏察到，一旦英国上下哪怕风闻荷兰政府计划的官宣之事，处理英荷之间的关系将可能变得多么棘手，以及荷兰放弃抵抗将带来怎样的恐慌。丘吉尔同意库珀的预见，认为"务必让他们明白，将要宣布的 143 举措不啻某重要地区的缴械投降"。

第二条消息是，约瑟夫·肯尼迪得到来自驻罗马一位同仁的情报，并将它转给哈利法克斯：

情形极不乐观……事已至此，他认为，她[意大利]十有 143 八九与德国为伍……墨索里尼先生决心已定。他确信，他得到的希特勒先生发给墨索里尼先生的军事行动情报一向真实。希特勒先生那日发的情报表明，德军在比利时与荷兰大获全胜。

会议室里愁云惨雾。倘若意大利参战，法国则两面受敌，更难逃劫数。如此一来，英国或将很快只身阻挡希特勒吞并统治整个欧洲。

艾恩赛德将军在日记里写道：

144
　　　　战争逼近我们，也逼每个人思考更多。我们处于新的历史阶段，没人能预测它的走向。没人相信，我们竟会参战，更不会如此快投入一场生死攸关的苦战。我们毫无准备，甚至没发展军事工业，如今要迎头赶上，毫无可能。为时已晚。今年，我们或面临失败，除非通过经济手段，无法打败德国。

144
哈利法克斯愈加寄一线希望于意大利，建议，"首相若能……以某种方式与墨索里尼先生沟通，或许不无裨益"。丘吉尔乐从其意，同时
144
简述了"经内阁同意后，他以私人名义向罗斯福总统通报严峻形势的函件内容"。

　　可以想见，张伯伦坐在烟雾弥漫、空气浑浊的战时内阁会议室里，汗水如何自额头滚落下来。其他二十位与会者此刻目证丘吉尔如何竭尽所能收拾残局，不让欧洲命运在英格兰上演；丘吉尔的表现凸显出张伯伦过往的种种败举。漫长会议终于结束，张伯伦去到哈利法克斯处，想与他有所交流。哈利法克斯在日记里写道，前首相
145
"深为一连串政治事件所震动……他告诉我，他一直认为，他不具备承担战时首相之责的能力，然而战争到来时，他并未逃避。如今，战争愈发吃紧，鉴于此，他不讳言，终遭弹劾反倒让他不由得感到如释重负"。

　　如此艰巨庞杂的大任压在了丘吉尔肩上。丘吉尔此刻坐到办公桌前，开始给罗斯福总统写信。不同于哈利法克斯，他视美国为英国抗击纳粹的最可靠后盾。

　　丘吉尔早在任海军大臣时便与罗斯福私交甚厚，信因而开门见山：

我职位已变,然你定不愿我因此中断我俩之间之前掏心置腹的私信往来。你定知晓,情形急剧恶化。敌人空中优势明显,其新武器之于法国人有如噩梦。我个人以为,陆战仅仅开始,大规模战斗指日可待。希特勒凭借其不同一般的坦克、飞机威力,迄今所向披靡。一干小国在其碾压下状如齑粉。形势虽尚不明朗,但我们须有此心理准备:墨索里尼将迫不及待掠夺瓜分文明成果。我们还要有此心理准备:敌人很快将采取轰炸与伞兵战术进攻英国。我们正为此秣马厉兵。设若走到孤军奋战这步,我们也将慨然面对。纵然如此,我相信,总统先生,你已认识到,美国不可过久缄默、韬光,否则,你们的声音、实力或将被视为虚无。纳粹或将以惊人之速彻底占领奴役欧洲,后果之沉重或非你我所能承受。我现在唯望你宣布美国为非参战国,据此,除不实际派兵支援外,你尽可给予我们其他各方面援助……

丘吉尔随后开列了亟需的六方面援助,包括租用四十到五十艘美国老式驱逐舰、数百架"新型战机"及全套防空设施,向美国购买钢材及其他原材料。他对罗斯福说,所有这些东西,"我们将尽力分批支付美元,但我以为,我有理由确信,我们一旦无力继续支付,你依旧会相助"。 146

  丘吉尔还请求"美国派出一支空军中队巡航爱尔兰各港津",意 146在威慑德国,防止它经爱尔兰进攻英国。他最后请求总统"用一切合适之方式,利用新加坡阻止那条日本狗在太平洋兴风作浪"。信末,他落笔为"致以美好的祝愿与尊敬"。他接下来能做的唯有静候总统回音。

  希特勒自一九三三年任德国总理始便咄咄外侵,但美国一直固守中立。罗斯福告示世界,他的国家不会卷入欧洲将来的任何冲突。

确乎如此，二十世纪三十年代末期，美国国会通过几项《中立法案》，禁止与交战国商贸往来或贷款给交战国。第二次世界大战最终于一九三九年爆发，美国国会对条款做了相应修订，基于"现购自运"的商贸（不含武器销售）合法化，如此，美国便可以非官方名义支援英法，其时，一般认为，也只有这两个国家有能力用"现金"偿付，自己"运回"所购物资。

147

147
就在丘吉尔致信罗斯福前两周，英国陆海军已确认购得三百二十四架柯蒂斯P–40战斗机和八十一架格鲁门战斗机。美国政府则对外宣称：这些飞机目前"在美国生产，将用于美国"。英国请求美国准允，派一艘航空母舰从美国某港运回飞机，因为《中立法案》的禁止条款，罗斯福只能拒绝这一请求。不过，他心生一计："我们［美国］可以安排飞机先飞到加拿大边境，再将飞机推过边境，最后让飞机飞到博特伍德［纽芬兰］"。推过边境？没错。条款禁止借助任何机械设备运输。罗斯福如此谋划，庶几滑稽，但此临时应对、颇费周折之策犹能反映出他绞尽脑汁想绕过作茧自缚的《中立法案》。一九三六年，罗斯福能以压倒性多数赢得大选，根本原因是他坚定的反战立场。丘吉尔此时清醒，美国公众的确坚决支持联盟国抗击德国，但要美国政府在此关节公开参战，绝非易事。

丘吉尔眼下所想，在致罗斯福总统信中业已提及，这便是，法西斯意大利定将参战，与希特勒为伍。他五月十六日上午给墨索里尼的信因此没了与罗斯福老友般的措辞。鉴于罗马的墨索里尼即将成为仇雠，信简短有力，且有应战口吻：

148–149
我既身为首相兼国防大臣，难免回首与你在罗马的数次会晤，加之你我之间似存沟壑，且该沟壑在迅疾变宽，故很想对你，意大利民族的舵手，敬奉几句良言。你我当不要让英意两国人民之间血流成河，此建议该不会为时太晚吧？毋庸置疑，你我均可重创对方，以残忍方式致对方遍体鳞伤，地中海地区将因你我之间的搏杀暗无天日。前景系于你的意旨。我郑重申明，我从未仇视伟大的意大利，也从未有与意大利的秩序维护者为敌之心。欧洲战火正旺，波及甚广，它的走向难以预料，但一点可肯定，无论欧洲大陆形势如何，英国，一如既往，纵使孑立，也将坚持，直至最后，同时，我尚有几分把握可断言，美国，也可毫不夸张地说，整个美洲，将逐步加大对我方的支援。

望你万勿认为，我因怯弱才发出如此郑重的吁求，这一吁求将永载史册。从古到今，一个声音高过其他声音，它在呼吁，拉丁与基督双重文明的继承者们之间切不可剑拔弩张，互为死敌。听我奉劝，你务必以虔敬之心听从这个声音，而不要示世界以危险信号。这样的信号绝不会来自我方。

看来旧恨难泯这点，不止于希特勒，墨索里尼又何尝不是如此。两天后，墨索里尼回复丘吉尔，表明了心态：

收悉你信，现予回复，旨在提醒我们两国对峙已有时日，主因为何，你不会不知，它们有其历史必然性，也有其偶然性。无须上溯太远，你该不会忘记，一九三五年，英国政府在日内瓦率先发难，联合其他国家制裁意大利，而意大利当时只不过在非洲的阳光下有所行动，以图在那里获得可安身立命的窄小空间，这么做丝毫无损于英国或其他国家的利益，未侵占英国或其他国家星点地盘。你也不会不知，意大利名义上是自己领海的主人，实际上已无掌控权。你领导的政府已对德宣战，意在证明你所签署的文件绝非一纸空文，既如此，你会理解，《意德钢铁条约》

规定了两国须尽义务，意大利政府同样不可不尊重并兑现自己的承诺，此态度是我们现在与将来面临一切事件时制定政策的准则。

丘吉尔一面求助于美国，一面警告意大利慎行，完后，时间已是五月十六日，他径直参加十一点三十分召开的战时内阁会议。会上所闻再度令人忧惧。

艾恩赛德将军通报，德军已突破马其诺防线，法国人大为震惊，"毫无疑问，形势极为严峻……眼下，只能希望法国人响应甘末林将军的反攻提议，全力一战，而这还非定数"。一九三五年竣工、长达八十五英里的马其诺防线，耗资惊人，高达七百亿法郎，沿线构筑了各种坚固的防御工事，在法国人眼里，固若金汤；可就在法国、比利时交界处，即近阿登高地长达二百五十英里的一片地区，法国人以为其地势自成天堑，德军坦克绝难通过，竟无设防，而这恰如墙虽坚固，后门却洞开，德军坦克正是经由这里绕过了马其诺防线。

丘吉尔第一时间了解到，法国总理保罗·雷诺此刻如置身汤镬，因此，同意向法国派遣四个战斗机中队。他本人当日下午也将前往巴黎，出席英法最高战时委员会在奥赛码头紧急召开的应对危机会议。他认为，法国这个英国世交，此刻亟需有人唤起其英雄主义精神，促其抗击德军。

在两架飓风式战斗机护航下，丘吉尔带着伊斯梅将军和帝国副总参谋长约翰·迪尔将军，乘坐钟爱的火烈鸟飞机，飞过了英吉利海峡。途中，丘吉尔打磨了到巴黎后须用的外交兵器；他打定主意讲法语，法国人处境本已堪怜，此决定无异于雪上加霜。(温斯顿性好发明新词，如形容某处风景时，用paintatious，意为该风景似有灵气、求人描画它哩；他还创造了一些令人难忘的英式法语，譬如，一九四三年一月，他在卡萨布兰卡与夏尔·戴高乐将军有过一次激烈讨论，期间兀地冒出一句"你若妨碍我，我将清算你！"[①]。）

伊斯梅的回忆录记述了此行：

> 我们一路上布尔歇机场，明显感觉消沉之气……驱车通过街道，我们看到，人们似了无精神，听天由命。他们过往奋争时热血澎湃，睥睨敌人，喊出"绝不让他们通过"[②]。然而，这种精神此刻荡然无存。他们对我们护卫严密的车队态度冷淡；丘吉尔没听到欢迎之声……在奥赛码头……气氛更加压抑。雷诺先生、达拉第先生[曾任总理，时任国防部长]与甘末林将军在一间阔大的房间里等着我们。房外庭院，我上次来时，看得出得到精心护理，甚为漂亮，然此刻杂乱荒芜，到处是一堆堆灰烬：法国人在焚毁文件档案。

丘吉尔情绪高昂，走进房里。法国人情绪低落，几至于绝望。丘吉尔需立刻采取行动，不能让法国人彻底放弃抵抗。在给战时内阁的电文中，他通报了巴黎的恐慌，"再次强调，此刻形势危急，生死攸关"。他建议，"我们须满足他们的要求（即增派六个战斗机中队），翌日如数派遣"，并要求战时内阁务必在他缺席的情况下当晚十一点开会讨论他的建议，午夜前告知他讨论结果。丘吉尔其实早前便有如此建议，但遭否决，理由是此举将严重削弱英国自己的防御力量。如今巴黎防守能力殆失，又别无他法救其于险境。三十分钟后，战时内阁致电丘吉尔，表态同意。伊斯梅回忆：

151

151

---

① 原文为法语，"Si vous m'obstaclerez, je vous liquiderai"。
② 原文为法语，Ils ne passeront pas。

战时内阁如此快捷通过建议，[丘吉尔]为此欣慰。我们以为，他会当即电话告知雷诺先生这一佳讯，但他没有这么做。他决定面告雷诺先生，这符合他的性格。你我均有如此经历：一些友人，尤其是较我们年轻的友人，看着我们解开他们馈赠的礼包时的丰富表情，怡然自乐。丘吉尔先生当时就想要这样的效果。他要送雷诺一颗无价珍珠，欣赏雷诺收礼时的生动表情。

丘吉尔一行要在五月十七日早晨七点返回伦敦。收到战时内阁回复已是十六日深夜。丘吉尔与伊斯梅可谓尽职尽责，马不停蹄赶往雷诺处。可雷诺既不在办公室，也不在府邸陪夫人。他有一个情人，即波尔特伯爵夫人。她的简居位于波旁宫广场。雷诺就在这里与她厮混。丘吉尔与伊斯梅找到他时，他正裹着浴袍，优哉游哉。温斯顿看似对此视若无睹，认为大喜讯应多闻者才好，非要雷诺叫来国防部部长达拉第不可。无独有偶，达拉第也没在宅邸陪伴太太，而是在和情人克吕索尔侯爵夫人耳鬓厮磨。克吕索尔侯爵夫人接听电话，随即将话筒递给达拉第，说，丘吉尔先生有件什么要紧事找他。

丘吉尔增援更多战机，这让雷诺、达拉第如释重负，感激涕零。他俩握着丘吉尔手，一通狂喜。不过，三位均心里无底：这些增援又能挽狂澜于既倒？丘吉尔眼下最担心法国不日便会选择与希特勒议和签约。如此，抗击德军的重担将全部压在英国及其邦联国家的肩上。

一回到唐宁街，首相旋即于上午十点召开战时内阁会议，通报法
国之行，同时，歉疚地表示，他们得"做出英国史上其他任何一届内阁未曾做过的一发千钧的决策"，但也告知，正因为他们的决策，"[法国人]强硬起来，余勇可贾。"

不过，丘吉尔称，此番在巴黎与法方晤谈不尽如人意。英方应

允增援法方六个战斗机中队，鉴于拢共才有三十九架战机护卫英伦，此举已非慷慨二字所能形容。丘吉尔在法方面前将增援的战机喻为"我国之命根"，明确告知法方，默兹河保卫战已让英方损失三十六架战机，因此，要节约战机。法方不以为然，戗道，他们"战争之初投入了六百五十架战斗机，如今仅剩一百五十架"。丘吉尔应道，"我们已轰炸了你们要求轰炸的所有地方。下一步打击的应只限于可阻止敌人白天进攻的重要目标，我们为此将义不容辞。要求英国战机攻击德军用于地面作战的一切装甲机动目标，则于理不合，因为解决这些目标理应采取地面行动"。通报毕英法最高战时委员会会议，丘吉尔接着当场宣读了刚收到的罗斯福总统的回函。

153

153–154

天可怜见，这并非如他所愿的救命之函。罗斯福言，他"当然将尽可能充分考虑你函所提各项请求"，但给予联盟国的任何援助均"需时日"。

154

问题是，西欧时已告罄。战时内阁同意，鉴于当前形势，政府须向英国民众宣布：国家进入"最高级别紧急"状态。此事刻不容缓。张伯伦"敦请首相翌日通过广播发布文告。"

154

周日亦即五月十九日上午，克莱门坦·丘吉尔在伦敦市中心圣马丁教堂做完礼拜，没再听牧师有关和平思想的布道，早早走出教堂，回到家里。温斯顿教她道："你该朝他大喊'羞耻'才对，这是在亵渎上帝之家！"在这样一个时刻，英国民众需听的绝非和平主义——和平主义与丘吉尔准备告知英国民众的内容背道而驰。据科尔维尔记录，"[丘吉尔]"郁郁寡欢，"过完精疲力竭的一周，回到查特韦尔庄园……想好好享受几小时阳光，顺便喂一只幸存的黑天鹅（其他几只已果狐狸之腹），以排解心绪"。但事务缠身，他几乎喘息未定，又得赶回唐宁街，主持下午四点三十分的战时内阁会议。

154

154

法国仍未组织起一次像样的反攻,德军则推进迅猛,逼近法国北海岸。英国军方开始讨论是否将驻扎在法国北部距比利时边境不远处的近四十万余名英国远征军撤往敦刻尔克港。战时内阁闻此,陷入极大忧虑与恐慌。丘吉尔认定,英国远征军一旦被迫退到这么一个地方,"将遭到密集轰炸,全军覆没只是时间问题……我们须预见到比利时陆军或将全线溃败,但我们不能牺牲自己的陆军去帮助他们。"

155

战时内阁会议结束。傍晚六点,丘吉尔终于得空着手撰写演讲稿。

他独自坐在海军部大楼的办公室里,握着笔,望着面前一札白纸,绞尽脑汁地思考演说老问题:该如何措辞? 该如何安排语序? 该如何抑扬顿挫? 该回避什么?

他该怎样才思敏捷、下笔如飞,要知道,仅过三小时,他便坐在了英国广播公司的话筒前。面前放着一叠演讲稿,每页满是标记。他又一次要使出浑身解数,镇定国人,唤起斗志,获得支持。

正式演讲前做了预演,期间出现了公众永远看不到的场面,它使得原本严肃的演讲变得滑稽。传记作家威廉·曼彻斯特如此描绘:

155–156

"丘吉尔浸淫于下院达四十年之久,因此习惯[演讲时]头左右来回摇晃。这在英国广播公司的话筒前当然不行。于是,当[温斯顿]坐在不大的播音室里的一张桌子前演讲时,[伦敦]老维克[剧院]的蒂龙·格思里站在身后,紧紧薅住[他的]两耳……"

薅住他的两耳? 记住这样的画面,接着想象:英国广播公司的壁钟敲响了晚九点,绿灯亮起,丘吉尔对着话筒开始了演说:

156–160

这是我第一次作为首相和你们说话。在这个时刻,我们国家,我们整个帝国,我们的盟友,最重要的是,自由事业,到了生死关头。在法国和佛兰德,一场大战正在激烈进行。德国将空中轰炸与重型装甲坦克进攻结合得令人惊叹，突破了法国在马其诺防线北边的防御。德国一列列势不可挡的装甲坦克正在碾压蹂躏这个在他们眼里堪为一马平川的国家，这是因为战争开始一两天里竟没有任何防御。德国人已攻入法国腹地，给所到之处带去一片慌乱。此刻，德国用卡车运载的数量庞大的步兵正紧随其后，掩杀过来。为了迎击也是痛击楔子般侵入的德军坦克部队，几天来，法国在重新组织地面部队，表现出色的皇家空军给予了他们巨大支持。

倘若德军坦克出其不意出现在我们防线后方某处，我们绝不可被吓倒。要知道，法国也会在他们后面多个地方主动打击他们。因此，交战双方都处在极其危险的境地。法国地面部队，当然也包括我们的地面部队，如果能合理调遣，我相信这将会实现；法国如果继续运用智慧，恢复元气，进行反攻，在这方面，他们久负盛誉；英国地面部队如果能拿出韧性与神威，在这方面，历史有太多实例可资证明；那么，局面将发生意想不到的逆转，而且，这或许马上会成为现实。

前景可期，然而，掩饰当前危机绝非明智之举。更为短视愚蠢的是，失去信心与勇气，或以为，训练有素、装备精良、由三四百万男子汉组成的部队，会在短短几周之内，抑或哪怕数月之内，被尽管强大但数量极其有限的德军机械化坦克打垮，或臣服于他们的攻势。我们可以充满信心地期待，法国战线将得到稳固，大规模交战将全面展开，法英将士得以彰显丝毫不让敌人的军人秉质。我本人对法国军队及其将帅们信心坚不可摧。迄今为止，法国威武之师只有少量与敌激战，敌人仅攻占法国小部分国土。有足够证据表明，敌人实际上已将其全部特种作战部队与机械化部队投入战斗。我们清楚，敌人已遭受巨大损失。

无论在何处遭遇敌人，每位军官，每位士兵，每支旅，每支师，只要敢于短兵相接，骁勇奋战，定将为整个战局走向做出可贵贡献。每支军队须抛弃这样的思想，即依靠钢筋水泥防线或天然屏障进行防御。每支军队须认识到，要重新掌控战场，唯有依靠猛烈不懈的进攻。这种精神须激励将帅，不仅如此，还须激励战场上每一位士兵。

空中方面，敌人飞机数倍于我们飞机，对比悬殊，以至于此前人们认为敌人具有压倒性优势，但我们殊死战斗，每三架或四架敌机中就有一架被我们击落。敌我空中力量趋于相对平衡，而且，这一趋势如今朝极有利于我们的方向发展，已非空战初始形势所能比拟。我们不断击落敌人的轰炸机，这既是在为自己而战，也是在为法国而战。我相信，我们能与德国空军战斗到底；我们之前及眼下与敌人激烈空战的表现更加坚定了我的信心。与此同时，我们的重型轰炸机正在夜间打击德军机械化部队的命根：直接支撑纳粹统治世界野心的炼油厂遭到重创。

狰狞邪恶的侵略之师几日内便让荷兰山河破碎，受人奴役。我们须料到，一旦西线稳定，它的主体将扑向我们。可以肯定，当我说，我们将严阵以待，经受住考验，遵循历来遵循的战争法则全力反击，这其实正是大家的心声。英伦之岛将有众多男女，承受考验时，只会感到欣慰甚至自豪，因为他们分担着前线小伙子们经历的种种凶险——愿上帝保佑我们陆军、海军、空军的小伙子们，还有，他们至少部分分散了前线小伙子们须承受的敌人的猛烈攻击。这样的时刻难道不是上帝为我们安排的重要时刻？在这样的时刻，我们每个人难道不该尽己所能，竭己之力？要想赢得这场战斗，我们须更多提供将士们亟需的武器弹药；我们须拥有，而且要尽快拥有，更多飞机、坦克、火炮、枪支。这些武器弹药至关重要,刻不容缓。它们可让我们抗击强敌的力量倍增。有了它们,我们的顽强抵抗则不至于浪费;我们知道了局面将迅速改变后,会因此更愿动用储备资源服务于战争。

我们的任务是赢得这场战斗,但不止于此,更要赢得这场战争。法国的战斗偃旗息鼓后,尽管英国地处海峡这边,尽管英国不愿看到战火,战火仍将烧至我们这个岛国。这将是生存之战。在这场意义超乎一切的战斗中,我们将毫不犹豫采取一切甚至是极其超常的措施,动员我们的人民尽其所能毫无保留地贡献出他们的所有力量。再宝贵的财产,再长时间的劳作,与这场事关我们誓死捍卫的生命与荣誉、权利与自由的战斗相比,不值一提。

法兰西共和国的将帅们,尤其是她不可征服的总理雷诺先生,已向我做出最郑重的承诺:他们将战斗到底,而不管形势如何,不管多么艰苦,不管是否光荣获胜。不,只要我们战斗到底,结果只会是我们光荣获胜。

我已获得国王陛下授权,业已组建新政府,其中有男士,也有女士,他们代表了各个党派及几乎各种立场。我们有过分歧争执,但现在,共同信念将我们团结在一起——对敌宣战,直到赢得胜利;无论付出多大代价,无论可能经历怎样的苦痛,绝不放弃抵抗、任人奴役、忍受屈辱。这是英法两国历史长河中最令人为之动容的时期,毫无疑问,也是最庄严神圣的时期。英法两国人民肩并肩,在仅有自治领父老兄弟姐妹与受到庇护的邦联国家援助的情况下——肩并肩,勇往直前,要将欧洲乃至人类从暴政下解救出来。历史上有过令世界暗无天日、令人类蒙羞的暴政,当下的暴政则最恶浊、最毁灭性灵。英法两国人民——我们——英法陆军、海军、空军当前要保护的,是数个相互为邻的支离破碎的国家与受欺凌的民族:捷克人,波兰人,挪威人,丹麦人，荷兰人，比利时人——除非我们征服敌人，否则，野蛮残虐的漫漫长夜将笼罩这些国家与民族，阻断哪怕星点希望之光；我们必须征服敌人；我们必将征服敌人。

今天是圣三主日。很久以前，《圣经》就载有这样的文字，号召、鞭策真理与正义的忠实仆人："你们应装备起来，作勇敢的士兵，应准备停当，明早向前来攻击我们，毁灭我们和圣所的异民作战，因为我们在阵上，宁愿死，也不愿看见我们的民族与圣所遭遇不幸。上天的旨意怎样，就怎样实行罢！"①

丘吉尔六天前证明了自己的修辞术炉火纯青，此刻依然如此：在此千钧一发之际，他能借此唤起民众为其事业而战。

政治同僚此次响应积极，力度巨大。安东尼·艾登当晚致信丘吉尔，说："这是你迄今做的最精彩也可以说是最伟大的事。谢谢你。谢谢主派来了你。"克劳德·伯克利上尉，战时内阁秘书处一员，在日记里评论道："首相昨晚的广播演说气势恢弘，让人民终于知道了须以什么姿态面对现实。演说每一层均让人有天降大任之感。四天前，巴黎沦陷，形势堪忧，他竟巧妙地避开了这个难以回避的话题，满是让英国人民备受鼓舞的言辞。"前首相斯坦利·鲍德温致信丘吉尔，说："我昨晚聆听了你那熟悉的声音，可惜当时不能哪怕短时握握你的手，当面向你表达我对你的衷心祝福，祝你一切好——身心强健，因为你现在肩荷的担子可谓难以承受之重"。

丘吉尔在后面的日子里太需要这些支持表态，须知，德军第一批坦克部队已抵达法国阿布维尔海岸，坦克手们此刻正望向英吉利海峡对岸，距英格兰仅五十英里之遥。

---

① 引自天主教《圣经·玛加伯上》(思高本)，新教无此经卷。

一九四〇年五月二十日，星期一

**法国陆军第九军全面崩溃，
反击德军之望因此彻底破灭。**

**英国远征军迫于无奈，以期且战且退至
英吉利海峡法国沿岸港口……尤其是敦刻尔克港。**

**丘吉尔心生一计，令海军部招募民船，
组成庞大船队，以备撤退时驶往法国
各港口，加大运力。**

第八章
来自内部的忧惧、怀疑与压力

德军十天前入侵低地国家时,没人想到法国沦陷,而眼下,这正成现实。与此同时,丘吉尔极缺全面可靠的情报,难掩无奈与沮丧。伊斯梅将军回忆:

> 战场情况瞬息万变。帷幄中的运筹者们得不到精准情报, 165别无他法,唯有耐心等待,想着前线指挥官全身心投入战事,自然无暇也无心详细上报战况,也是常理。这点确实不言自明,但我那位性急主官可不做如是想。他还难免苛刻,比如,前线指挥官面对偌大战场与扑朔迷离的战局,也无法时刻掌握详细战情,可他对此置若罔闻。

丘吉尔一边派艾恩赛德将军前往法国,寄望他身为英国总参谋长或可助己准确了解法国、比利时与英国军队处境,一边于五月二十日上午十一时三十分召开战时内阁会议,再次商讨军事支援英国盟友的几套方案。

丘吉尔预感纳粹或大规模进犯英国,因此,赞同其他内阁成员意见:英国"已尽己所能、极大限度给予法国空中支援。我们自己也需 166

有实力保卫联合王国、舰队、海上贸易、飞机工业以及国内其他所有重要中心。我们若要能与敌抗衡到底，它们不可或缺"。该结论合情合理，自不待言，但也产生了断不可忽视的后果：接下来几天，英国若不再支援法国，后者的陆军"或放弃苦战"。

美国若愿依英国请求，支援飞机，法国或不会放弃抵抗。就在前天晚上，丘吉尔给"那些该死的美国佬"发去"一份电报"。他这会等着总统回音。可最终营救期限渐近，首相弃用一贯"令人舒缓的言辞"，再次致电敦促罗斯福：

> 不管出现何种可想见的情形，我们绝不同意投降。如果此届政府成员舍身成仁，继任者们接手一片废墟，只好谈判息战，那么你绝不能对此视而不见，这就是，我方能与德国讨价还价的砝码唯余舰队。如果这个国家为美国所弃，听天由命，那么，无人有权指责那些能为活着的国民竭力争取到最好结果的议和者。总统先生，原谅我不讳言如此噩梦。我的继任者一旦身处绝境，孤立无助，或只得屈于德国人意志，但显然，咎不在我。

五月二十一日上午，艾恩赛德将军自法而返。之前，德军炮弹击中了他在加来下榻的酒店，他险些丢命。回到伦敦，他径奔上午十一点三十分召开的战时内阁会议，通报最新形势。只有凶讯：因为糟糕的通讯联络，法国最高司令部难以判明事态，"举棋不定"。他在日记里写道："自己曾脾气失控，揪住比洛特[法国北方军队总司令]的军服纽扣，摇撼着他。这个男人尽露疲态。"

据艾恩赛德将军，"几十万难民逃离比利时、法国北部城镇"，每条道路因之壅塞不堪，盟军行动极度迟缓。德军此刻进逼法国海边城镇布洛涅。这就意味着，驻守法国北部的英国、比利时军队与自己的物资供应基地及法国陆军之间的通道几乎被彻底切断。所依既失，群羊无首，因此，重新串联起各战场盟军的希望，无论从哪方面看，均急遽变得渺茫。

整个形势大乱。

丘吉尔决定，别无他法，须翌日即五月二十二日一早再赴巴黎会晤魏刚和雷诺，敲打他们，以图多少改变混乱局势。信息匮缺，令丘吉尔大为光火。"纵观史上各场战争，没有如此失控"，这是他对乔克·科尔维尔所言。后者在日记里评论道，"从未见过如此沮丧的温斯顿"。屋漏偏遭连夜雨，丘吉尔当晚其实是翌日一点三十分正要就寝，突然接到报告：比洛特将军遭遇车祸。这让法军指挥雪上加霜。

英国远征军如今处境空前艰难，必要的弹药食品得不到补充。如是，势必实施早先提议：撤退至英吉利海峡法国沿岸各津渡。可他们真若退至海岸，又有一个难题：三十万军人与数量庞大的军事装备如何撤回本土。德国空军掌握了制空权，海滩不是安全之地。

五月二十二日，丘吉尔抵达巴黎。见新任法军总司令、七十三岁的魏刚将军斗志再度高扬，他心感欣慰。魏刚将军"尽管已筋疲力竭，且一夜仆仆风尘……但不乏活力，情绪高昂，敏锐犀利，让大家感觉甚好"，甫定，即拿出"他的一套战争方案"。

英国仅留下了保卫本土所必要的军队，向欧洲大陆最大量派遣了陆军作战部队。这批部队当日进驻布洛涅，此刻正在布防，任务是守住布洛涅北边的加来与敦刻尔克这两个法国港口。晤谈时，魏刚将军让丘吉尔放心，"法军在加来部署了三个步兵营。敦刻尔刻[Dunkerque，原文如此]的军事指挥官是一位精力过人的舰队司令，他有足够其调遣的兵力守卫这座城镇"。他[魏刚将军]亲自考察了前线，得出结论："可以说，无需要求驻守北边的英法比三国盟军，计四十多个师，径直南退，以图与法国陆军主力会师。如此行动或以失败告终；部队或遭重创，陷入某种灾难。"丘吉尔赞同，但同时提醒法国总理与魏刚将军，据他所知，比洛特将军与戈特勋爵之间的关系 169 "并非十分融洽"，得有人进行协调疏解，以图恢复驻守在德军进攻线路南北两边的这两支盟军之间不可或缺的通讯联络。

169 　　一个多小时后，英法最高战时委员会会毕，伊斯梅回忆道，"虽说尚未完全放松，但不乏乐观"。之后，他同丘吉尔返回伦敦。

　　艾恩赛德将军在日记中不无惊讶地评论道，战时内阁晚七点 169 三十分开会，期间，首相"因魏刚将军的表现，心情几可用'愉快'二字形容"。内阁其他成员的情绪却难高涨。情况已很清楚，英国远 169 征军"已无脱身之机，而现状[是]，食品、弹药严重匮乏"。伊斯梅将军尤其悲观；不同于法国人漫天预想，他掌握了切实战情，因此，看 169–170 到的更是厄运。他告诉乔克·科尔维尔，自己"委实忧心"，可预见，法国或于某日与德国签城下之盟。科尔维尔多少感染了温斯顿的乐观，认为，伊斯梅将军实在"危言耸听，不合时宜，因为，在我看来，法国人不可能这般丧权辱国"。

　　战时内阁得知，法国的最高战时委员会同意，翌日即五月二十三日，发动联合进攻：英法盟军出击西南，法国陆军集团军向北发兵。 170 但艾恩赛德将军"注意到，就所掌握的情况而言，定于那日午时的进攻前期尚无任何准备"，认为"不可仓促发动"如此进攻。那日下午五点，安东尼·艾登接到一个电话，获悉戈特勋爵的看法，即法国人 170 "尚未做好战斗准备，也无任何迹象表明，他们在进行备战"，故也表 170 达不安。艾登后来在日记里评论道，戈特勋爵所言，"在我看来，似乎指出了之所以日益混乱的症结，而我们单方面既无权也无力改变这样的混乱。唯望自南北两向发动一次联合进攻，但前提有二，一是均愿如此行事，二是保障到位"。

　　但情况有变，战时内阁翌日上午十一点三十分再次开会时，尚余的乐观顷刻化为乌有。此前,丘吉尔终于接到前方发回的一份简报。他告知与会者,"德军以远大于我们早先预估的兵力成功穿越防御空隙"。鉴于"形势万分火急",艾恩赛德将军已受令坐镇陆军部,不参加本次内阁会议。 170

信息依旧匮乏,法方反应又无法教人放心,这两点在浇灭盟军逃过一劫的希望。首相指出:"英法一致同意的计划要彻底成功,须靠法军采取攻势,而目前他们这方面无任何动静。" 171

布洛涅此刻遭到德空军狂轰滥炸;德地面部队也威逼过来,行将包围布洛涅;盟军支援被彻底切断。加来情况同样危急;战时内阁得悉,加来"一片骚动,挤满法军与难民,所有人看似意志已彻底垮掉"。装有支援物资的船已被遣往沿英吉利海峡的加来、敦刻尔克与布洛涅港口,但遭纳粹空军空中打击,无法卸货。 171

内维尔·张伯伦在过去几天会议上相对沉默寡言。事到如今,很多人寄望于他拿出成熟老到的办法,他不得不发声。在他看来,英国不如以退代攻,且越快越好;英国不抓住时机将远征军安全撤回本土,恐怕到时无任何防御之力;英国,如其所言,"还面临两头落空之险:既不能有效贯彻与魏刚将军商定的计划,守着英吉利海峡法国沿岸的各港口又不能充分发挥自己部队的作用"。 171

哈利法克斯勋爵一如以往继续支持张伯伦。他向战时内阁宣读了驻罗马英国大使发回的电文,电文将种种猜疑一语概之:"墨索里尼先生只是在等待时机,俟德国人在海峡沿岸各港口立稳,方才宣战。"哈利法克斯此举意图明显,他认为意大利在西欧今后事务中举足轻重。在他看来,意大利非未来之敌,英国有机会趁墨索里尼还未宣战而争取之,英国要争取意大利为和平而战。 171–172

丘吉尔这边则需正式向下院进行最新情况通报。英国陆军全面撤退,自卫之力尽失,结果堪忧;法国沦陷;掌控意大利的英国新敌蠢蠢欲动。

下午三点，首相在下院发言。他告知议员们，阿布维尔已落入敌手，布洛涅旋将步其后尘。保守党议员格尼·布雷斯韦特先生问，本届政府是否"在重提并强调上届政府的态度，即除非获得法兰西共和国首肯与合作，英国绝不单方面与敌议和"？丘吉尔用三个字回答："是，先生。"

如此，以上的明文记录是丘吉尔首次暗示可能与纳粹德国议和。尽管此暗示以法国参与为充要前提，但已让闻者认为非同小可。丘吉尔这次发言，不同于其五月十三日演讲，从头到尾没有"不惜代价赢得胜利""不赢得胜利，则无任何存续之机"之类的言词。若定用两字概括这次发言，这两字不是"胜利"而是"失败"。

之前，魏刚将军已向丘吉尔保证，其计划将于翌日清晨付诸实施，因此，丘吉尔回到唐宁街后，竟发现"德军已占领布洛涅，戈特西南出击毫无进展，英国远征军因物资匮乏无奈将食品配给减半度日，魏刚北向进攻尚无动静"，大为震惊。

丘吉尔先致电雷诺，后于晚六点致电魏刚本人。魏刚再度请首相放心，说已实施其计划；其麾下出师告捷，重夺三座法国城镇。诸位现在知道，魏刚当时所说均非事实。不过当时，正如科尔维尔后来所述，"没有理由怀疑魏刚通报的真假。阳光驱散了愁云惨雾"。丘吉尔传记作者马丁·吉尔伯特评论道，"魏刚撒谎，[究竟]为何，这令五月二十三日险境的亲历者或目睹者百思不得其解"。那日，科尔维尔全天待在唐宁街……事后反思："魏刚当时打定主意，英国远征军若不能南进[支援法军]，他们不能脱身，我们也休想脱身。"

前述的"阳光"想必不多时便隐没。丘吉尔主持晚七点战时内阁会议时，承认——他本人之前多次踌躇不决，事实证明不无价值——他其实"一直在细细思考内维尔·张伯伦上次会议所提建议"。接下来的表现更加说明,他这头斗牛犬尽管一心要在满是怀疑论调者的战时内阁里强力推行其主张,但并非总刚愎固执。他也同意,或许是时候"命英国远征军以英吉利海峡沿法国海岸的各港口为依托,想方法撤回本土"。布洛涅目前形势可为两字:"灾难",但"魏刚将军此前还坚持继续实施已定的军事方案"。艾恩赛德将军认为,戈特勋爵仍应按法国要求,如期实施南向出击,因为"设若英国远征军全数退至英吉利海峡沿法国海岸的各港口,得以撤离的只是少数,而非更多"。丘吉尔下了结论:"该预判是否正确,迄今依据远远不足。然而,他感到我们别无他法,唯竭力遵行魏刚将军的军事方案。"

温斯顿乃至英国面临两难的严峻选择:是继续执行注定失败的军事方案,还是冒险实施仅能救得少量英国远征军的撤回本土行动。首相心头乌云笼罩。带着这种心情,他前往白金汉宫向国王禀报当下形势。

国王乔治六世在日记里写道:

> 首相晚十点三十分到。他告知我,魏刚代表法方制订的军事计划一旦未达预期目的,他只得令英国远征军撤回本土。撤离行动将导致我方在法的枪支弹药、坦克以及其他物资尽失。问题是,我方部队能否撤离加来与敦刻尔克。仅念及此无奈之举便令人不寒而栗,因为,我方将士或将因之蒙受巨大牺牲。

丘吉尔日后会不无诙谐道:"通常意义上,战争是一连串本不该犯的愚蠢错误。事实证明,这场战争也绝非例外。"不过,他眼下毫无诙谐之心;他回到海军部,得到的最新消息令其更加悲观丧气:

魏刚军事方案的实施已乱作一团。他即刻致电魏刚将军和保罗·雷诺，警醒两位，比利时军事指挥部迄今仍"未收悉任何指示"，戈特勋爵"没有（重复一遍，没有）可发动一次像样进攻的弹药"。丘吉尔毫不掩饰愤怒："就是在这里，我们也不见来自你本人的耳提面命，对你的北部军事行动一无所知。请你可否尽早指示法国使团向我们通报这方面情况？"他特别强调，"各项供应短缺，务必争分夺秒"。

夜渐央，一千名英军冒着德军的枪林弹雨撤离了布洛涅。但仍有两百名英军未得脱身。

自布洛涅沿海岸北上仅二十余英里处，便是陆军准将克劳德·尼克尔森率领的加来守备部队。他们不断接到各种命令，然命令相互矛盾。形势已明晰：布洛涅一旦失守，要想阻止德军进抵敦刻尔克，守住加来则至关重要。而眼下，出城的各条道路均被切断，加来陷入重围。城中将士东眺敦刻尔克，只见一片篝火。德军第一装甲师点燃了篝火，用作引导轰鸣而至的德军飞机的信号。

在翌日即五月二十四日战时内阁会议上，哈利法克斯勋爵开始发力。他描绘其设计的路线图，据此，采取外交手段或至少可阻止意大利加入这场战争。

他的计划庞大，旨在促成泛欧和平协议的签订。不动声色做到前述之事是该计划的第一步，直觉告诉他时机已到。他宣读了驻巴黎英国大使发来的电文，电文简述了法国政府所求：

> 应敦促罗斯福总统再次接触墨索里尼先生……问其为何旋将加入战争，且与同盟国为敌。墨索里尼先生若有怨言，驻罗马美国大使则该回应，总统愿将意方种种诉求转达给同盟国政府，或用其他言词回应，如此，至少可延缓墨索里尼先生的行动。

哈利法克斯的态度是，按法方所求行事难有多大成效，不过，英国还是应该如此回复：

> 我们完全赞同罗斯福总统再次接触墨索里尼先生的建议……但前提是，必须清楚，罗斯福总统非屈于法方请求，乃为自身责任所驱，方有此举……同盟国乐意在战争结束后考虑意方的合理诉求，并欢迎意方平等地与各交战国一道出席和平会议；美方愿保证，只要意美双方不参与这场战争、相互对立，同盟国将履行前述承诺。

哈利法克斯的态度颇具说服力，战时内阁不再争论，一致同意"照此原则回复"。 176

哈利法克斯初试告捷。

法国那边的形势仍在恶化，英国这边面临的直接危险因此增加，在此情形下，首相承受巨大压力，身体出现症状。近午时，遵医嘱，丘吉尔上床小憩。但事实证明，他不是一个按医嘱行事的病人。躺在床上的丘吉尔得知，伊斯梅将军提议撤出加来。陆军准将尼克尔森深夜两点发来电报证实了这点。尽管伊斯梅将军所提建议三小时后即被否决，丘吉尔仍未入眠，怒气难消。他致信伊斯梅将军，怪 177 罪道："撤出加来，结果只会使目前围困加来的[敌方]力量转向敦刻尔克。必须固守加来有千百条理由，具体到一句话，就是要牵制住敌人。"

尽管抱病在床，丘吉尔脑袋未闲。他开始考虑绝地自救的大致方案——其中重要一环便是，加来守军须死战到底，激怒敌人，使之不汲汲于敦刻尔克。唯一的问题是，加来守军还能再坚持多久？

当日下午五点，国防委员会开会。艾恩赛德将军告知与会人员，

177 "德军坦克已突破加来西部要塞,插入加来与海岸之间"。但加来守军并未因之恐慌,仍坚守阵地,击退了德军多次进攻,尽力为敦刻尔克盟军撤离争取更多时间。

尼克尔森仍望撤离。他虽不知上方已决定死守加来,但仍在浴血恶战,力保加来不失。然其部队难敌德军,被迫退至老城区内的城
178 堡。晚七点零五分,他发出最后一份电报:"亟需增援,否则全军覆
178 灭。"晚十一点二十三分,回电令他固守:"为保全盟军,务必遵令,尚须坚守……无法增援……占据有利地形,继续战斗。"艾恩赛德将军
178 又单独给尼克尔森去电,告之撤离乃违军令,称其所部"为正规军,其他无需多言"。

关于尼克尔森的反应,我们现在只知,他当即命令手下烧毁剩余坦克。

丘吉尔获悉上述电文后,深为震怒。他认为,如此措辞谈何激励尼克尔森部流血牺牲。翌日,他致信安东尼·艾登与艾恩赛德将军:
178 "务请查出……我今早见到的这封完全乏善可陈、其中言'为保全盟军'的电文为何人起草。此类电文如何予人勇气,教人愿肝脑涂地。"自知难以继续对死守决定隐而不宣,丘吉尔亲自拟写回电,五月二十五日下午一点五十分刚过,艾登将电文发出:

178–179 　　　　尼克尔森准将:尽全力坚守加来,这对我国意义空前重大,此举表明英法联手绝无中断之虞。帝国上下皆关注加来保卫战;国王陛下政府坚信,你及你无畏的麾下将建立足以与英国威名相匹配之功勋。

确该如此行文:摒弃服从命令、坚守阵地之类作用甚微的言辞,而要这些终须捐躯的将士深知,这是他们名垂青史——借用莎士比亚

语——他们的英名将为万世英国人交相传颂的良机。

在伦敦的丘吉尔接到了保罗·雷诺发来的电文,知悉英军不再按魏刚将军计划行动,已撤至英吉利海峡法国海岸的各港口。英军既停止了南向进攻,通往敦刻尔克的门户随之洞开。英军之后全线退出战斗撤离法国看来已成定局,于是,哈利法克斯——随时准备向温斯顿加压——又重提法方意见,即与墨索里尼接触。

托利党内一批不在少数且日渐增多的主和派,甚是活跃。他们一心想着保住自家乡间祖业与大英自治地位,纵使牺牲中西欧。在他们看来,与墨索里尼接触、要他开出中立条件、请他斡旋英国与希特勒的谈判,现实合理可行,符合民意。如果继续抵抗,英国正规军恐将损失殆尽,迹象表明此非臆想,因此,采取前述之策更为明智。

哈利法克斯如此思度,且自信他的做法将得到广泛支持,这便于五月二十五日告知战时内阁:他已面晤意大利驻英国大使馆官员。据他言:

> [一位]意方外交官,否认代表官方,声称在意大利,仍有众多可左右局势之人欲见地中海问题得以和平解决。国王陛下政府若设法与意政府接触,尽可能寻找各种和平途径,则无需担心意政府拒绝如此晤谈。 180

哈利法克斯再次表明观点:"接触晤谈极可能一无所获。即便如此,若能赢得时间,也值一试。可以肯定,法国人乐见国王陛下政府这么做,因为这与他们的政策并不相悖。" 180

在一周前给丘吉尔的回函中,墨索里尼断然拒绝与同盟国和

180　谈："你领导的政府已对德宣战,意在证明你所签署的文件绝非一纸空文,既如此,你会理解《意德钢铁条约》规定了两国须尽义务,意大利政府同样必须尊重并兑现承诺,此态度是我们现在与将来制定各项政策的准则。"法国此刻苟延残喘,濒临崩溃;英国孤注一掷,要将

180–181　远征军撤回本土;鉴于此,丘吉尔同意"与所提之人接触",但强调,"无需赘言,此事不可宣扬,以免让人认为是我方主动示弱"。他内心

181　深处从未信任这个意大利领导人,认为"墨索里尼先生极可能随时强压法方,逼后者出让利益。法国人正将部队调离法意边境,这很不利于他们与意大利人的谈判"。

好在英国民众还不知晓他们的领导人在找寻与一个法西斯独裁者达成和平协议的各种可能方案,否则,该何等骇然。事实上,战争到底到了什么样的可怕阶段,英国民众几乎完全被蒙在鼓里。亚历山大·卡多根爵士,哈利法克斯在外交部的股肱,在日记里评论道,

181　"英国大众对形势一无所知"。看当时各报便知一二,报道与实情相差巨大。譬如,《曼彻斯特卫报》登有一则周末前往法国首都度假的广告:

181　　　　　**巴黎度假:听歌剧,逛林荫大道**
　　　　　　……盟军成员享受特价

布洛涅失守两天后,即五月二十六日,《世界新闻报》称:

181　　　　**盟军在英吉利海峡法国海岸附近痛击德军——**
　　　　　法方言:"布洛涅仍在我手";加来固若金汤

同一天,据《星期日快报》:

法国解职十五位将官——
《公报》:"我们对敌呈压倒之势"

《人民报》报道:

纳粹称已包围佛兰德地区盟军,然巴黎称,
已收复亚眠,敌军损失惨重

加来沦陷一天后,即五月二十七日,《每日邮报》消息:

海军展开行动,炮击布洛涅德军——城堡巷战
——盟军牢控加来、敦刻尔克
加来未失:海军炮击敌军

《旗帜晚报》载:

梅嫩激战,德军损失"巨大"——加来至今仍为我控

《每日快报》标题:

加来巷战——海军炮火击碎数支德军装甲师

五月二十六日拂晓,丘吉尔满脑子是法国传来的消息,他的幕僚亦如此。通往敦刻尔克的道路如今对于英德两军均一马平川。据丘吉尔本人言,"英军已朝海岸开拔。"

保罗·雷诺前往伦敦,要与丘吉尔就当前危机晤谈。丘吉尔在上午九时战时内阁会议上提醒大家,他们应该:

183 　有此思想准备，即雷诺先生在会晤中或将申明，法方无力继续战斗。自己将竭尽所能，力劝其坚持勿弃，并向其表明，法方至少应承担道义之责，应英方要求，尽力保英国远征军安全撤离。

183 　哈利法克斯勋爵开始说话，态度更加坚定。他明确告诫与会者，"我们必须面对现实：现在的问题不是如何集中兵力全面击溃德国，而是如何保卫我们帝国的独立"；继续丘吉尔"不惜代价赢得胜利"的冒险看来非明智之举。他的意思明确：我们正在输掉这场战争；若有不再牺牲更多年轻生命的机会，我们怎能不抓住？

184　他自认有理，且要众人明白其理，因此告知与会者，他已于前晚
184 会晤意方大使朱塞佩·巴斯提亚尼先生。后者言，"墨索里尼最愿确保欧洲和平"。他应道，这也是英方所期，因此，"英意双方显然应乐于考虑或可致此共同目标的任何建议，只要双方的自由与独立得到保证"。丘吉尔想到与希特勒通过谈判达成和平协议，可谓往前跨出了一大步，而哈利法克斯就英国政府如何对待意大利的提议，应该说，较之于前者，远过之而无不及。哈利法克斯所想与话语表明，他已将两个目标，即阻止意大利参战的小目标与促使希特勒不再干戈相向的大目标，并为一体。在他看来，从今往后，与意大利接触无异于寻找最终解决方案，用他对巴斯提亚尼所言，亦即"全面解决欧洲问题的方案"。他认为，意大利应自始至终系于他这个更加宏大的目标，否则难分杯羹。

184　丘吉尔此刻心知肚明，他一旦同意与意大利正式接触，无论采取何种方式，都将英国送上一条必败之路，结果便是与柏林和谈。他回应哈利法克斯："获得[和]平与安全或要付出德国统治欧洲的代价。如果这样，我们绝不能接受。我们须确保其他所有欧洲国家的自由与独立。[我]反对任何或将贬损英国与其他所有欧洲国家的权利与

权力的谈判。"

　　哈利法克斯已反复强调，绝无丘吉尔所说的贬损之虞，此刻补充道：在今后这类谈判中，法英两国若结成统一战线，它将是"重重的砝码，我们凭此可谈定或极具价值的利我条款……法国人若想达成[和平]协议，而他们若又向希特勒表明，他们绝不单独与他和谈，那么，统一战线也是他们手中一张硬牌"。 184—185

　　温斯顿认为，法国更可能单独与德国和谈，因此回应道，"德国或将向法国人开出各种极其诱人的和谈条件，且强调他们其实与法国无争，而是剑指英国"。 185

　　参谋长们已备就文件，它列出法国一旦臣服可能导致的种种后果，读来悲观。哈利法克斯指出，文件言，"我方是否能单独继续与德之战，主要看我方是否能建立且保持对德的空中优势"。可现实是，德国人一旦制服法国陆军，则无需将所有人力物力投入到欧洲地面战场，"从而可毫无忌惮地将其主要精力用于生产飞机"。思及此，令人胆寒，这也证明，寻求和平刻不容缓。德国空军已取得巨大空中优势，设若进一步增强，英国皇家空军将无力还击。和谈与否，哈利法克斯主张，"我方都应要求法方使其[飞机]厂无法生产，权当最后自救之策。" 185

　　战时内阁会议结束，但未就该问题形成任何真正意义的决议。丘吉尔承受的压力倍增，因为，就在他这么一个坚定的乐观主义者看来，情况已很明朗：他完全得听法方由命了。给他的选择丧失殆尽。

＊ ＊ ＊

　　战时内阁五月二十六日下午两点再次开会，话题转向巴黎即将沦陷这件大事。

丘吉尔通报，雷诺已说，"他将遵令尽力坚持战斗，也愿为捍卫法兰西共和国的尊严血战到底，纵使如此，他认为，面对德国人不达目的不罢休的猛烈进攻，法国恐难长久抵抗"。法国五十五个师对抗德国一百五十个师；"很显然，想在地面打赢德国，绝无可能"。雷诺问丘吉尔："在这种情况下，拯救法国，出路何在？有人曾献策，应进一步与意大利接触。"雷诺推想，如此寻求和平须付出代价，意大利会要求"直布罗陀与苏伊士运河中立化、马耳他非军事化以及限制各国驻地中海海军力量"——法方认为，要想阻止意大利参战，也该付出这样的代价。

丘吉尔太想提振雷诺斗志，因为他需要法国继续战斗，好让英国远征军撤离。他曾跟这位法国总理说："我们无论如何不愿放弃战斗，宁战斗至死，也不为德国所役使。然而，无论从哪方面看，我们坚信完全可以熬过德国的进攻狂潮，前提是法国绝不可退出战争。"

丘吉尔认为，内阁中当有人须此刻赶往海军部会晤雷诺。指办此事之人便是主和者哈利法克斯。丘吉尔与雷诺晤谈时尽用主战言辞，可如今指派继续与雷诺晤谈之要员偏偏是死硬的主和派大臣，莫非另有玄机？

丘吉尔在这次战时内阁会议上的说话倒较前现实许多：他仍相信，英国有一线机会全身度此劫难，但唯一前提是，法国愿"咬牙再坚持三个月……[到时]形势将截然不同"。这暴露了他对英国生存概率的估测实际多么悲观。

哈利法克斯当时未急于离开战时内阁会议室，听丘吉尔这番少有的务实话语，不失时机再次敦促：鉴于态势已明，须马上着手与意
大利接触。他始终认为，"墨索里尼先生最不愿之事便是目睹希特勒先生一统欧洲；如果可能，他很想说服希特勒先生采取更理智的态度"。首相与哈利法克斯的漫长论战颇像斗剑，前者此刻被逼至死

角，终于说道，他"质疑与意大利接触有何收获"，不过同意——这是他第一次让步，之后还有一连串关于他让步的记录，令人大跌眼镜，以至于质疑他如今在我们心中的形象——"与意大利接触之议，战时内阁是得斟酌。"

哈利法克斯终于赢下一分。不过几天工夫，温斯顿变化竟如此之大，令人瞠目，须知，他之前可绝不愿也不允许他人考虑谈判或臣服之类的事情。坏讯和来自同僚的压力如雪崩一路下来，摧毁了他早先所有的希望，这才导致他的前述让步。

哈利法克斯之后应命离开战时内阁会议室，前往海军部会晤雷诺。迨法总理走后，战时内阁成员到了海军部。

也是历史开了个玩笑，战时内阁秘书布里奇斯在这次会议的前十五分钟里没有在场，因此，这段时间里，会上说了什么并无直接记录。不过，有一点清楚，丘吉尔当时神情极度紧张。此外，读战时内阁第二天会议的纪要与张伯伦日记对五月二十六日的记述，隐约可知，温斯顿或许就和谈说出了一番迄今最令人震惊的话来。

亚历山大·卡多根爵士五月二十六日下午五点在战时内阁会议室。他描绘当时的丘吉尔"过于喋喋不休、不切实际、为情左右、阴晴不定"。诸位或问，丘吉尔何至于此？ ¹⁸⁸

据张伯伦日记，那天，或就在那刻，在是否与德国和谈之事上，丘吉尔到了重要拐点。日记记录了丘吉尔谈话内容，"希特勒竟会认同我方能接受的所有条款，匪夷所思——我们若能从泥潭脱身，纵使让出马耳他、直布罗陀与几块非洲殖民地，他[温斯顿]也会毫不犹豫抓住这样的机会"。 ¹⁸⁸

翌日即五月二十七日战时内阁会议纪要有一条或可助了解当时情况的备注。据备注，哈利法克斯说到昨天之事：

昨日[五月二十六日]讨论时,他[哈利法克斯]问首相,如其认为只要事关我国独立的诸要素不受影响则可,自己是否可准备就具体条款进行谈判。首相回应,只要保住我方底线和主要力量以此谈判,纵使割让某些领地,如果能摆脱当前困厄便谢天谢地了。

丘吉尔在布里奇斯进到会议室拾起记录历史之笔的前一刻钟里真有上述所言?不妨阙疑。理由是,虽然哈利法克斯与张伯伦说有,可对如此非同小可、不可不录的臣服之言,那日战时内阁会议纪要竟只字未记,似乎不可思议。反正,有关丘吉尔让步的记录一是官方存档的哈利法克斯手记——其实,那也只是丘吉尔五月二十七日战时内阁会议上仅有的一次让步,若不将此计入内,则只有张伯伦日记尚未公开的部分,该部分日记今天的读者可在伯明翰大学档案馆里看到。

两人是否串谋为之?反正,关于温斯顿态度急转、称希特勒若开出合理和谈条件则谢天谢地之说,钦定丘吉尔传记作家马丁·吉尔伯特只字未提。

据布里奇斯那日到会后所做的记录,温斯顿并非如哈利法克斯与张伯伦所说,而是如其本色,再度言辞激烈。当然,也难说他担心布里奇斯的记录哪天公开,这才辞风遽转。

布里奇斯那日的记录一开始便是温斯顿的一贯言辞:信任希特勒、认为他会开出尊重英国的和谈条件,实乃荒谬。温斯顿进一步指出,"德国一旦得行其道,将肆无忌惮逼我们接受其所有条款"。他显然希望法国坚持战斗,但"同时,我方须切记不可被挟示弱,与墨索里尼先生接触,请他与希特勒先生接触,求其善待我们。我们绝不可连一场真正的战斗都没打便置己于如此境地而难以自拔"。

哈利法克斯勋爵兴许恼火丘吉尔反复无常，开始反击。他措辞有力然语气平和，重申，"允许法国尝试欧洲均势的各种可能，应合众望。较之于首相"，他本人"或许更为看重此事"。他进一步指出，"自己难以充分信服首相判断一定正确、希特勒先生把住无理的和谈条件不松口就一定符合其利益"。哈利法克斯身为英国人，当然不应允"任何有损我们的独立的条件"，但他猜测，"墨索里尼先生面对希特勒先生这股力量，正如我们感觉他定会那般警觉，并且愿基于平衡力量来审视当前事态，那么，我们也不妨斟酌其诉求。总之，在哈利法克斯看来，尝试终归无害"。

　　鉴于当前形势，哈利法克斯与丘吉尔本应团结攘外，但两人矛盾如此之深，实为险兆。其他与会者，目睹两人唇枪舌剑，几无发声。之所以无人择队而站，是因为这可事关英国、欧洲乃至整个世界未来的安危。

　　两人立场实质如此：只要英国可因一纸和约确保自治地位，且让希特勒独霸西欧，这于哈利法克斯是可接受，时至如今，甚至应予欢迎的局面；他认为，他的立场代表了其党大部分成员、公众，更为甚者，任何一个冷静理性了解战场形势的人的意愿。丘吉尔本人也渐同意签订和约兴许是条出路——确乎如此，假如条件利于英国，能找到如此出路，他自谢天谢地。但至关重要的是，何时或为签订如此条约的最佳时机：当下抑或日后？

　　工党大臣阿瑟·格林伍德不信墨索里尼有何裨助。他对战时内阁说，自己怀疑墨索里尼难有魄力敢"不从希特勒而自行其是"。张伯伦也认为，墨索里尼"唯有在希特勒愿遵循其提出的方案后，方可独立作为"。为缓和会议室气氛，张伯伦补充道，"问题相当棘手，因此，各抒己见，将问题说清论透，方为正理。"

　　东猜西测难有结果，丘吉尔道，他自"认为，上策是眼下不做决策，待部队撤回本土后，视其存余再行定夺。撤离行动或大败；从另一面看，经过英勇奋战，部队或成功撤回，主力或得以保存。"

哈利法克斯热衷的和谈之路——用部分领地为筹码换取和平的方案，在丘吉尔看来，只能利于德国：它将获得殖民地以及在地中海地区的诸多特权。相反，"我们则没有同等选择。譬如，[德国]所提条件肯定将阻碍我们完成军备重建"。哈利法克斯试图让他放心，情形若果真如此，英国当然予以拒绝。然丘吉尔不为所动，认为"希特勒先生自以为可颐指气使。我们唯一要做的便是让他看到，他无法征服这个国家"；同时，设若丘吉尔对雷诺的预判变为现实，法国不再能继续战斗，那么，"我们须与法国分道扬镳"。

与会者中有几位多年来称丘吉尔为战争贩子。丘吉尔如今彻底堵死寻求和谈条件的言路只会更加坐实他战争贩子之名，疏远他与如哈利法克斯、张伯伦等人之间的关系，而丘吉尔太需他们的支持。自知选择无多，权衡之后，丘吉尔做出让步："同时……[我并]不反对与墨索里尼先生进行一定接触。"

温斯顿言辞也随之渐变，原来说"绝不"，现今改用"考虑"；他也同意"不反对"迈出和谈进程第一步——主要意在弄清意大利如何索价方愿斡旋德英和谈，且法国极可能退出舞台。

格林伍德和张伯伦均认定，这位意大利领导人会抓住这一良机，不仅索要在马耳他、直布罗陀与苏伊士的利益，且不会放过在索马里兰、肯尼亚与乌干达的大窝。两人或许言中。是的，墨索里尼在五月十八日给丘吉尔的拒与同盟国为伍的回函中，就提及英国在非洲粗暴对待意大利。格林伍德还进一步指出，法国形势急剧恶化，"假如巴黎或短时间内被攻克，在此情形下，谈判还能有什么用？"哈利法克斯提请内阁注意，如果他们"发现，给予我方的和谈条件不以摧毁我们的独立为前提，尚拒绝这样的条件，则真可谓愚蠢"。他的态度昭然可见：唯至"愚"之人才不愿与德国签订无损英国独立的条约。

温斯顿没能当场反驳，只能用戴有戒指的手指不停敲击座椅上有光漆的木质扶手。（战后发现，在殚精竭虑、痛苦莫名的六年时间里，他的这种神经质的敲击竟敲掉了扶手上好几层光漆。）事到如今，他往下会说些什么？有何行动？

历史记录告诉了你我。

内阁开了一次长达四个多小时的会议，期间，这些举足轻重的男人各自拿出无比远大的目标，坚守原则，进行了一场激烈但很理性的交锋。末了，温斯顿同意，哈利法克斯可以分发一份备忘录，即其所提的接触意大利的方案，以备翌日商议。

哈利法克斯取得了胜利。

外交之钟如今终于启动，哈利法克斯想必无比释然，和平的目标想必在他看来似在咫尺。他从内阁会议室出来，着手起草文件。这份文件兴许就可——勉强——就可将一个支离破碎的欧洲恢复至一个实际和平的欧洲。

丘吉尔则不同：过去这段时间，大事小情不断，政治压力不小，以至于他被逼做出大的让步。这么一直落居下风，无时无刻不令他耿耿！哈利法克斯那边忙着草拟文件，丘吉尔这边则将心思再次放在他自己选定的撤离方案上面。

该方案旨在不让陆军覆没。一旦失去陆军，英国别说继续战斗，就是和谈，也别想坚持体面；整个国家便会沦落到法国如今惨境：不得不看德国脸色，屈纳其开列的任何条件。目前，重中之重是确保英国远征军成功撤离敦刻尔克。问题是，如何做到？

罗斯福曾如此评价丘吉尔："他一天有一百个主意。四个主意尚可，其他九十六个主意根本就是险招。" 194

丘吉尔六天前便有了所谓四个尚可主意中的一个。用如今的话说，它可是不同凡响。该主意有温斯顿妙计的所有要素：出其不意，气势恢宏，冒险可行，生命代价或将高昂，给人最初感觉：不啻疯狂。

早于五月二十日上午，战时内阁会议便已第二次商讨了撤往敦刻尔克的陆军面临的形势。三十万男子汉如今就要抵达一座海面上尽是燃烧的英国船只的海港：英国海军近岸实施营救，须冒着德国空军的猛烈打击。艾恩赛德预计，三十万英军最多只有百分之十活着撤回英国，即便如此，也是搭帮天助了。

会议纪要记录了如下内容："首相建议，慎重起见，海军部应提前准备，着手征集大量小型[民]船；它们随时待命，开赴沿法国海岸的大小港湾。"

小型船只？温斯顿脑子里蹦出的这条妙计——就我所知，从来没人提及他的这条妙计，而且令人百思不得其解的是，有关他的各种传记抑或新闻报道，也均未有所提及——意在号召英国民众，或至少是能找到满足渡海要求船只的英国民众，组成一支虽说杂牌但也浩荡的民间"无敌舰队"，驶过英吉利海峡，营救被困英军。

别说公众，就是历史学家们，也鲜少注意到，这条冒着巨大危险、史称"小船营救行动"的妙计出自丘吉尔。

此计既出，数小时后，本已退休然应老友丘吉尔之请，海军中将伯特伦·拉姆齐再度出山任多佛港舰队司令，受命征集这样一批民船，且确保它们能渡过英吉利海峡，将英国远征军运回英格兰。

一切按计进行。六天后——期间，笃定议和的哈利法克斯字斟句酌地起草要呈报给一个随时可能变卦的专制者的文件——温斯顿匆匆赶到海军部。他急于找到可替代哈利法克斯方案的方案。那段时间，用战时内阁秘书处秘书克劳德·伯克利上尉的话，丘吉尔"一会在这，一会在那，风风火火；常令人猝不及防地冲回唐宁街，弄得手下手忙脚乱，无可奈何；嚷嚷着我们绝不退让"。拉姆齐在位于多佛城堡地下深处的海军总部通过英国广播公司发布了征集民船的公告。八百余条所谓的小船业已到位。它们即将执行这场战争中一次最为大胆的行动。

万事俱备，一九四〇年五月二十六日傍晚六点五十七分，丘吉尔下令："准备执行发电机计划。"

这是一次以平民生命为筹码的大赌，但温斯顿认为——其实不无道理——英国若还有人马用于战斗或作为讨价还价的本钱，则存不遭摧毁之机。

发电机计划进入实施阶段，与此同时，丘吉尔正式致电驻守加来的陆军准将尼克尔森，命令他的部队不得撤离，须"苦战至最后一刻。"

尼克尔森率部遵令而行，拒绝投降，抗击到底，直至纳粹党旗在巴黎市政厅钟楼上升起。德军当日最终击败了尼克尔森部队，逼迫他们举着双手成单列走出城堡进到架着机枪的院里。尼克尔森与其将士成了战俘。这些守卫加来的勇士被押往战俘营。在那里，一部分人幸运地熬到了战争结束，一部分人则做了冤鬼。陆军准将尼克尔森也被关押在战俘营，三年后，估计是自杀，在那里自窗户坠亡。

用安东尼·艾登回忆录里的话，令尼克尔森率军死守加来的决定是"在这场战争中做出的一个撕心裂肺的决定"。丘吉尔痛苦尤甚：令从他出，虽然该令意在拿出两千多名将士的代价换得几十万将士生还。他与艾登、伊斯梅及艾恩赛德回到海军部。伊斯梅回忆，丘吉尔"那晚用餐，自始至终，一反常态，缄默无语。他也吃也喝，但看得出毫无胃口"。

丘吉尔在想什么？加来，肯定。哈利法克斯，绝对。希特勒，一直。发电机计划，毋庸置疑，不可不让他牵肠挂肚：一支由民间小船组成的舰队可是正劈波斩浪驶往敦刻尔克。也可能在反省自己的领袖才能。自疑、自咎、痛悔、力竭，多半皆有之。

用完餐，就在其他人起身准备离开时，丘吉尔这才神情凄然地告诉他们："我感到身体不适。"自咎于将一批勇敢的将士送上不归路，让他不适；担忧全军覆没，让他不适；害怕出路唯有接受敌方实则置人于死地的和谈条件，让他不适。他处于人生最低潮。但何止于此：翌日等着他的只会是更大的压力，以及战时内阁出现的不可调和的对峙。

一九四〇年五月二十七日，星期一

丘吉尔听闻比利时国王有投降德国之念。

———————————————

哈利法克斯勋爵考虑与德国谋和，已拟就名为"关于接触意大利之建议"备忘录。

———————————————

纳粹党卫军在法国帕拉迪村附近俘虏并屠杀九十七名英国军人。

第九章
内阁危机与领袖地位

　　丘吉尔五月二十六日夜签发实施"发电机计划"令,五月二十七日清晨七点十五分收悉的第一份电文便预兆不祥。据驻守多佛海军报,"加来与敦刻尔克间形势愈加不利。敌人在格拉夫林[夹在加来、敦刻尔克间的一座小镇]布有四十门火炮,驶向敦刻尔克的船只遭其炮击……"。倘若船只难以入港营救英军,鉴于无其他退路,英军旋将遭重围,脱身自成泡影。 201

　　哈利法克斯勋爵此刻正苦思冥想和约条款。就在昨夜,比利时驻伦敦大使馆公使造访,告知他"比利时国王似已暗示败局已定,开始酝酿与德国单独媾和"。话说比利时国王利奥波德三世,也是国王乔治六世表弟,自其政府"移师异土[至法国],继续奋战",便随军出征。在十一点三十分的战时内阁会议上,哈利法克斯转达了公使口信,并称已"认为,国王此举无异于分裂国家,将之拱手置于希特勒先生翼下"。丘吉尔当即致电国王利奥波德三世的联络官,英海军上将罗杰·凯斯,要他"让他[利奥波德]务必清楚,他目前的选择将给盟国带来灾难,比利时也难以幸免"。比利时军主力驻扎在法国北部,正与英国远征军联手作战,尚不知撤离决策。丘吉尔深知,眼下如此要求比方,实在苛刻,可他清楚,比方这时放下武器,则致盟军左

201

201

201

202

翼门户洞开，向海岸撤离的英军将陷入险境。在单独给英国远征军
202 总司令戈特勋爵的电文中，首相坦承，"[我方]在要求他们作出牺牲，
成全我们。"

　　虑及盟军中一方或将臣服，有人再度想到美国。英国驻华盛顿
202 大使已致电哈利法克斯，建议"我方应将在新大陆的财产部分让与
202 美方，部分偿还我方战争债务"，理由是，"我方此举或可让美方刮目
相待，更有助于国家安全"。在哈利法克斯看来，该建议另辟蹊径，不
202 妨一试，然丘吉尔再次否决，议道："在这场战争中，美国根本没给予
我们任何援助。他们如今见形势极其险恶，更是一心把住所有本可
助力我们的资源，以图自保。"诸如此类的建议方案，没完没了，令首
202–203 相不胜其烦。战时内阁会议结束前，他表示随后将"颁布一道强制
令，所有大臣的言辞都须充满信心。他笃信，大多数英国民众绝不愿
接受失败论调，纵使是姑妄之语"，接着指示伊斯梅，不待下次会议便
203 须督促各位参谋长再次审视"我方若独自继续与德甚或包括与意交
战，前景如何"。

　　战时内阁五月二十七日下午四点三十分召开会议。参会人员
有变。往常，参会者二十位，他们须议决会议期间没完没了的不是这
个就是那个成员的反对意见。此次参会的仅丘吉尔、哈利法克斯、张
203 伯伦、克莱门特·艾德礼、阿瑟·格林伍德、亚历山大·卡多根爵士、
203 阿奇博尔德·辛克莱爵士以及爱德华·布里奇斯爵士。议题只有一
个：关于接触墨索里尼之建议。

　　丘吉尔此次邀老友、一向批评绥靖政策的自由党领袖辛克莱参
会，实乃无视仪轨，但用意昭然：战场形势令他左支右绌，他试图借
力于辛克莱。

　　讨论开始。一如既往，最终局面是哈利法克斯及其拥趸——他

们可是执政的保守党的大半江山——火力全开，打向同党温斯顿。他执意继续孤军抗德，在哈利法克斯看来，似无理性可言，罔顾事实，有损英国最高利益。

保罗·雷诺早先建议，英法两国政府应直接与墨索里尼先生接触，以图阻止意大利参战。哈利法克斯积极响应，为此先于本次会议给了每位阁员一份备忘录，该备忘录探讨了两种可能做出的选择：

> 假如墨索里尼先生愿与我们合作，谋求解决方案……我们 204
> 基于找到出路之需，将毫不延宕，与墨索里尼先生共商他最关心
> 之事项。我们深知，他欲解决某些地中海问题，因此，他若愿以
> 不公开的方式明确这些，法英两国将迅疾响应，力遂其愿。

哈利法克斯此刻告知阁员："罗斯福总统已在不悖于备忘录所定方 204
向的基础上与墨索里尼接触。"这也是英国早先之请，英国认为此举
到时会有积极成果。然如今法国濒临崩溃，张伯伦确信英意接触为
时已晚，意大利已对德国获胜后自己可得的果实虎视眈眈，且急俟法
国坍圮，趁机攫取利益。

再说法国，法国人已据《英法条约》请允单独接触意大利。丘吉
尔认为，"这种接触不会有果，不过倒也值得一试[允其接触]，以求改 204
善[我们]与一位败象渐露的盟友间的关系"。

各位大臣随后依次发表意见。阿奇博尔德·辛克莱爵士，此次
会议温斯顿准备的一枚暗器，开始发挥其能。他说道，自己有种强烈
感觉，即与意方接触，只要英国参与就等于英国示弱，这"将让德意 204–205
两国更加肆无忌惮"；英国万不可为之，而应竭尽所能，"助法国人双
手变得有力"。两位工党大臣也极力反对去信意方。克莱门特·艾
德礼言："提议的接触将无任何好的实际效果，反倒极大损害我方。

这种接触最终只会变成是我们在央求墨索里尼先生[替英国向德国]求情,帮我们达成和谈。"

艾德礼很清楚,商议的问题归根结底是英国是否应与柏林议和。

阿瑟·格林伍德也如是观,接过话道:"假如结果是,我们以割让英国领地为代价求得[和]约,甚为可怕……首相与雷诺先生实已向意方有所表示,但意方并未如期反应。再若有此表示,无异于自取其祸。"

丘吉尔觉出势头利己,强烈呼应。由上述言论看出,会议起始商讨的是雷诺之请,即英法两国与意方接触、阻其参战,但议题很快衍变为与希特勒进行和谈及落实哈利法克斯提出的"解决欧洲问题的方案"。

秘书纪要如此描述丘吉尔当时表现:

205–206提议的接触,一不会获得墨索里尼先生尊重,二徒劳无功,因此他愈发难以忍受。该举于雷诺先生,远不如岿然不动利大。往深说,英国民众皆知政府坚持战斗这一立场,而该提议则将让政府失信于民……他个人并不认为,法国真如雷诺之表现,甘愿弃战。无论如何,我们不可陪绑法国。法国人若无继续战斗之心,任其弃战也罢,当然,他也不信法国人真会弃战。英国若败,法国会成为德国附庸;然我们若胜,则可拯救法国人。我们能给予雷诺先生的最好帮助就是,让他感觉无论法国如何,我们势将战斗到底。

我们当下在欧洲大失威信。重树威信的可行之道,唯有让世界看到德国并未打垮我们。两到三个月之后,我们若证明自己仍屹立不倒,可期重树威信。纵使失败,情形难道还会糟过现在便放弃抗争?因此,我们不可陪绑法国,自甘踏上必败之路。

至暗时刻:力挽狂澜的丘吉尔

接触之议将使我们深陷谈判，无法回头。在接触意大利之事上，我们已走很远，但止步未晚，不可让雷诺先生将我们拖入泥潭。所提接触非但无济于事，且让我们陷于绝境……情形若糟至极点，英国继续为被纳粹暴政辖制的国家而战，岂是坏事？

这番情胜于理的表态使得裂隙陡现。其实，自二十世纪三十年代中期始，温斯顿与绥靖派便在思想和策略上各执己见、针锋相对，他们之前的这种分裂此刻再度毕现。

内维尔·张伯伦见哈利法克斯陡然被困、孤立无援，为其撑台计，原本不赞同提议的接触，此刻放缓语气，转护外交大臣，建议道：“他同意，提议的接触不会有何实效，但认为适度做此接触也未尝不 207可，至少能安稳法国，因此，我们的回复不应是断然拒绝。”

据内阁秘书布里奇斯记录，讨论接踵而至，但他未详录讨论内容，仅“大家达成一致意见，须合理合据地基于这些原则回应，是为 207最佳途径”。

虽说有了张伯伦相助，结果尚可，但哈利法克斯实在无法继续忍受丘吉尔式哗众取宠的言辞。他在日记里写道：“本次会议委实令 207人绝望：他[丘吉尔]本应用脑袋理智思考，却偏偏为情感所驱，无理性可言。”

丘吉尔言，“继续为被纳粹暴政辖制的国家而战”胜过接触，这教哈利法克斯难以接受，尤其是他笃信和平解决当前问题不无可能及英国还能避免牺牲众多年轻的生命。丘吉尔态度竟可这般遽变，也令其愤懑。就在昨日，丘吉尔还算理智，同意他起草这份备忘录，称和谈若能提供一条摆脱当前危机的途径，当“谢天谢地”。可此刻，提议给意方去信、哈利法克斯所持立场甚或哈利法克斯本人，被他说成是要置英国于“绝境”。

哈利法克斯清楚，会议室里每个人此刻都在看他，他们难有表示，就视他如何反应。他并不喜欢这种情形。丘吉尔拜相之时，他及绥靖派其他成员怕的不是别的，正是丘吉尔此刻表现的阴晴难测的情绪与说变就变的想法。他自信颇为理智、为国的主张竟遭曲解，与危险、误国混为一谈，这显然激怒了他。他决意澄清自己"本质不同的观点"，且着人录之形成文件，交由历史评判。他要明确无误地让每个人知道，他随时为自己的主张而战，同时，要让他们理智，明辨对错。据此言道：

208　　他提出寻求和约，并指出应遵循的方向，这竟被暗责为将导致我们雇难。他实难看出两者何来如此关联。

他随后提及首相昨日讲话，话间，丘吉尔两次表示，自己"愿意"商讨和谈条款，如能找到一条通过割让部分领地与德国实现和谈的途径，更是"谢天谢地"。哈利法克斯不止于此，继续道：

208–209　　然而，首相今日在此的言下之意是，无论如何，我们将血战到死，不容他想。德方所提条件不会不与我们倚重的先决条件相抵牾，因此，以下假设或为书生之谈。但不妨一提。假设解决方案或无损前述先决条件，他本人不能确认可否接受首相如此刻所言的观点。首相曾言，两至三个月后便知我们能否扛住空中威胁，这就是说，英国命运如何，视敌人炸弹是否炸中我们的飞机厂而定。如果和谈将致使我们的独立危在旦夕，他愿冒首相所言之险；但情况若非如此，他认为，接受可使英国免于可避之灾的和谈条款，方为正理。

209　前日谈话中，首相言，"如果能摆脱当前困厄便谢天谢地了"，这可

是紧要表态，但会议纪要无只字记录，因此，丘吉尔似乎是在布里奇斯缺席"战时内阁大臣非正式会议"十五分钟这段时间里做了以上表态。

内维尔·张伯伦日记也证实，"温·丘[丘吉尔]表示，我们将设²⁰⁹法找到某种方式，借此接触墨索[墨索里尼]，但须有时间做此思考。如此，雷[雷诺]该满意才是……"此外，据他所记，丘吉尔也明确表态可放弃马耳他、直布罗陀及在非洲的部分殖民地。

还有，毫不犹豫抓住希特勒的和谈之邀？

看来你我可以认为，鉴于其前日心境与立场，丘吉尔有上述表现也不足为怪，惟其如此，方可解释哈利法克斯的愤懑：可不是吗？丘吉尔原本看似那么包容、那么审时度势、那么跃跃欲试，一日之后竟判若两人。

丘吉尔此刻用意何在？难道他早先所说乃权宜之计，意在争取时间？难道他在黑暗之时心底也未曾真有过和谈之念？

他自一九三三年以来的种种表现确实强硬，他确实口若悬河大谈胜利，然而，你我看到，他在五月二十六日会议上也认为，与希特勒签订和约不无可能，甚至是利好之策。为何有此让步？只须看看当时种种压力即可。"发电机计划"已付诸实施，然前景黯淡；英军庶几全军覆没不无可能。处境如此，温斯顿也就不免赞同，只要英国不失主权，如有可能通过谈判解决问题，无妨一试。可二十四小时不到，温斯顿竟出尔反尔，哈利法克斯自然愤懑。如此分析，一切便就明了。哈利法克斯传记作家安德鲁·罗伯茨评论道：

> 一个国家为不切实际的想法所驱投入战争，期望消灭敌人，²¹⁰
> 结果是耗尽所有，且恐遭亡国之灾，这样的战争完全不合哈利法
> 克斯的本心。在一场或可长达十年的战争中，有目共睹，希特勒

已赢得第一轮交战，因此，哈利法克斯认为，目前唯一符合常识的做法似该是，尽力照《亚眠条约》[该条约让拿破仑战争得以休战十四个月]的模式签订和约，争取到哪怕是喘息时间；此举若还可拯救英国远征军，保法国大部分领土不失，则更加合算。

轮到丘吉尔回应。

哈利法克斯的执意已令丘吉尔沮丧，而张伯伦坚定不移地支持哈利法克斯则让昂首阔步的他再次受挫。此外，历史之笔此刻就握在布里奇斯手中，这支笔将记录他的言辞，它们将表明他的态度又有重大改变，这种改变等于否定他刚刚表达的观点，否定我们对他的总体认识。他发言：

> 设若希特勒先生愿议和的条件是收回德国殖民地及统霸中欧，那是一件……

让我们在此稍顿片刻。

这话一定程度上暴露了他的心态。温斯顿此时愿意表示，且有纪录在案，他不仅可接受英国与在欧洲大陆获胜的纳粹德国议和这样的现实，且可接受任由希特勒统霸中欧的局面，兼之他前日所言——包括"谢天谢地"以及或原话或释语的"毫不犹豫抓住这样的机会"——这多少挫伤了史家，他们一直认为，温斯顿从未有过摇摆，从未真正接受和谈之议，从未采取任何实际举措推动和谈。

不过，丘吉尔就是丘吉尔，他纵使对哈利法克斯、对历史做出重大让步，也要附加一条告诫："他绝不可能以如此条件与我们和谈"。然哈利法克斯决意让他就此止住，前一天已说好要和谈，就别再反悔了；同时，哈利法克斯一心认为致信意大利事关欧洲大陆实现全面和平。据内阁会议纪要，哈利法克斯这么接话：

> 外交大臣言，他想提出如下问题：设若法军溃败，希特勒先 212
> 生随后主动开列和谈条件，设若法国政府称，"我方不可接受单
> 独给法国的和谈之邀，你们应含纳其他同盟国"；设若希特勒先
> 生自知实力多有不济，无心恋战，主动向法英开列和谈条件，首
> 相可愿就此谈判？

要知道，哈利法克斯勋爵这番话已经布里奇斯之笔过滤修饰，即便
如此，读来仍针锋相对，咄咄逼人。事实上，哈利法克斯在日记里写
道："在我看来，温斯顿所言无济于事，尤为堪忧；格林伍德也不过 212
尔尔。我先是忍耐，很快便不得不表明我究竟对他们持何态度，且
告知，如果他们真那么看，如果到了关键时刻，我与他们势必分道
扬镳。"

布里奇斯的纪要要是少些修饰，你我如今享读的言辞又该如
何呢？

尽管如此，你我不妨推测，他们之间的对话或该如下：

温斯顿：哈利法克斯子爵，如我昨日所言，你提议的接触不
仅徒劳，且置我们于绝境。

**哈利法克斯：你说的绝境，正是你不切实际妄想的决战到
底！！！"底"是什么？不就是全亡？本可避免死战，却执意死**
战，根本不是英雄之举。赌以无谓死战，无论败亡还是凯旋，都
与为国毫不相干；设法早日结束我方显然已呈败势之战，绝非
丧失尊严。

温斯顿：欧洲仍是——

哈利法克斯(截断其言)：**欧洲沦陷了！**沦陷了。要想争取最有利的条款，现在正是良机，不要等我方全军覆没。希特勒在条款上不会太过出格，坚持这样的条款不合其利。他知道自己的软肋。他不会没有理智。

温斯顿(忍无可忍)：何时才知引以为戒？还须再讨好满足多少个独裁者——真得感谢上帝，给了他们这样的特权——我们才会醒悟……你的脑袋已在虎口，你不可能与它理论！

哈利法克斯：首相，我认为这点务必讲明：如果你预见的出路唯有死战到底；如果希特勒主动开列和谈条件，而你和他谈判的念头都没有，你该清楚我的想法，这就是，你我各行其道吧。

各行其道？

丘吉尔非常清醒，哈利法克斯在这个关节辞任，结果不堪设想。在一干人眼里，首相仍旧无异于一门失控火炮。一旦理智冷静的哈利法克斯不在左右铮言谏劝，几可断定，首相将面临下院不信任投票，且难免败北。保守党也将从此分裂为主和与主战两派。因此，当下，他要应对的可不只是一方有理有据之辩(该辩具有不亚于他的强烈爱国情怀)，更须当机立断，而此断可关乎相位的安稳。

据哈利法克斯日记，丘吉尔"先惊愕后柔缓"，表示"他不会参与法国的请求议和之举，不过，若有人告知他对方提出了哪些和谈条件，他会仔细思量"。

至此，哈利法克斯可说是将自己的权力与影响力发挥到了极致，让一个不愿从人的领袖转向，从满口是不惜代价夺取胜利，至于有哗众取宠之嫌，到愿真正接受和谈之议，思量何时而非是否举行提议的和谈。

温斯顿既向哈利法克斯服软，战时内阁随即达成一致意见：回

复法方，同意其与意方进行某种接触，以期"稳其心态"；如此，还因²¹⁴为"我们得知，罗斯福总统业已按既定原则接触意方，我方此刻故不宜擅自行动，造成干扰，否则只会让事情变得复杂，甚或惹恼罗斯福总统"。

哈利法克斯勋爵虽是赢方，但怒气未消，一俟会议结束，便要求丘吉尔与他在唐宁街十号花园单独交流。哈利法克斯走出内阁会议室时，同卡多根道出心里话："我难以继续与温斯顿共事。"卡多根应²¹⁴道："别说这话。他的夸夸其谈，可以说，你讨厌，我也同样讨厌，可²¹⁴你千万不能因为受不了这点而做出任何傻事。"

罗伯茨在《圣狐》中写道：

　　　　丘吉尔的极尽渲染之语在一九四〇年鼓舞民心方面功不可²¹⁵没，但在哈利法克斯听来，不过是情感剧台词罢了，最好留作公众广播节目用。自入政以来，他可没少听丘吉尔这类话语，他认为这些话华而不实，装腔作势，于事有害。哈利法克斯有种强烈的感觉：德国铺天盖地、势不可挡的进攻或将终结大英帝国及其遵循的生活之道。他还——极可能错误地——认为，这种结果原本可以避免。

他与丘吉尔避开众人来到花园后，再次提出辞任。丘吉尔的反应是"歉疚满怀，情真意切"。
²¹⁵

哈利法克斯见此招获得所期效果，起码眼下如此，便返回了外交部。喝茶时，他告诉了卡多根自己与丘吉尔的私晤。卡多根劝道，"烦心的事或人，我们谁人不遇，他千万不可因此认输；另，大凡要做²¹⁵某事，他应先听听内维尔的意见"。哈利法克斯表示赞同，允诺照此而行，并请卡多根尽可放心，"他不会仓促做决定"。

再说唐宁街这边，人人很快知道，内阁会议开得甚是激烈。乔克·科尔维尔在日记里写道："内阁在我们面对如此形势是否能独自战斗下去这个问题上，吵得剑拔弩张。种种迹象表明，哈利法克斯当下持失败论调，称我们的目标不能再是粉碎德国，而是保护我们自己的完整与独立。"

国防委员会晚七点开会，商讨来自法国的最新情况。英国远征军目前处境，用丘吉尔的话说，"更加令人绝望。他们要想撤至海岸，唯有沿途拼死战斗，杀出一条血路"。他补充道，英国已竭其所能支援盟友，不应为目前险境担责。他历数法国军事领导人的败绩与比利时人的孱弱，指出英国"如今在为此付出代价，我们军队当前所罹之灾也源于此"。

会议刚完，丘吉尔便又收到一条令人沮丧的最新消息。经少将爱德华·斯皮尔斯爵士确认，比利时国王"已发电报，令其总参谋长派全权代表前往德国，确认德国在何种条件下同意停战；国王建议，当晚午夜亦即五月二十七与二十八日相交之际实现'停火'"。国防委员会赞成英法政府即刻在停战之事上与比利时划清界限，脱离干系。当晚十点，丘吉尔召开战时内阁会议。

他先向与会者通报最新情况，接着明确告知他们，英法军队已领命继续战斗。再说利奥波德三世，他虽意欲投降，但错不在他，故仍得到很大同情；首相强调了"确保国王安全的重要性……要说有错，准确说，错在战争爆发时比利时的应对措施，而非其后来的表现"。战争伊始，比利时一味中立，并因此将盟军拒之门外。"彼时，德军大部对付波兰"，比利时完全可加固西线防御，然其做法贻误良机，"这便留下防御缺口，可戈特勋爵又无兵可调，守住缺口，阻止德军长驱直入扑向敦刻尔克"，英国远征军因此给置于"生死存亡之地"。

情报大臣达夫·库珀建议，鉴于新情况，"一方面，应发布文稿，对英勇抗德的英军予以嘉勉……一方面,应让英国公众部分知晓远征军处境的严峻程度"。他特别指出,英国报纸转载的法国发布的各种文告多有"欢欣之调",因此,"毋庸置疑,目前被蒙在鼓里的英方民众一旦了解真相,其突兀震惊的感觉该是怎样"。丘吉尔表示认同,"应让民众知道形势严峻,不过,今后形势尚未明朗,因此,告知不必详尽,也不必试估战局走向。仅将比利时停战告知民众,足可让他们做好形势或将恶化的心理准备"。但库珀不以为然,认为民众一贯从报纸听闻的消息与公告大相径庭,一旦贸然发布公告,那才真险;他据此建议,"不妨提醒民众,德国人可谓锲而不舍地要使英比两国人民为敌。同时,可要求那些报纸编辑处理法国各种文告时低调谨慎"。会议结束前,丘吉尔告知各位,"他有必要在议会做全面的形势通报,不过还需一周时间,待形势完全明朗后才能通报"。

之后,他与乔克·科尔维尔回到海军部。"午夜时分,他浏览了几 ₂₁₈份报纸,说了'给我倒份兑苏打水的威士忌,很淡,聪明的孩子'",便"上床就寝了"。

你我要怎样才能透析他的思忖、深忧与自疑。他该不堪其负,指望自己入到梦乡,百事亦随之化为云烟。他和哈利法克斯,孰对孰错?他的所为是否正确?他决计放手自己的外交大臣实施议和之策,他与这个国家今后是否会因此懊悔不已?

五月二十八日,星期二,在哈利法克斯眼里,可谓"黑云密布"。 ₂₁₈这天凌晨四点,比利时军队宣布停火,海军上将罗杰·凯斯随即返回伦敦。丘吉尔要他出席当日上午十一点三十分召开的战时内阁会议,简述事态。

凯斯明确表态,他也认为"所生祸乱完全归咎于比利时政 ₂₁₈府……[以及]在刚过去的四天里,比利时军队之所以没有溃散,全靠国王人格魅力系之。三天前,国王陛下不得不帮政府出面维系军队,设若他撒手不管,军中士气则恐怕瞬时而衰"。丘吉尔随后念了德比停战协定里的条款:

219

  (一)禁止比利时军队所有行动。比利时军队须列队路边候令。他们须在候令期间示以各类白色标识,包括白旗等物,明确位置。

  (二)禁止损毁各种军资及各类军用仓储,不得违令。

  (三)不得阻碍德军挺进海岸行动。

  (四)通往奥斯坦德之路须畅通无阻,不得毁损。

  (五)若有抗拒,无论何种形式,将摧毁之。

英国要想预先知道德国想要什么,该协定便是样本。

219

  "数量可观"的英军此刻已陆续撤至敦刻尔克。第一海务大臣转达驻守多佛的海军中将拉姆齐一份报告:"一万一千四百名英军昨夜抵敦刻尔克。两千五百多名英军正渡英吉利海峡"。最早关于部队溃不成军等候撤离的报告得以证实:眼下,敦刻尔克被烟幕笼罩;"滩涂有两千名军人,沙丘有七千名军人"。空军上将指挥官休·道丁爵士致函内阁:皇家空军此刻因保护滞留在敦刻尔克海滩的英国远征军,战机损失严重,他"深表担忧",同时警醒内阁,"我国空防殆废"。他特别指出,"如果第二天还在敦刻尔克上空继续这么绝无仅有的保护行动,形势将十分严峻"。

220

  达夫·库珀再次强调,"须不加掩饰地告知公众远征军当下绝境",此事刻不容缓,因为他担心,"如果不告知公众,一是公众信心势将动摇,二是政府这方保证胜利终将属于我们,而普通百姓那方却难信服"。为此,他提出由其本人于下午一点通过英国广播公司新闻节目发布"简短声明"。丘吉尔首肯,同时确认自己也将在当日下午向下院通报相同内容。

丘吉尔在下院的发言非实况广播,但会达及整个英国,因此,他的发言须让公众提早有所心理准备,提振公众士气。他发言简短,但让听众看到满满希望;可不是,战时内阁精英们此前一直困扰于是否和谈,而他这会找到了解决之道。此道可谓直白了当:

> 英法军队正进行艰苦卓绝之战,不仅地上三面受敌,还要经受空中打击,不言而明,处境极其严峻。比利时军队又偏在此时缴械认负,可以想见,这更是雪上加霜。尽管如此,将士们仍斗志昂扬,纪律严明,不折不挠,殊死战斗……根据了解到的当前激战情况及做出的分析,我向诸位做出总体说明……今后或将听闻严峻、沉重的消息,诸位应有此心理准备。再加一条,仅此一条:战事之际,一切均有可能,但我们绝不放弃,誓将承担捍卫世界大业的责任;这是我们无论如何都不可推卸的责任;我们还须保持坚定信心,相信我们有能力,一如英国之既往,经受住灾祸苦难,直至最终打败敌人。

议员们对丘吉尔睥睨敌人的发言反应热烈,均站起鼓掌以示支持。有议员说,"[我]们这个国家是有决心做成大事的","首相话语充满尊严,反映的不但是整个议院且是整个国家的所思所想"。丘吉尔倍受鼓舞,离了下院辩论庭,去到在议院的专用办公室,准备下午四点在那召开战时内阁会议。

221

与会者仍是昨日原班精英大员。他们昨日目睹了首相与外交大臣间剑拔弩张的对峙,此刻再次聚议接触意大利一事。如罗伯茨所描述,"整个氛围感似末日将至"。

221

哈利法克斯勋爵率先发言。上午开会时，他已告知内阁，墨索里尼给罗斯福总统的回复"全无好讯"；之后，法国政府又致函给他，提出英法一道径自接触意大利的要求。此刻，他重申，"我们应明确表示，我们乐见意方斡旋"。丘吉尔本陶醉于先前所得的赞扬之中，听哈利法克斯的话后，表示他感觉"法国之举，明显是想见墨索里尼先生充当我方与希特勒先生的中间人"；"他本人绝不接受如此关系"。丘吉尔的反驳是旧戏重演，哈利法克斯听了肯定在想"又来了！"，自然也全力反击，称雷诺之意是"为了捍卫独立，我们随时准备舍身成仁，这是我们应有的态度，然而，我们的独立若能得到保证，我们可在某些方面让步于意方"。雷诺确有此意。不过，哈利法克斯可没明说，他其实是要借助意大利实现更庞大的计划，即促成欧洲问题的全面解决。不止于此，他还未提及，之所以萌生这样宏大的想法，当源于五月二十五日与意大利大使朱塞佩·巴斯提亚尼尼的会晤，而非法国人主张。法国人只望意大利不要也来进攻他们。

接下来，丘吉尔发言。他称自己相信，"法方在设法拉我方走上一条必败之路"。请注意，他再次使用"必败之路"之语，该语几近注定激怒哈利法克斯。再往下，丘吉尔表达了迥异于前的态度："一旦德国侵略我们的企图受挫，彼时，我们地位将截然不同。"

温斯顿先前同意考虑和谈，此刻此言，是否正开出附加条件，即非得等德国人侵英国失败之后才能与之议和？

英国没有像样的军队（此时看似如此），却以为有能力击退（可能到来的）德国入侵，这个想法，哈利法克斯甚至不屑于与之产生任何联系。

他接过丘吉尔的话，称法国的提议难有结果，因此也乐意置之高阁，不过他仍全力倡导其核心主张，即解决欧洲问题的方案，或曰"更广泛意义"的和谈。他阐明该主张时，认为须思考一个"更大的问题"："设若墨索里尼先生有斡旋之意，且他所提条件无损我方独立，他认为，我方实该对此有所准备，予以认真考虑"。丘吉尔信心百倍地说，不出几个月，德国入侵英国的企图就会受挫，到时英国则 **223** 可在谈判中居于有利地位；哈利法克斯观点迥异，称，"我们切不可无视现实，这就是，目前法国尚未退战，我们的飞机厂尚未被炸，我们因此或可争取有利谈判条件，如果等到三个月后，形势或将不利于我们。"

辩战未艾。丘吉尔接言道：

> 即使墨索里尼先生愿从中斡旋，他也绝非不图其利。再说，**223**
> 以为希特勒先生会蠢到让我们重建军备，实属幻想。事实是，他若提出条件，定将我们置于其股掌之中。我们继续与他交战，纵使失败后再谈议和条件，也差不过他此时开出的条件。

可以理解，哈利法克斯甚为恼火。丘吉尔认为，斡旋之议"大错 **223–224** 特错"，哈利法克斯不明白他为何这么想。张伯伦觉察出哈利法克斯的恼怒，站在了他这一边，说道："天下皆知，我们已被逼入绝境。为捍卫独立，我们愿死战到底，但同时可公开表示，如果所提条件合适，我们也愿予以考虑，他实在看不出，这么做又有何损于我们。"

见张伯伦力挺哈利法克斯，丘吉尔又采用其惯用辩术，回道，"大 **224** 凡不放下武器的国家绝地而起，大凡俯首称臣的国家走向灭亡"。格林伍德赞同此言，称，"他认为，现在还非彻底放弃抵抗的时刻"。此话同样激怒哈利法克斯。他一定在想，自己所言字字被曲解，曲解者实在别有用心，因此回道："他的提议绝无半点息兵请降之意。"

艾德礼担忧的是，英法与德谈判之议一旦传出，公众会作何想，因此告诫："务必考虑英国民意……公众一旦知晓我们真心议和，定 **224**

将备受打击,难以保持士气。我们如果遵行法国所求,到时想提振公众士气,全无可能,这可是天大的危险。"

张伯伦也是想尽最后努力,缓释会议室里的紧张气氛、促成共识,他一方面设法让和谈之议继续下去,一方面也同意,法方在推动和谈过程中了无裨助。外交大臣在其主张中称,英国若能在谈判中争取到"难以周全但不危及我们独立"的条款,"我们应考虑这样的谈判,这是正确之举";张伯伦表示认同,但加上一句,"就目前而言",无法靠法方与墨索里尼的接触实现此策。

224-225

傍晚六点十五分,会议休会。哈利法克斯得助于张伯伦,仍看到和谈希望,至少目前如此。温斯顿指定哈利法克斯与张伯伦给法方写信致谢,不过,此信也就是礼仪罢了。

丘吉尔还有会要开。这个会,用丘吉尔传记作家马丁·吉尔伯特言,可是"二战期间一次非比寻常的会",丘吉尔需为此准备。

225

这天早些时候,丘吉尔提出召开一次非战时内阁核心成员的其他二十五位内阁大臣会议,向他们详尽通报英国当前面临的形势。任首相至今,他还未能与他们集体见面。此事不可继续耽误。不过,不知何时,但至晚是在开会前,他改变主意,不做形势通报。

哈利法克斯辞任之挟可不亚于风暴,丘吉尔得以度过后,他很是清楚,无论最终决定采取哪条路线——或议和路线,前提是滞留在敦刻尔克海滩上的英国远征军全军覆没;或交战到底路线,前提是他还有将士可驱——他需得到自己的外交大臣的襄助,抑或,设若外交大臣辞任,整个内阁的支持。

此刻,他希冀稳保的非其他而是内阁对他的信任。这才该是他召开此次会议的目的。

诸位知道,这帮内阁大臣可不是丘吉尔的狂热拥趸。丘吉尔性好冒险，咄咄逼人，摇摆于自由党与保守党，戎旅生涯败绩不少、损兵折将，诸如此类，让他成了一个让人忍之多于尊之、忧之多于爱之的人。不过，他们还是来了，一边往温斯顿办公室里走，一边猜想或将听到什么东西，心神不定。他们面临的会是什么样的明天？军队真的丧失已尽？英国眼下真要遭到德国进攻？他们眼下真的无力保护自己的家园、家庭以及传统免遭摧毁？

丘吉尔设于下院的办公室将上演二战期间一个极其重要的时刻。他走向办公室。在这过程中，他究竟是何种神态，无据可查，但短短十分钟的路，他须忖度之事又多，因而步履该会不急；他的装束也应如既往与众不同：上穿爱德华式黑色背心；配条露在胸前的金色表链；衔朗费罗雪茄；囊橐挂杆手杖；他大量帽子中的一顶扣在他略显小的头上，这颗头装满了各种想法、各种针对性辩解、各种审时度势的立场以及对各种可能结果的预判，如一台加速器，高速运转。如此时刻，对于领袖，生死攸关。他们说出的话是万钧之言，数百万人可因此坠入或脱离苦海，易如反掌。既如此，他该跟内阁大臣们说些什么？他该纳议还是下令？他们或将付出的可是他们自己的鲜血，假如他能说服他们做出这种牺牲的话，为此又得做多大努力？

在该与内阁大臣们交流什么一事上，他是否早已胸有成竹，尚无定论，不过，就在走向办公室时，他确实有了一个想法：须让内阁大臣们知道，有人主张与希特勒议和，而该主张也确实在考虑之中；就是我们先期与意大利人接触，希特勒也极可能隐身背后，借意大利人曲线发出愿意和谈的信号；之后，他须观察内阁大臣们有何反应，据此再表明自己的态度；若察觉到内阁大臣们——他们可是能代表英国民众——主战，抑或身心俱疲而不愿继续交战，他接下来的讲话则做相应调整。

他进了下院，拾级而上，到了二楼，提足精神，沿廊道往办公室走去。他要召集的那些大臣已悉数在座。橡木板装饰的办公室内弥漫着雪茄烟霭。室内静了下来，丘吉尔直面众位，盯着他们的眼睛。没有他们，就没有他的相位。任首相至今，丘吉尔经受不少：波峰浪谷似的情绪，对自己的怀疑，痛苦不堪的举棋不定，以及其他身心煎熬；当然，他耳闻目睹发生的一切，思考忖度，也得出了事关将来的新构想；此刻，他要看看这些大臣是否做好了实施他的新构想的准备。他这次演说已有腹稿，不过这回，他倒不注重演说本身，但即便如此，这些听众对他演说的反应可决定新构想是否能付诸实施。

关于温斯顿当时讲话情形，因无秘书记录，也就无官方材料可稽。不过，工党经济作战大臣休·道尔顿的日记倒是做了相当生动的记述：

227–229

　　下午，各大臣受邀面见首相。他气宇轩昂，掌控了会场。他全面、坦诚、十分冷静地陈述了法国发生的一切……

　　他决定让公众做好接受坏讯的心理准备。看法国北部目前局势，英国在军事上将遭遇数百年来空前大败，这点应该说明，且在一定程度上如实公告。战争形势恐将急转而下，英伦之岛难避战祸，我们即刻起须加紧备战，还须预见欧洲其他大乱。我们应保持镇静，勿让公众以为法国或旋将崩溃。果真事变，我们切勿惊慌失措。的确可以这么说，单保卫英伦之岛比起兼卫法国要容易。若世界其他国家见我们独自保卫英伦，会深感同情，美国更会如此。美国迄今尚未给予我们大的援助，见此形势，或将参战。但前述一切都是推想。毋庸置疑，敌人会进攻我们，但他们必将寸步维艰。我们会沿海岸布防水雷；我们的海军坚不可摧；较之于跨英吉利海峡作战，我们在本土组织空中防御方面远能得心应手；我们的食品、燃料等物资供应充足；我们在本土尚有精兵强将,远在海外的作战部队与自治领地精锐部队,也正渡海而来;至于战机,我们现在不仅补充了损失的战机,且生产出了更多战机,而德国人却非如此。过去几天,我一直在认真细致地思考,自己是否该考虑与那个人[希特勒]进行和谈。但请注意,我们要是以为,如果现在议和,较之于一战到底后再开谈判,会让德国做出更大让步,这纯属一厢情愿。德国绝不会允许我们的舰队继续存在——即所谓"解除军备"——与之一同消亡的还会有我们的海军基地及其他。我们也会有政府,不过是希特勒扶持的"由莫斯利[奥斯瓦尔德·莫斯利爵士,英国法西斯分子]或其他之流"把持的傀儡政府,到时,英国则沦为附庸。一旦这成为现实,我们将会处于何等境地?反过来看,我们后备庞大,优势众多。在这种情况下,我确信,自己若哪怕一刻有议和投降的念头,你们中无论谁都会愤然而起,把我赶下相位。因此,他说道:"我们将不放弃;我们将交战到底;我们的战场可以是这里也可以是其他任何一个地方,保卫英伦之岛的战斗会很漫长,这个故事若最终以败局告终,也唯有等到我们每个人洒尽热血,战死沙场。"

就在败际,丘吉尔再次——发自心底——调动其所能,做了一番堪称精彩的演说。你我虽无史料可证,但不妨推想,他的这番演说该是演说前在心里匆匆而就,来不及精雕细琢。

其意如此:他已决定,不再犹豫不决;先行一步,阻止哈利法克斯为争取对其"解决欧洲问题的方案"的支持而可能采取的一切行动;冒外交大臣辞任之险,以及随之而来的不信任投票;权衡利弊,尽管遭到强烈且不无道理的反对,仍坚持最初立场,即继续战斗,不过这次,他充分认识到或将失败的结局、重重危险、所付代价以及或要做出的种种牺牲；他的同胞，无论男女，须不畏死亡，随时准备血洒疆场。

他的讲话效果很快显现：听众们随即表态。

有日记记述了这次会议，丘吉尔的二战回忆录《荣光时刻》对此也有记述，不过，在述及那些内阁大臣们听他讲话后的反应时，笔调稍显自得：

230

反应即示。须知这次与会者是何等人物：他们可是二十五位政坛老将、资深议员，本次战争爆发前，姑且无论对错，均代表了各派不同立场。因此，他们的反应令我始料不及。其中不少人简直看似自座位上一跃而起，朝我所坐之处奔来；他们说话高亢，拍着我的脊背。看这场面，我要是在这一关节、在领导英国一事上略显踟蹰，他们不气得将我扔出会议室才怪。我敢肯定，在场每位大臣均恨不得即刻为国献身，纵使家亡财尽，也寸土不让。他们这种态度就是下院的态度，就是几乎所有英国民众的态度。

晚上七点，战时内阁再次开会。丘吉尔此刻想必打心底感觉如释重负、心满意足。他向内阁通报了与二十五位大臣开会的情况。

230–231

他的言语明确无误地直指哈利法克斯："他们对法国形势并不错愕，被告知我们无路可退而须交战到底时，表示极大赞同。在他记忆中，还从未听闻过这样的会议：与会者皆为政坛人士，各居高位，竟会对一个提议有如此热烈正面的响应。"

哈利法克斯与张伯伦能察觉出自己完全落于下风。在丘吉尔获得二十五位大臣的支持后，他俩纵使现在一同辞任，也难以撼动其领袖地位。他俩无论如何没料到，二十五位大臣竟会态度一致，主战反和。

在与其对手交锋中，丘吉尔采取迂回战术，大获全胜。自此，无任何史料可证，内阁大臣们——包括哈利法克斯与张伯伦——再提伦敦、柏林议和之事。

哈利法克斯勋爵尽管心性很高，也默认了自己败于丘吉尔。关于这两次会议的大情小事，他在日记里均未提及。多数史家认为，他的日记并非如实记录，只是为了写给别人看。因此，他的记述截然不同，则顺理成章："内阁四点再次开会，就法国人吁请我们要求墨索里尼多些理智一事进行商讨。鉴于各种努力已尽，兼之罗斯福上次接触之望遭其断然拒绝，我们认为，此举纯属徒劳。" 231

丘吉尔度过了政治危机，意志已定，也无下院进行信任投票之虞。他一度遭遇空前猛烈将其逼至一隅的政治攻势，然仅用一番演讲，便将对手利用其在党内的短处迫其就范之险化为虚无。凭借其语言的力量，以及表达它们时的自信，他再度闯过难关。在回忆录中，他这么描绘那天的情形："一道白光，一道凝聚能量、庄严壮美的白光，划过英伦之岛的天空。"尽管考验英国的日子仅仅开始，但丘吉尔此刻已可放心：他的同僚，他的民众，会在今后的日子里与他并肩战斗。 231—232

就寝前，他打电话给保罗·雷诺，明确告知他，英国不会寻求媾和，纵使不得已而须独自战斗，也不会有放弃战斗这天，不过，他仍敦促法国人不要脱离他的阵营。

每小时多达两千名军人自敦刻尔克港撤离。
四万多名军人安全撤至英国。

德国空军"最大密度轰炸"敦刻尔克港。
炸沉船只达二十五艘。

丘吉尔坚定回复法国，提振雷诺斗志，
促其继续苦战，尽久与敌缠斗。

第十章
"在任何一块滩涂战斗"

心意一定，人也变得不同：五月二十九日清晨，丘吉尔一觉醒来，神清气爽，竟庶几有如新人。

他尚在床上，少将爱德华·斯皮尔斯爵士，雷诺与他之间的私人联络官，便传来消息：昨夜致雷诺函，表示英方绝不借意大利人寻求和谈，这位法国领导人收悉后，效果"神奇"，由此，"[丘吉尔]本人的执着信念显然更加坚定，认为他坚持的道路乃正确之选。因此，他旋即否决了一切想进一步与罗马接触的函电"。在致雷诺函里，在内阁会议上，丘吉尔的用语均表现出了坚忍积极的精神；主和或失败主义思想近日潜入不少人心，事实证明，丘吉尔与这派较量，这种用语可谓好钢用在了刀刃上。现在，他很清楚，拯救英国的最锐利器是给予希望。

他如此想着，这便给内阁大臣与其他高官们各发了一份"绝密"备忘录：

在此黑暗时刻，首相希望各位政府同仁与其他高官保持高昂斗志并形成如此氛围，并对此谨表谢忱。我们不讳言事态严重，然须坚信，我们有能力、有决心继续与敌交战，直至摧毁敌人独霸欧洲的妄想。

　应杜绝关于法国单独媾和之主张。欧洲大陆形势莫测,然无论如何,我们的责任不可改变,我们定将竭尽全力捍卫英伦之岛,捍卫不列颠帝国,捍卫我们的崇高事业。

　首相之呼颇有莎翁之风。战时内阁上午十一点三十分开会。会中,哈利法克斯勋爵毫无改变丘吉尔与其他大臣思想之图,但他提请众位注意,英国驻罗马大使发给外交部一份电文,电文证实了一干人之料:"意大利参战,目前看来已成定局,仅早晚而已。或本周内,或晚些,但绝不会延至如前所估的数月之后。"大使态度明确:"假如意大利也挑起战争,我们将以战应战。墨索里尼先生,也只能是他,将对此负责。"

　于战时内阁,这实为"坏"讯,且坏讯不止于此。四万英军虽然已自法国撤回本土,但军方认为更多英军能否得救犹为悬疑。德国空军不间断轰炸,彻底炸毁了敦刻尔克港,炸沉了几艘船只。这些沉船挡住了其他进港营救英军的船只。

　戈特勋爵早先发来电报,要求"明确指示他在万般无奈之下该如何行动"。会上,丘吉尔告知大家,已令戈特将军"坚守阵地,为尽可能多的英军撤离赢得时间,同时给予德国人最大打击"。哈利法克斯仍一心拯救尽可能多的英军,表达了所忧:

　　[他]极不满意给戈特将军的死令。他同意务必恶战,但认为,不妨如此指令戈特勋爵:一是国王陛下的政府无条件地信任他,二是认可他视情采取的任何最后之策。将士本存不多,为使余部免遭屠戮弃战,非耻辱之举。

　首相与外交大臣因昨日之争而生的嫌隙看似难以修补,二者这会又生异议，不难看出背后原因类似已被抛弃的和谈之议。哈利法克斯勋爵又行道义之辩：死战到底非英雄之举；如有可能，以战术或撤退的方式拯救生命，并不可耻。丘吉尔反驳：哈利法克斯所言是再明显不过的常识，不用他说，"任何身处绝境的勇士，没接到令其他为的明确命令，有权自行决断。因此，给戈特勋爵的指令无需改动"。237丘吉尔之意昭然："大凡指挥官，若身陷如戈特勋爵此刻所处绝境，238是继续抵抗，抑或缴械请成，可自主裁量。"

此刻，张伯伦一如过去几日所为，又当和事佬，说有可能，"戈特238–239勋爵把这条指令理解为不管处境如何，他都要与阵地共存亡"；一旦远征军与国王陛下政府的联系被切断，他想最后请示，也绝无可能。折中计，张伯伦建议，当前指令应清晰明确，加上一条，戈特"若还可联系国王陛下政府"，应"继续战斗……联系一旦被切断，他可视情自主决定抵抗力度"。克莱门特·艾德礼认为，受人景仰的戈特将军何尝不懂如此行事，张伯伦的建议辱其威名，因此驳道："一旦联系被切断，往海岸撤退已无可能，所处境地令他无法真正有效打击德军，在此情况下，戈特将军肯定被允自主决断。"安东尼·艾登附和。会开得让丘吉尔很不气顺，末了，他说道："部队在无被营救之望，且弹尽粮绝的情况下，还应设法继续战斗，给戈特勋爵的指令绝无此意。不过，他会根据[艾德礼]的说法，调整电令措辞。"

据卡多根日记，这次内阁会议自始至终在"讨论给戈特的指令239该如何措辞，[吵得]不可开交。温斯丘[丘吉尔]之倔也是了得，见内张[张伯伦]与哈[哈利法克斯]又唱对台戏，说话音量很高，不过还没咆哮。恐怕他们之间的关系会变得相当紧张。错在温斯顿——太倔。"

至此，丘吉尔作为领袖，也是经历了锤炼。他原本担心得不到本党支持，这种担心已荡然无存；他认为，英国民众也都给予他信任；

他万事俱备，坚信前方的道路正确，且能领导英国安然闯过险关。有此心态，当他人认为目前自敦刻尔克撤回本土的英军或至多不过于此时，温斯顿——想着自己谋划，尚未真正实施的发电机行动计划——坚信，更多英军将撤回英伦；当他人担忧法国人势将请成时，他坚信，自己能促使他们继续保有斗志、看到希望。

丘吉尔步出会议室，旋即致信艾登、伊斯梅和约翰·迪尔将军（他取代艾恩赛德任帝国总参谋长）等心腹，用词鼓舞人心，以此确保他们能感受到已有后盾。他信中言："敦刻尔克撤退不无可能；法军应与我军一同撤离，这点甚为重要。在涉及撤离的诸多事项方面，我们须即刻与驻英法国使团，或如可能，与法国政府协调落实，如此，可杜绝或尽可能少些批评。"他接着致电少将斯皮尔斯："你的报告很有意义。大使高度嘉许你的工作。期盼你的后续之讯，毋中断。同时，望你重申，无论他们有何行动，我方都将继续战斗的毫不妥协的决绝立场……"最后，他致电戈特勋爵，告知其战时内阁决定：

> 若你与我们的联系被切断；若据你判断，自敦刻尔克及海滩撤离的路径均被封锁，虽尽全力，也无法打通，届时你将独自视情决定何时停止继续予敌以重创。国王陛下政府坚信，有你掌军，英国军人将无损英名。

当晚，丘吉尔、艾恩赛德将军及克莱门坦在海军部一同用餐。据描述，丘吉尔当时"状态极佳"。与此同时，英国远征军撤离速度尚可。据乔克·科尔维尔日记，"温斯顿勤勉得片刻不停，令人肃然起敬"。晚餐后，晚十一点四十五分，丘吉尔致电雷诺，重申他与法方都希望"法军一同撤离"，且"我方一俟完成重组撤离到本土的部队，完成必要力量布置从而保卫自己、抵御可能发生且近在眼前的侵略之后，即着手组建新英国远征军"。同时，他告诉这位法国领导人，英国正撤回在法国的军事装备，但"此举仅为整饬修理，以备烧至城下的战火。我方会很快通报你们加强驻法英军的新策"；他补道，他"完全出于同舟共济之谊"拟发该电文，"望你也开诚布公，勿踟蹰讳言"。 ₂₄₀₋₂₄₁ ₂₄₁

丘吉尔准备就寝，战时内阁一位值班军官见机请求丘吉尔准他四天假期，他借此能为敦刻尔克撤退出力。首相应道："上帝保佑你。我多希望与你同往。" ₂₄₁

五月三十日上午，雾锁伦敦，气候恶劣，这倒让伦敦一时免遭德国空军的狂轰滥炸。此刻，敦刻尔克港这边，除了小舟，其他船只几乎无法进出。两位信使被派往伦敦，向首相面陈最新形势。丘吉尔见与芒斯特勋爵（戈特勋爵的副官）一道站在门口的另一位信使竟是侄儿约翰·斯宾塞·丘吉尔，吃惊不小。约翰·斯宾塞·丘吉尔当时的样子，用他自己的话说，到伯父门口时，"仍战斗装束，全身浸湿"。他告诉伯父，"当前最紧迫的，是派小型船只将滞留滩涂的军人运送至大型船只"。芒斯特补充道，戈特勋爵认为"小型船只是我军救星"。 ₂₄₁

下午五点三十分，战时内阁开会。就在此前，丘吉尔欣喜通报，逾十万名将士抵达英国海岸。问题是，"眼下，浓雾严重阻碍撤离行动"。此外，斯皮尔斯少将早将法国目前形势电告战时内阁。有人担心，法军当下在索姆河附近的战斗或行将告负，理由是，"魏刚将军早言，德军胜率三成，法军胜率不过一成。目前，可与德抗衡的时间已剩不多。他[魏刚]也请求英国，如可能，尽遣援军……英国若能支援哪怕一个师，局势也会截然不同。" ₂₄₁ ₂₄₂

丘吉尔感觉，法国人之求越来越多，这非好事；再者，英国若最終,"也是迫不得已",拒绝其任一请求,他们本就企望弃战,这正好成了他们弃战的理由。五点三十分战时内阁开会讨论各种对策。丘吉尔提议,英国应再度告谕法国人,他们务必坚守,稍待时日,英国一俟可能即予以支援,与此同时,"我方也应明确,目前无兵可遣"。该提议得到一致赞同。

据伊斯梅将军的回忆录,丘吉尔"一贯性好亲力亲为,从而第一手掌握局势"。丘吉尔建议翌日召开英法最高战时委员会会议,接着,他可亲赴巴黎,向法国人面释形势。他极其希望,法军尽可能多地与英国远征军一道乘船撤离敦刻尔克。在晚十一点召开的国防委员会会议上,首相强调,"[我]军务必坚守,且尽可能赢得更多时间,如此,法军撤离方可继续",否则英法关系可能因此遭受"不可修补的损害"。

五月三十日早八点三十分,丘吉尔一行乘两架火烈鸟飞机飞离伦敦前往巴黎。据丘吉尔的卫官沃·亨利·汤普森探长回忆,从飞机上往下看,"到处是稀稀拉拉的难民;他们用马车、手推车装着或干脆背着所能带走的财物,尽快逃离交战地带"。此行还有伊斯梅将军以及,颇异于往常,克莱门特·艾德礼,这位掌玺大臣是首次出席这种会议。伊斯梅在回忆录里写道,"[他]勇敢,睿智,有决断力,百分百忠诚于丘吉尔;人品无瑕,似未有过星点私心杂念。"

英法最高战时委员会如期开会。会上,丘吉尔主要关注敦刻尔克撤退,通报道,"截至当日午时,十六万五千名将士已由海上撤离"。对此,雷诺"提请注意数字之差……驻扎在各低地国家的英军共计二十二万,[其中]十五万得以撤离。反观法军,二十万人中仅一万五千人得以撤离。他[雷诺]从法国公众的角度考虑,甚望更多法军得以撤离;否则,法国公众或将意见纷纷"。丘吉尔解释道:"英方大量人马先行撤离,主要因为[敦刻尔克]后方早有大量英方后勤部队及其他后援部队,他们便于迅即撤离。英方作战部队撤离人数实则区区。"再者,法军迄今尚未正式接到撤退命令,英军则不然,因此,丘吉尔强调,这也是"他亲赴巴黎的一个主要原因……意在确保法国能像英国一样,即刻向自己部队正式下达撤退命令"。

英法最高战时委员会估计,"往下想保敦刻尔克不失,仅就水、食244–245物及弹药越来越少而言,最长不过四十八小时"。丘吉尔坦言,"英国政府已不得不令戈特勋爵率可作战部队先行撤退,伤员留后。这批留在战场的伤员多达数千。战局危殆,着眼未来,下达如此命令实属必要"。英方预估二十万可战斗成员应能撤回英伦,但撤离绝非易事,因为大型装备损失已尽,仅余轻型武器及个人配给。雷诺先是感谢且褒赞英军在撤离行动中的非凡表现,接着话锋一转,表示确信,"东北战场一旦瓦解,德国将迅疾……往南进击,直捣索姆河和埃纳河防线……[因此要求]一俟北面战斗结束,英国应将其皇家空军全部力量及尽可能多的地面部队投入到新战场。"丘吉尔更加关注英国自保,应道,"除非确知多少英军自北面撤离,否则,让英方现在决定可派遣多少地面部队",实乃强人所难。

不论丘吉尔如何积极乐观地分析形势,雷诺对前路终抱失败与悲观心态。会议近尾声。丘吉尔仍做最后努力,望雷诺振作起来:

> 他相信,德军远比不上法军。盟军若能挺过夏季,彼时,英245–246国东山再起,可助决定战局……因此,盟军与敌交战,不可气馁退缩……英国不惧敌人进攻。她的每座村庄将成为英勇抗击入侵之敌的战场。英国要组织顽强抵抗,须有军队,因此须满足自己基本且迫切之需。只有这样,英国方可将所余兵力交由法国盟军调遣。
>
> 鉴于目前形势吃紧,英法双方应尽量协力同心,是为要务。

如此，双方便可确保斗志始终高昂。他坚信，双方别无他路，唯有继续战斗，直至征服敌人。纵使一方不幸战败，另一方也绝不可弃战。英国政府甚至做好准备：假如因某种灾难，英国本土化为废墟，她仍将自新世界发起对敌之战。务必认清，假如德国打败英法任何一方或两方，她绝不会心生怜悯，英法将永远沦为其附庸、奴隶。西欧拥有诸多成就，其文明就是终结，也该以悲壮的方式，这比远[原文如此]两个伟大民主国家在被褫夺了有意义的存续所需的一切后仍苟活强。他知道，那是深植于英国民众之心的信念。他本人不日内还会将之告谕英国议会。

虽然无人知晓，但丘吉尔——为触动法国人——提前将上述将永久定义他本人的这番话粗略演练了一番。

艾德礼听了丘吉尔表陈，打心底佩服，附和道："他完全赞同丘吉尔先生所言。英国民众已看到面临的危险，认识到一旦德国取胜，他们苦心经营的一切将随之尽毁，因为德国人的戕杀目标不止于生灵更是性灵。我们人民的斗志空前决绝。"

雷诺几乎无言以应，但还是感谢丘吉尔与艾德礼的一番鼓舞人心的言辞，欣赏丘吉尔的决心，亦即纵使法国失败，英国也绝不弃战。他接着称颂法英关系空前紧密。会议随即休会。

有一人正急切等待此次会议的消息，他便是哈利法克斯勋爵。英国驻法国大使罗纳德·坎贝尔爵士也没耽搁，信告他，丘吉尔这次
巴黎之行可谓"正是关键时机，极具意义"：

　　　　他此次与法国人打交道，很是精彩，信中难以细表，他之后会给你更为详尽的描述。我唯需表述的是，他在会议尾声的讲话精彩绝伦，表明了英国人民甘愿经历千难万苦，也要战斗到

底,绝不屈受桎梏的死士之志。

哈利法克斯最不愿读到的便是这种消息。就在昨日,开完五点三十分的战时内阁会议后,他在日记中写道,从未见过有谁的思想如丘吉尔的这般"紊乱","可以这么说,他要规整自己的思想,非得通过演说不可,而这点恰与我的做法截然相反,十分恼人。" ₂₄₇

哈利法克斯说丘吉尔须通过演说规整思想,言之有理,但说丘吉尔思想"紊乱",则大错特错。丘吉尔五月二十八日在下院演讲时允诺一周后还要在这里演讲,自此,他脑子里所想无他,就是想着顺序——语词的顺序。与哈利法克斯的描述相比,坎贝尔大使的观察才是精准至极,让人想到丘吉尔的隔世神交西塞罗。

西塞罗在《论修辞学的发明》中写道,一篇浑然天成的演讲有序可循,可分为六个步骤,最后的步骤便是演讲末的煽情,即演讲结束语须声情并茂,"无一例外地意在激发听众之情"。丘吉尔在此次英法最高战时委员会会议上的讲话"结尾精彩",表明他一如过往,正在演练某次演讲的结尾,而该演讲会被誉为经典,传世不朽。 ₂₄₇

再看伦敦这边,丘吉尔在法国纵横捭阖之功给传得沸沸扬扬。休·道尔顿在日记里写道:"国王称,出于义务,已提醒丘吉尔:他只是英国首相,并不兼任法国总理!"六月一日,亦即星期六清晨,丘吉尔回到伦敦。 ₂₄₈

当日上午,战时内阁开会。大家欣喜知悉,"发电机计划实施之顺利远超预期",近二十二万五千名将士已撤回英国。就在昨日,哈利法克斯勋爵会晤美国驻英大使约瑟夫·肯尼迪,后者道,"敦刻尔克撤退行动告捷,胜抵盟军向美国提出四十次求援";"各项事宜在美国进展迅速",英国从美国获得驱逐舰的前景看好。大使建议,丘 ₂₄₈ ₂₄₈

吉尔应抓住该时机直接与总统通话,加快进程。

248　　　丘吉尔回到海军部,科尔维尔呈上一条他人的建议,"将国家美术馆里的画作送往加拿大"。丘吉尔回道:"不必。就将它们藏置在洞窟里。不许一件离开英国。我们会大败他们。"还有人提议将皇室、皇室珍宝甚至政府徙至帝国的海外领地,丘吉尔的回应亦大同小

248异:"我笃信,他们试图侵犯英伦之岛的那一天,我们必定能让他们追悔莫及。迁移之事不必再议。"

　　就在当日,敦刻尔克上空碧净如洗,这非好事。德国空军会利用这种天气,一是重启对港口的狂轰滥炸,二是掩护地面德军。撤离行动还在继续,进展速度一如先前,但损失惨重:十七艘船(含四艘不可再失的驱逐舰)均被击沉,另有十艘船毁损严重。参谋长委员会

249下午三点三十分开会。会上,丘吉尔"特别指出,尽力坚守,愈久愈好,事关大局。德国人或今日突破防线,但我们也或可再多守一天。我们要尽力营救所余法军,成败与否或将极大影响英法之盟。只要我们坚守,撤离行动就不会中断——纵使损失海军也在所不惜"。

　　下午六点四十五分,魏刚将军收到一份"十万火急"的告警电报,得知,形势已千钧一发,尽管死守,但德军极可能随时攻破城池,撤离行动将被迫放弃。

　　此刻,英国民众也令人忧心。他们士气低落,恐慌情绪滋生蔓延。充斥报纸的是有关希特勒各种进攻英国计划的报道。战时内阁一致同意,为振奋民心,应由达夫·库珀于六月二日晚发表广播讲话,告知民众,二十七万六千零三十名将士已成功撤回英国。不只是民众需看到希望;政府大臣们也是忧心忡忡。看议员哈罗德·尼克尔森、休·道尔顿与齐普斯·钱农的日记,便知他们何等心焦:

250　　　现实难以教人振奋,唯有坚信得道多助吧。我们装备尽失。

法国人损失百分之八十的兵力,且感觉我们抛弃了他们。这种心态将严重妨碍两军重建友好关系。

六个月后,欧洲会是何种局面?饥馑,饿殍,暴乱,德国霸占了大部分欧洲,那里的人民遭受奴役。 250

一切仿佛阴谋与我们作对……我们处境犹如地狱…… 250

我凝视窗外,看到的是灰绿相间的皇家骑兵卫队阅兵场、碧蓝的天空、硕大的形如躬身俯首大象的银色防空气球、一卷卷倒刺铁丝网以及四处的士兵,问自己:照当前之势,英国难道真就走到了尽头?长久以来,我就怕这个岛国上的伟大人民会减少、衰落甚或消亡,我们今天难道要目睹这一切变成现实?

截至六月三日中午,英国远征军堪称奇迹的撤离行动几近完成,二十九万两千三百八十名将士得救。丘吉尔的私人秘书约翰·马丁在回忆录里写道:

那些天,尽管形势险恶,首相始终定如磐石,但旁人不难感受到压在其肩上的重任的煎熬。他能想见法国之痛,心怀悲恤,也很想给予支持与抚慰。法国在一次次哀求,骨子里慷慨助人的他还是狠下心肠,把住没向法国派遣本已少得可怜的空军力量,这是我们在英国本土继续苦战的希望所在。 250–251

按计划,温斯顿要在下院演讲。距此已不足二十四小时,而讲稿尚未拟就。整个白天,他忙于召开各种会议,但也能忙里偷闲坐在唐宁街办公桌后对讲稿做增删修饰,确保演讲尽可能清晰明确,让听众知悉形势严峻。关于此次演讲要旨，他了然于心：与他在上次英法最高战时委员会会议上的演讲要旨大体一致。不过，此次演讲用语式异。听众可是英国民众中的精英，因此，不用特别语言难以直击他们心底，激起共鸣。这种用语便是简练之语，其词句乃盎格鲁-撒克逊语风格：短小精悍，说出来如音乐三连音，坚定有力，听似几把铁锤轮番敲击着同座砧头。

他让几位心腹先读了初稿。他们的第一反应是，鉴于英法关系
251 目前经不起折腾，而且法国人在求英国加大军事支援力度，措辞"在法国最高司令部听来该略显刺耳"。不过，丘吉尔只删去了这句，即
251 "纵使美国仍旧以一种匪夷所思的超然心态，旁观种种实则对其构成了前所未有的可怕危险日益成势"。他该又忖度了一番，想起来他的这次演讲应促使美国人真正与他同伍，而非远离战场。有意思的是，
252 他写剧本提示似的在讲稿空白处写有诸如"示以同情！"，紧挨讲稿这句"我们损失的将士逾三万名——包括阵亡者、伤员及失踪者"。

温斯顿撰写演讲稿，可谓绞尽脑汁，经数日乃成。他的私人秘书约翰·马丁一九七三年接受采访时忆道，这可是他的独门绝技，使
252 起来"格外用心"。通常，他先唤来打字员，"慢而又慢地口授需讲内容……他看到已是精挑细选的词句后……他会细语呢喃，旁人便听到一连串的几近半打的其他字词……他大声念着它们，一试效果"，然后择定感觉最佳者。打字员将这种稿打成"初稿"。从头至尾，他边读边用红芯铅笔修改。打字员将改毕的"初稿"打成"半成品稿"。该稿被送至各个"行家，以求雅正"，从而确保所列事实与数字万无一失。最后，打字员打一份独有的"圣诗版式稿"：字行排列如诗行，新起行较前最后行略往里缩进。他接着开始一遍遍念稿，攥着两片翻领，满屋里踱着步，尝试着各种语调，从夸夸其谈变为喃喃自语。

一九四〇年六月四日，下午三点四十分，丘吉尔演讲排练时间告罄。敦刻尔克撤退大功告成，三十三万名将士奇迹般得救。

下院里座无虚席。首相站起身来，仅四步便到了发言台前。

发言需三十四分钟。他先详述过去数周法国战场形势，继以报告敦刻尔克撤退情形。他不讳言现实，言辞坦诚生动、令人错愕。关于纳粹如何凶猛，将士们如何英勇守港舍身成仁，他均简要概之，但也足以让听众悉知其详。他称敦刻尔克撤离行动是"[一场]堪称奇迹的大运送。它的成功，靠的是无畏、坚韧、铁的纪律、无懈可击的后勤、智慧、才干、宁死不屈的忠诚"，但警醒："任何战争中，胜者靠的不是撤退。" **253**

丘吉尔情绪渐高，其游刃有余的修辞术也随之凸显，两个反问抛向听众："为战争大局计，还有什么行动，较之于这样的撤离，在军事上更加重要，更有意义？""我们的空军虽不过几千人，但凭其战斗技能与献身精神，难道不也或可捍卫让文明得以存续之事业？"他继而生动描述当下战争，并将之与史上传奇联系起来，借以彰显前者： **253**

> 我以为，纵观世界与战争史，年轻一代从未有过如此良机。相比之下，圆桌骑士，东征的十字军，都不过是平淡无奇的往事……我们的这些年轻的男子汉，每日天光一亮便持戈上阵，护卫他们的家园与我们为之奋斗的一切……或可这么评价他们："天破晓，机会至……一位位当代高贵的骑士应运而生。" **253–254**

他谈及希特勒的各种进攻策略，但提请听众注意，数百年来，拿破仑与其他"欧洲大陆的专制君王"也曾如此盘算，然终告失败。演说最后部分是他苦心孤诣的华章： **254**

> 我本人充满信心：如果所有人克尽厥职，如果万事周全，如 **254–255**

果各项布置一如现在这般无一纰漏，我们将再次证明，纵使不得已独自战斗，纵使不得已历经数年，我们也完全可以保卫自己的岛国家园，闯过战争的惊涛骇浪，抗击一时的暴政胁迫，得以存续。总之，这就是我们竭尽所能须做之事；这就是国王陛下政府，即其每个成员的决绝意志。这也是议会与英国民众所望。共同之需与事业将不列颠帝国与法兰西共和国系为一体，两国将如亲密战友，竭尽全力相助彼此，至死守护自己的故土。欧洲大片土地，欧洲许多历史悠久、名闻遐迩之国，已经被或即将被盖世太保及纳粹治下令人不齿的爪牙控制，即便如此，我们也绝不动摇或胆怯。我们将战斗到底。我们将在法国战斗；我们将在任何海域战斗；我们将在空中战斗，愈战愈勇、愈战愈强；我们将不惜代价守卫我们的岛国。我们将在任何一块滩涂战斗；我们将在任何一处敌人登陆之地战斗；我们将在任何一畦田野、任何一条街巷战斗；我们将在任何一座山岗战斗；我们绝不投降；纵使，我绝不相信，英伦全岛或大部分落入敌手，遭受奴役，无力反击，驻守在帝国海外领地的舰队仍将继续苦战，直至新世界适时秉承主意，全力以赴，拯救旧世界，让其重获自由。

255　　演说直达其旨，力量巨大，反响强烈；几位工党议员热泪盈眶。丘吉尔后来谈及自己肩负的大任，即代英国民众发出强音时，说道，
255　"拥有一颗雄狮之心的"是英国民众，他仅"有幸受召，代其发出狮吼"。在英国民众经历的至暗时刻，这前所未有的狮吼响彻云霄。

255　　"在任何一块滩涂战斗"这样直白无误的话语，其实是丘吉尔出于敬意借用法国前总理乔治·克列孟梭的一句演说。丘吉尔撰写过几篇专论这位伟人的文章，也曾与他在巴黎和会期间有过交往，这便借用了他一九一八年一月一次演说中的话。克列孟梭原话如此：

"我将在巴黎前方战斗，我将在巴黎市内战斗，我将在巴黎后方战斗。"丘吉尔稍加创新，便有了自己的"我们将在……战斗"。此外，如其"热血、辛劳、眼泪与汗水"的演讲，为增强效果，他再次运用每句首字重复法。反复用"我们将在……战斗"，他意在强调，自己将时刻与人民一道，共克时艰。

丘吉尔在《修辞的支柱》一文中写道："真正的演说家乃民众情感之具化"，时刻，他发出了如此强音，坚信不列颠人民将与他并肩战斗到底。历史学家大卫·坎纳丁评论道：丘吉尔"言如其人。他本人实则如此……一面是简单、激情、纯粹，不擅欺诈、诡谋，一面是招人显眼、耽于幻想、骑士遗风、英雄主义、胸宽心高、主观张扬"。此次演说便折射出所有这些秉质。它充满激情与大无畏精神，当然，最多的还是予人以希望。他向英国民众伸出手，领他们越过前路上的千难万险。

丘吉尔为相仅二十五天。期间，他承受了战争带来的各种巨大压力，受到了内阁的质疑，但最多的，是他直面自疑及各种忧惧，这才得以前行，上到了自信被信、堪为领袖的更加宽广光明之地。

丘吉尔早于四十二年前，即二十三岁时，便这么写道：

> 究男人之天赋，无一可与演说之才相等值。演说干才气势汤然，影响深远，胜于任何伟大君王，是世上不为外因左右的力量。具此才干者，纵使同党弃之、朋友叛之、褫官削职，仍岿然屹立。演说的功效已为众人所目睹。当下时日无奇，人多忿嫉，对外多有抵触，故每逢集会他们一脸木然，但也难挡演说的力量：与会者起始漠然沉寂，进而怞怅响应，终至心悦诚服。其赞同之声由弱而强，由疏而密；其情感亦随之骤然迸发，不能自已；其心既动于情，则听由左右。

256

256

256–257

此次演说具有上述威力——温斯顿因之成为"世上不为外因左右之力量"，岿然屹立，力盖君王——他凭此唤起了其人民的壮志豪情，并将之引向了他指明的方向。

跋：
真相大白又如何

    温斯顿·丘吉尔的言行，及其在一九四〇年五月这段惊心动魄的时日几经周折做出的决策，改变了英国与欧洲的命运，他也因此留名青史。然而，有关他在经历了论战、自疑、内省、忧惧、绝望与摇摆后何以做出正确决策，何以迅疾找到恰到好处的语言向国人诠释其思想、信念与情感，我以为，迄今尚未有人给予满意回答。我撰写本书，旨在把他的故事讲得视角更广、更多曲折冲突、更真实可信，总之，更像一个活生生的人。

    我为拍摄影片《至暗时刻》及撰写该书做了大量研究，确信温斯顿·丘吉尔于一九四〇年五月郑重其事地酝酿过与希特勒媾和，尽管这听上去令人反感。

    我深知这个观点不受人待见，我因之与几乎所有更加深谙这段历史的史家、评论家及其他学者抵牾。

    尽管如此，结束本书前，我仍愿列举我以为是一目了然的事实，并附上认定丘吉尔从未真正考虑媾和一派的盛行的驳论。

    首先，让我们来看广为接受的驳论。它的实质是，丘吉尔的确有过若可媾和则谢天谢地或同意"考虑"媾和之说，但这不过是其精明之策，意在争取时间，绝非心声，他的内心从未有过犹豫动摇。假如他的言语在战时内阁听来似为当真——驳论便如是观——不过是计惑哈利法克斯，不让他在重大关节辞任，因为如果他辞任，政府十有八九会解体。最后，要让哈利法克斯、张伯伦这样老谋深算的政坛高手不至于作梗，丘吉尔唯有演戏。

如此解读多有破绽。

其一，无据可证，属书生臆测。按克里斯托弗·西钦斯说法，对无据可证的所谓定论，斥之也可不必引证。

温斯顿从未说过，他在使诈以求胜得大局。他当时没这么说，就是战后，他有大把时间且声誉愈隆，也没这么说。如果说，温斯顿用计谋胜过哈利法克斯，但又出于谦虚让这桩要事消弭于历史，这种说法不符合我们所知的温斯顿性格。怎么看，他都是极度自恋之人。再者，他后来近于被神化，这时坦陈诈胜，也无损形象，反可添彩。如果我们以为他无心标榜自己，可别忘了他曾戏侃："各派认为，最好别提过去吧，尤其是我提出要将过去写入史册时，更是如此。"

反驳争取时间一说的第二条理由是，该说罔顾丘吉尔当时承受的内心、政界、军界方方面面的压力。当时，形势危急：有人估计，德国人行将进攻英国（按丘吉尔军事顾问估计，不过数日）；英国民众如同鱼肉；在法国战场，德国兵力远盖英国（英军若能全部撤离敦刻尔克，英德两军一比十；反之，一比一百）；在德军进攻下，欧洲各国瞬间土崩瓦解；哈利法克斯获张伯伦为代表的一干人力挺，主张和谈，鉴于当时形势，合情合理，很得人心。

更有哈利法克斯的辞任之挟，才使得丘吉尔暂缓脚步，重新掂量。哈利法克斯这类人若非坚信自己正确、温斯顿错误，绝不会威胁要解体新立的政府；要无视这么一位人物的信念，也非易事。

丘吉尔在诸如此类的巨大压力之下，又几无选择。在此情形下，识时务者不会不慎重考虑，选择考虑媾和总好过庶几注定被歼灭的结局。

　　丘吉尔犹豫动摇一说——姑且如此界定——的反对者认定，彼时精神实则近于混乱的丘吉尔绝不会有如此令人不寒而栗的犹豫动摇；我突然想到，反对者这么罔顾事实，该是忘了丘吉尔本人在加利波利战役或仅早之几周的挪威战役中曾有过的铸成灾难的种种误判。加利波利战役的教训让丘吉尔对己有所认识。那些黑暗的教训，在他一生挥之不去（虽则他对外否认心有疚意，包括他后来还称，在那场战役中英勇捐躯的将士令他倍感荣光）。

　　历史并非只有他一个作者。一九一五年八月，某日下午，丘吉尔画着风景，了无戒心，与身旁诗人兼外交家的威尔弗雷德·斯科恩·布伦特聊道："我这双手沾的鲜血多过油彩呀。"此话暴露了丘吉尔难得一见的脆弱内心，尤其让人借此洞察其更为隐秘的负罪心理。人一旦自咎，则终至于自疑。可以肯定，一九四〇年五月下旬，自疑攫住了丘吉尔内心。当你既往大错连连，一旦处于曾处的相似境地，再也不能自信满满。 262

　　一如前述，史家大卫·坎纳丁也如此评丘吉尔："简单、激情、纯粹，不擅欺诈诡谋。"既然如此，那么，为何在前后皆无据可稽的情况下仍执意认为丘吉尔五月这段时间在耍阴谋诡计？ 262

　　持此说者集体偏执，似是不愿接受伟人丘吉尔也会有常人的自疑心理。承受自疑之苦者绝非罪人。相反，我以为能自疑，继而能不为自疑缧绁，接纳并综合异见，做出周全决策，有这样能力的领袖方实至名归，有真的领袖风范。

　　因此本书没单薄扁平化丘吉尔，而是将他刻画得更加伟大、丰满。

　　至此，可以这么设想，在就前述大事辩论时，在深知所说每字被录时，丘吉尔确实口心一致，不诳今人，也不欺后人。

五月下旬的战时内阁会议记录让我坚信，曾几何时，英国看似或将损失百分之九十的兵力，温斯顿渐渐接受左右之谏，即只要确保英国独立，尽管前景暗淡，寻求与纳粹德国媾和也算可取之策。他知道希特勒会提出过分要求：中欧、法国听任纳粹永久统治，且须归还第一次世界大战后获得的部分德国殖民地。代价的确高昂，但显而易见，议和渐渐被当作选项，这毕竟强过德国入侵甚或占领英国，若后者成真，白金汉宫与议会大楼上空飘着的可就是纳粹党旗。

　　细读温斯顿五月间一连串辩论所用词句的记录，可清晰看到他曾有的不惜代价战斗到底的立场慢慢动摇瓦解，他愈来愈倾心于和谈主张。回忆一下，那段时日的记录中，他有过措辞各异然大意相同的表示：愿"考虑"签订和约；乐于"商讨"和谈事项；如果和谈能守住重中之重的条件，能借此摆脱当前困厄，"便谢天谢地了"，"纵使代价是让出[马耳他与几块非洲殖民地]这些[英国]领地"，（如其在战时内阁所说）纵使让希特勒"独霸中欧"。他确实（在国防委员会上建议）要求法国，只要法国不被德国当成进攻英国的桥头堡，设若德国提出和谈，法国尽可"接受"。前述摘自战时内阁秘书纪要，读来自然有如嚼蜡。比较而言，张伯伦日记的用语无疑精彩生动，写道，一旦希特勒满足他所列条件，丘吉尔准备"毫不犹豫地抓住"和谈；为证明丘吉尔"毫不犹豫"，张伯伦日记透露，丘吉尔在对外保密的前提下，准允哈利法克斯与意大利驻英大使巴斯提亚尼尼于五月二十五日在伦敦晤谈——丘吉尔希望墨索里尼斡旋，促成英国与希特勒议和。继此晤谈，丘吉尔又正式授权哈利法克斯起草致意大利大使函，进一步商议英法两国与德国和谈的条款。

　　说丘吉尔从未真将和谈作为选项，上述之举足以成为他曾妥协的力证。

　　我的观点是，五月二十七日之前，温斯顿与哈利法克斯、张伯伦之间的根本分歧不是是否该而是何时议和。温斯顿认为，先让纳粹进攻英国，英国一旦挫败他们的进攻，和谈时便可占绝对上风。哈利法克斯和张伯伦坚称，趁英国还有兵力，当下才是议和的最佳时机。何去何从，痛苦难择，世界命运如何，一度就看双方交锋的最终结果。

所有领袖都需要运气——他们需要的是这种运气：他们的才能恰逢其时。

和平年代，温斯顿绝无用武之地。他的禀赋是危急之秋及如何化险为夷时、需要勇气及如何激发勇气时、面临风险及如何藐视风险时亟需的禀赋。比他更理智的人，决策时总不免担心这样那样的后果，但他对这种负面思虑嗤之以鼻——他一生都持这种态度——也不屑于理解他人为何这般。甘愿冒险是许多杰出领袖的共同人格，结局或颜面扫地或声名鹊起；究竟哪种结局，最终取决于领袖是否下对了险棋。

丘吉尔经历了左右摇摆、支吾嗫嚅、彻夜踱步、思想紊乱、出尔反尔、太多令人怒火难捺的前后转变、自我拷问、用心观察、倾听异见、反复思度、权衡选项、盘算估量以及抑郁无言，直到五月下旬，这才能面对英国民众，说出经质疑淬炼而得的坚定话语，选择实该选择的历史正道。

他下对了险棋。

事实证明，一九四〇年五月的风风雨雨成就了这个男人。他为相最初几周，相位不稳——他经受了为数不多的新领导人经受过的考验——但就是在这期间，他发现了之前未发现的其实已化入骨血的领袖特质。这让他受益终生，确保他跻身于真伟人之列，得以不朽。

正是在那个五月，温斯顿·丘吉尔成为了温斯顿·丘吉尔。

鸣　谢

谨以本书献给我的父亲。他参加过第二次世界大战，先后征战太平洋、意大利两个战场。他一生发自心底膜拜丘吉尔，关于这点，我年幼时始终未完全明白个中原因。我期望本书得到他的认可。

我在写作此书过程中，得到了丘吉尔庄园尤其是丘吉尔家族极为慷慨之助；丘吉尔档案馆为我开放了其令人叹为观止的馆藏，襄助巨大。

我的文稿第一编辑简·帕金女士可谓始终如一、心意耿耿，挥动文法之鞭，正词润色，确保行文清晰有序。维京出版社的乔尔·里基特与丹尼尔·克鲁、哈珀柯林斯出版社的乔纳森·饶与罗杰·拉布里等本书编辑同样敬业有加，功不可没。

我的文学经纪人、国际创意管理合伙人的珍妮佛·乔尔，WT新生代影视制作公司、环球影业、焦点电影公司等也给予了支持，我为此一并致谢。

最后，我要向我心目中的英雄、为我研究考证史料的丽贝卡·克朗西谨致最深的谢忱与感恩之心。她为本书度过了不知多少不眠之夜，四方搜罗查询相关档案，本书方得以现在之貌呈现。

译 者 致 谢

    一九四〇年，战争阴云笼罩欧洲大陆，英伦之岛也危在旦夕。作者安东尼·麦卡滕聚焦温斯顿·丘吉尔和他的战时内阁，回顾了这段"至暗时刻"的激荡历史。尤为可贵的是，麦卡滕把丘吉尔这个长期在众生眼里不啻一方神圣的人物还原为一个活生生的"人"，挖掘各方史料、透析人物心理与演说，重新赋予他"人"的复杂性。

    其间所涉人物之多、史料之繁杂给译介带来了不小的难度。在翻译此书的过程中，张妮燕女士不辞辛劳地查证史料、整理翻译书后文献，她的工作不可或缺，我在此深表谢意！

陈恒仕

二〇一九年　三月

参 考 文 献

第一章
分裂的下院

2　即便你有过贡献……辞职吧！

Leo Amery's speech at Norway Debate: Hansard, Conduct of the War, HC Deb Series 5, 7 May 1940, vol. 360, cc.1140−51.

3　悲伤枯槁

R. R. James (ed.), *Chips:The Diaries of Sir Henry Channon* (Weidenfeld & Nicolson, London, 1993), p. 245.

4　它不安……恐惧

Arthur Greenwood: Hansard, Conduct of the War, HC Deb Series 5, 7 May 1940, vol. 360, cc.1171−72.

4　表现出的无能令人震惊

Admiral Sir Roger Keyes: ibid., cc.1127−28.

4−5　不止挪威……进攻挪威

Clement Attlee: ibid., cc.1093−94.

5　报纸连篇累牍攻击他……反倒严重起来

John Colville,*The Fringes of Power: Downing Street Diaries*

1939—1955 (Hodder and Stoughton, London, 1985), 6 May 1940, p. 91.

5 要求全体议员……表决

Herbert Morrison: Hansard, Conduct of the War, HC Deb Series 5, 8 May 1940, vol. 360, cc.1265.

6 都在谈……首相职位

Colville, *Fringes of Power*, p. 93: Sir Samuel Hoare (Minister for Air), Sir John Simon (Chancellor), Sir Kingsley Wood (Lord Privy Seal).

7 跳将起来"……支持现在的政府"

Hugh Dalton, *The Fateful Years: Memoirs 1931—1945* (Frederick Muller, London, 1937), p. 305.

7 史上最糟糕的战略地位……取得战争的胜利

David Lloyd George: Hansard, Conduct of the War, HC Deb Series 5, 8 May 1940, vol. 360, c.1283.

8 我真替丈夫感到欣喜……开眼界了吧

National Library of Wales, Lady Olwen Carey-Evans Papers 122/14a, MLG to Mrs PHG, 15 May 1940.

8 极大痛苦

Neville Chamberlain diary, 16 June 1940 (Neville Chamberlain Papers, University of Birmingham).

9 海军所为……由我承担

Winston S. Churchill: Hansard, Conduct of the War, HC Deb Series 5, 8 May 1940, vol. 360, cc.1251−1366.

9 这位先生……遮挡弹片

Lloyd George, HC Deb Series 5, 8 May 1940, vol. 360, c.1283.

10–11 我们盯着……为英国已殚精竭虑

James (ed.), *Chips*, pp. 246–47.

11 你这个卑鄙至极的……羞耻终生

Roy Jenkins, *Churchill: A Biography* (Macmillan, London, 2001).

11 所有人只把精力……令人恶心

Colville, *Fringes of Power*, p. 93.

12 谣言与心计，阴谋与反制

James (ed.), *Chips*, p. 248.

12 明确表示……接任

Andrew Roberts, *The Holy Fox: A Biography of Lord Halifax* (Weidenfeld & Nicolson, London, 1991), p. 245, based on 'private information'.

13 下院分歧……对政府的信任

Lord Halifax, diary, 9 May 1940, Halifax Papers (Borthwick Institute, York), A7/8/4, p. 113.

13 若由我……何等尴尬

Ibid.

13 此次谈话……接任首相之心

Ibid., p.114.

13–14 他[哈利法克斯]告诉我……旋将虚空

R. A. Butler, *The Art of the Possible: The Memoirs of Lord Butler, K.G., C.H.* (Hamish Hamilton, London, 1971), p. 84.

16 能接替……超人才干

Colonel Roderick Macleod, DSO, MC, and Denis Kelly (eds.), *The Ironside Diaries: 1937—1940* (Constable, London, 1962), p. 293.

16 进攻特隆赫姆……无法回答

Roberts, *Holy Fox*, p. 274.

17 据一九三九年三月……成为接任首相人选的机会

D. R. Thorpe, *Eden: The Life and Times of Anthony Eden, First Earl of Avon, 1897—1977* (Pimlico, London, 2004), p. 237.

17 与我 [艾登] 又谈及……势在必行

The Rt Hon. The Earl of Avon, KG, PC, MC, *The Eden Memoirs*, vol. 2: *The Reckoning* (Cassell, London, 1965), p. 96.

17 无论谁接任……都愿效劳

A. J. P. Taylor, *Beaverbrook* (Hamish Hamilton, London, 1972), p. 409.

17–18 若有人问到, 他……我表示赞同

Avon, Reckoning, pp. 96—97.

18 两位中无论……乐意效力麾下

Lord Halifax, diary, p. 114.

19 胃部依旧疼痛……荣誉首相

Lord Halifax, diary, p. 115.

19 得体表达……我的意见

Ibid.

19 温斯顿……两分钟

Winston S. Churchill, *The Second World War*, vol. 1: *The Gathering Storm*(The Folio Society, London, 2000), pp.522—23.

20 党鞭……把控丘吉尔

David Dilks (ed.), *The Diaries of Sir Alexander Cadogan, O.M.* (Cassell, London, 1971), 9 May 1940, p. 280; Roberts, *Holy Fox*.

20 任何特别之事

Churchill, *Gathering Storm*, p. 522.

20 希望内·张……[我们]保守党

Avon, *Eden Memoirs*, p. 97.

21 我感觉……立于不败之地

Churchill, Gathering Storm, pp. 525—26.

第二章
社会不齿之人

25 对她一见钟情

Winston S. Churchill, *My Early Life* (Eland, London, 2000),
author's preface.

25 我孩提时……然爱而远之

Ibid., p. 13.

26 父亲于……不辱门庭

Churchill, *My Early Life*, p. 70.

27 毕竟……没完没了的功课

Ibid., pp. 17—18.

27 一位讨人喜欢的绅士……化入了[温斯顿的]骨髓

Ibid., p. 24.

28–29 一八九三年八月九日……伦道夫·斯·丘

Randolph S. Churchill (ed.), *The Churchill Documents*, vol. 1: *Youth
1874— 1896* (Heinemann, London, 1967), pp. 390—91.

30 我对公学……再回到那里

Churchill, *My Early Life*, p. 47.

30 严苛程度……军事训练

Ibid., p. 71

30 她仍认得出我……最挚爱亲近的朋友

Ibid., p. 80.

31 在维多利亚女王时代最后十年……没有足够的仗打

Ibid., p. 83.

32 晨曦初露……金银岛

Ibid., p. 85.

32 英国在印度……带来福祉

Ibid., p. 110.

33 决定博览……堪称经典的著作

Ibid., p. 117.

33 踏上……向前航行

Ibid., p. 118.

34 唯行动方可……无力抗拒

Winston S. Churchill, *Savrola: A Tale of the Revolution in Laurania* (George Newnes, London, 1908), p. 32.

36 信他的'星'……奥尔德姆区的天空

Roy Jenkins, *Churchill: A Biography* (Macmillan, London, 2001), p. 65.

36 在他后来的大部分时间里……国王已是爱德华七世

Ibid., p. 71.

37 战火虽未成燎原之势……缩减开支与整饬之路

Churchill, *My Early Life*, p. 374.

37–38 来到前面……坐了下来

Violet Bonham-Carter, *Winston Churchill: An Intimate Portrait* (Harcourt, Brace & World, New York, 1965), p. 89.

42–43 当时,我想的是……发动进攻

Winston S. Churchill, *The World Crisis, 1911—1918* (Macmillan, London, 1931), p. 46.

43 德国人……只会超越他们

Jenkins, *Churchill,* p. 220.

44 头号劲敌

Ibid., p. 232.

44 在许多英国人眼里……匪夷所思

Michael Shelden, *Young Titan: The Making of Winston Churchill* (Simon & Schuster, New York, 2013), p. 296.

44 全欧洲的灯火……点亮的那天

Viscount Grey of Falloden, *Twenty-Five Years 1892—1916*, vol. II (Hodder and Stoughton, London, 1925), p. 223.

45 任安特卫普战场英国守军与援军统帅

Winston S. Churchill to Herbert Asquith, 5 October 1914, cited in Martin Gilbert, *Winston S. Churchill*, vol. III: *The Challenge of War, 1914—1916* (Minerva, London, 1971), p. 163.

46 陆军为主的更稳妥战术

Timothy Travers, *Gallipoli 1915* (Tempus, Stroud, 2001), p. 23.

46 沸腾的大镬

Jenkins, *Churchill*, p. 260.

48 我受够了！……德国人

Gilbert, *Challenge of War*, p. 457.

48 认为他痛不欲生

Ibid., p. 473.

48 你若抛弃温斯顿……不会比现在的政府强大

Ibid., p. 459.

49 德军炮火……一直构成威胁

Martin Gilbert, *Churchill: A Life* (Heinemann, London, 1991), p. 346.

49—50 要想成为一个伟人……则颇费口舌

Mary Soames (ed.), *Winston and Clementine: The Personal Letters of the Churchills* (Houghton Mi in, Boston, p. 198), p. 198.

50 理念……更为重要

Jenkins, *Churchill*, p. 351.

51 我在吹泡泡……惨厉叫声

Mary Soames, *Clementine Churchill* (Doubleday, London, 2002), p. 202.

51—52 没沉浸于……往后的人生
Ibid.

52 他在一九〇八年赢得的"终生席位"因此圮毁

Jenkins, *Churchill*, p. 375.

53 这一职位圆了我愿……我感到自豪

Gilbert, *Churchill: A Life*, p. 465.

56 丘吉尔一直认为……有如困于瘴气之中

Jenkins, *Churchill*, p. 440.

57 一队[队]……为祖国受苦赴难的光芒

Winston S. Churchill, speech to House of Commons, Hansard, HC Deb Series 5, 23 November 1932, vol. 272, cc.73—92.

57 德国并没因大战而受到多大惩罚

Ibid., 13 April 1933, vol. 276, cc.2786—800.

57—58 她[德国]……不会对迫害犹太人无动于衷
Ibid.

58 希特勒本人声称⋯⋯蔓延

Martin Gilbert, *The Roots of Appeasement* (Weidenfeld & Nicolson, London, 1966), p. 143.

61 我的心沉了下去⋯⋯死神的魅影

Winston S. Churchill, *The Second World War*, vol. 1: *The Gathering Storm* (The Folio Society, London, 2000), p. 231.

61 我预见⋯⋯已是形单影只

Winston S. Churchill, speech to House of Commons, Hansard, HC Deb Series 5, 22 February 1938, vol. 332, cc.235–48.

62 苏台德领导人⋯⋯一张废纸

Gilbert, *Roots of Appeasement*, p. 175.

62 要让德国知道⋯⋯进入战争状态之时

Lord Halifax, referring to a conversation between himself, Churchill and Neville Chamberlain, CAB 23/95/5.

62 象征我们⋯⋯再不开战

Chamberlain returns from Munich with Anglo-German agreement, 30 September 1938, BBC National Programme 1938–09–30 (BBC Archive Recording, Feston Airport, Hounslow, West London).

63–64 我选择⋯⋯捍卫自由

Winston S. Church-ill, speech to House of Commons, Hansard, HC Deb Series 5, 5 October 1938, vol. 339, cc.359–74.

第三章
一个领导者的倒掉

67 我想，明天我将成为首相

Randolph S. Churchill recollection, dictated at Stour, East Bergholt, 13 February 1963, cited in Martin Gilbert, *The Churchill War Papers*, vol. 1: *At the Admiralty: September 1939—May 1940* (Heinemann, London, 1993), p. 1266.

67 海军部, 作战部, 外交部, 接二连三送来一盒盒电文
Winston S. Churchill, *The Second World War*, vol. I, *The Gathering Storm* (The Folio Society, London, 2000), p. 523.

67–68 精神根本没……纵马归来的神态
Samuel Hoare, *Nine Troubled Years* (Collins, London, 1954), pp. 431–32.

68 再想出来……确实人心惶惶
Colonel Roderick Macleod, DSO, MC, and Denis Kelly (eds.), *The Ironside Diaries: 1937–1940* (Constable, London, 1962), 10 May 1940, p. 301.

68 据尚未……入侵荷兰
BBC Home Ser-vice, 7 a.m. bulletin, Friday, 10 May 1940.

69 德国这个流氓国家……击溃敌人
Randolph S. Churchill, in Gilbert, *At the Admiralty,* pp. 1269–70.

70 英法盟军……指日可待
CAB 65/7/9.

70 不该提……战事结束
Hoare, *Nine Troubled Years*, p. 432; Churchill, *Gathering Storm*, p. 523.

70 一九四〇年五月十日英国各报头条
Daily Express, Daily Mirror, Daily Mail, Daily Telegraph.

73 与您的期望相反……或能直面这场危机

Churchill, *Gathering Storm*, p. 523.

73 艾恩赛德告知……阿尔贝特运河沿岸的盟军

CAB 65/7/10.

73—74 默兹河沿岸防线……被困的飞行员

Philip Warner, *The Battle of France, 10 May—22 June 1940: Six Weeks Which Changed the World* (Cassell, London, 1990), pp. 50—52.

74 比利时默兹河沿岸几个渡口

CAB 69/1.

74 德国一旦……开赴比利时

Lionel Hastings, Baron Ismay, *The Memoirs of General the Lord Ismay K.G., P.C., G.C.B., C.H., D.S.O.* (Heinemann, London, 1960), p. 123.

74 如果越来越多……列车编组站

CAB 83/3/12.

75 迅疾打击……延迟二十四小时

CAB 65/7/11.

75—76 本党经酝酿……重振全民信心

Ibid.

76 他由此得出结论……当晚便去

Ibid.

76 一九三九年末……难以脱身

Andrew Roberts, *The Holy Fox: A Biography of Lord Halifax* (Weidenfeld & Nicolson, London, 1991), p. 280.

76—77 我认为，他之前……的确如此

Sir John Wheeler-Bennett, *King George VI: His Life and Reign*

(Macmillan, London, 1958), p. 444.

77 国王如此行事……每个人已觉光景黯淡

John Colville, *The Fringes of Power: Downing Street Diaries 1939–1955* (Hodder and Stoughton, London, 1985), p. 96.

78 那些天，他紧张……求她尽早赶回

Mary Soames, *Clementine Churchill* (Cassell, London, 1979), ch.19.

78 人们无暇……竟空无一人

Churchill, *Gathering Storm*, p. 525.

78–79 陛下见到我……愿效犬马之劳

Ibid.

79 一腔似火激情……首相职责

Wheeler Bennett, *King George VI*, p. 444.

79 只有上帝知道……勠力为之吧

Ex Detective Inspector W. H. Thompson, *I was Churchill's Shadow* (Christopher Johnson, London, 1951), p. 37.

80 温斯顿及其……有一半美国血统的家伙的心愿

Colville, *Fringes of Power*, pp. 96–97.

80 亲爱的内维尔……温斯顿·斯·丘吉尔

Winston S. Churchill to Neville Chamberlain, 19 February, cited in Gilbert, *At the Admiralty*, p. 1285.

81 我感觉……游刃有余……

Churchill to Lord Halifax, cited in Gilbert, *At the Admiralty*, p. 1285.

82 在下院……冲突尤甚

Churchill, *Gathering Storm*, p. 526.277

82 国防大臣一职，且不对该职权限做任何说明界定

Ibid.

83-84 今天凌晨……被掀翻在地

Neville Chamberlain, resignation speech, 10 May 1940. BBC broadcast on the British Library's Sound Server.

84-85 在这场政治危机……无可争辩的事实

Churchill, *Gathering Storm*, pp. 526-27.

第四章
圣 狐

87 他的鸿鹄之志……如此决定

R. R. James (ed.), *Chips: The Diaries of Sir Henry Channon* (Weidenfeld & Nicolson, London, 1993), p. 249.

88 杰出女性代表

Andrew Roberts, *The Holy Fox: A Biography of Lord Halifax* (Weidenfeld & Nicol-son, London, 1991), p. 12.

88-89 我没想成为……应有的尊重

Ben Pimlott (ed.), *The Second World War Diary of Hugh Dalton* (Jonathan Cape, London, 1985), 14 November 1940, p. 101.

89 为人清高……"圣狐"

Andrew Muldoon, *Empire, Politics and the Creation of the 1935 India Act: Last Act of the Raj* (Routledge, London, 2016), p. 44. Also cited in Roberts, *Holy Fox*, p. 6.

90 左右你的判断

Roberts, *Holy Fox*, p. 51.

90 一系列错误和灾难

Ibid., p. 53.

90 严格说……做派俨然

Ibid., p. 63.

91 我方提出的方案……其他各方认同

CAB 23/83, 10 March 1936.

92 改善我们与德国的关系……不无道理

CAB 23/87/3, 13 January 1937.

93 在就这两个国家问题表态时，须措辞强硬

The Rt Hon. The Earl of Avon KG, PC, MC, *The Eden Memoirs*, vol. 1: *Facing the Dictators* (Cassell, London, 1965), p. 509.

93 替代欧洲现有秩序……捷克斯洛伐克

Ibid., p. 515. Also cited in Halifax Papers (Borthwick Institute, York), A4 410 3 3.

94 个人魅力与政治才干……或许同感

Halifax to Baldwin, 15 November 1937, Baldwin Papers, 173/61.

94 纳粹制度中……充分了解

Halifax Papers, A4 410 3 3.

95 给我的印象……言由心生

Ibid.

95 坦率说……查茨沃思猎场总管

Ibid.

95 德国人根本……顾及其他

CAB 23/90/43, 24 November 1937.

96 英国人民……投入战争

Alan Bullock (ed.), *The Ribbentrop Memoirs* (Weidenfeld & Nicolson, London, 1954), p. 84.

96 优柔寡断，了无主见

Martin Gilbert, *The Roots of Appeasement* (Weidenfeld & Nicolson, London, 1966), p. 182.

97　重启军备……风暴的冲击

Ibid.

97—98　[哈利法克斯]试图将……招致灾难

Roberts, *Holy Fox*, p. 66.

98—99　今天下午……做他想做的事

Ambassador Joseph Kennedy to Cordell Hull, US Secretary of State, FRUS, 1938, 1:722, 12 October 1938.

99　慕尼黑会议之后……变得危险

CAB 27/624/32, 14 November 1938.

99　他希望看到……飘渺不定

CAB 23/96/59 (38), 15 December 1938.

100　保持了一段时间

Keir Papers, cited in Roberts, *Holy Fox*, p. 191.

100—101　回家路上……遭受奸淫

The Earl of Halifax, *Fulness of Days* (Collins, London, 1957), p. 215.

101　任何问题皆有……解决问题

Roberts, *Holy Fox*, p. 157.

第五章

伟大的"口述人"

105　有劳你和爱德华……指导战事之责

Winston S. Churchill to Neville Chamberlain, 11 May 1940,

Churchill Papers, 20/11, and Chamberlain's reply. Cited in Martin Gilbert, *The Churchill War Papers*, vol. 2: *Never Surrender: May 1940—December 1940* (William Heinemann, London, 1993).

105–106 长谈……温斯顿的想法

Kevin Je erys, *War and Reform: British Politics during the Second World War* (Manchester University Press, Manchester, 1994), p. 42.

107 工党在竭力阻止内维尔领导下院

Lord Halifax, diary, 11 May 1940, Halifax Papers (Borthwick Institute, York), A7/8/4, p. 119.

107 温斯顿在海军部召见了……宣布了结果

R. R. James (ed.), *Chips: The Diaries of Sir Henry Channon* (Weidenfeld & Nicolson, London, 1993), 11 May 1940, p. 251.

107–108 长期以来,[可谓]尤为注意泄密与不审慎的言行

Ruth Ive, *The Woman Who Censored Churchill* (History Press, Stroud, 2008), p 56.

108 我[们]需聚……以助我们渡过难关

Colonel Roderick Macleod, DSO, MC, and Denis Kelly (eds.), *The Ironside Diaries: 1937—1940* (Constable, London, 1962), 11 May 1940, p. 303.

108 艾德礼和格林伍德……在智慧上有任何增进

Lord Halifax, diary, 11 May 1940, p. 119.

108 [紧]要的是人员……难有裨助

Neville Chamberlain to Winston S. Churchill, 11 May 1940, Churchill Papers, 20/11, cited in Gilbert, *Never Surrender*.

109 王后对下院……明显心知肚明

Lord Halifax, diary, 11 May 1940, pp. 119–20.

109 战时内阁今晚宣布……可怕

Charles Stuart (ed.), *The Reith Diaries* (Collins, London, 1975), 11 May 1940, p. 250.

110 你收悉此信……意义非同小可

Winston S. Churchill to Sir John Reith, Churchill Papers, 2/398, 12 May 1940, cited in Gilbert, *Never Surrender*.

110 这样的夜生活于我无益

Lord Halifax, diary, 11 May 1940, p. 120.

110 温斯顿原本……发动其他人反对才是

Ibid., p. 121.

111 嗅出"唐宁街十号……暗无天日"

John Colville, *The Fringes of Power: Downing Street Diaries 1939—1955* (Hodder and Stoughton, London, 1985), 14 May 1940, p. 103.

111–112 早晨[七点]……在代勒河防线的情况

Sir John Sinclair: recollection, 12 May 1940, Davy Papers, cited in Gilbert, *Never Surrender*.

112 浴缸里的水须三分之二满……挂在衣帽间的外衣

Sonia Purnell, *First Lady: The Life and Wars of Clementine Churchill* (Aurum Press, London, 2015), p. 149.

112 不要进来！……根本无需哪个秘书候着

Chips Gemmell, TV interview, in Martin Gilbert, *The Complete Churchill*, part 4: *Never Despair* (A & E Home Video, 1992).

112–113 他有一种……或微温的海水里

Roy Jenkins, *Churchill: A Biography* (Macmillan, London, 2001),

p. 712.

113 用又宽又长的浴巾……回到自己的卧室

Mary Soames, *Clementine Churchill* (Cassell, London, 1979), p. 293.

113 每次洗礼般洗[完]澡……目瞪口呆

Purnell, *First Lady*, p. 149.

113 我本色出来了，当心啊！

Elizabeth Gilliatt, TV interview, in Gilbert, *Never Despair*.

113 一头非常可爱的猪

Colville, *Fringes of Power*, 16 June 1940.

114一本写丘吉尔的书说……让元首感觉极为有趣

Joseph Goebbels, diary, cited in Michael Paterson, *Winston Churchill: Personal Accounts of the Great Leader at War* (David & Charles, 2005), 3 May 1941, p. 26.

115 放荡不羁圈子

David Cannadine, *Aspects of Aristocracy: Grandeur and Decline in Modern Britain* (New Haven, Conn./ London, Yale University Press, 1994), p. 147.

115 我便发现那里一片混乱……我表示怀疑

Lord Hankey to Sir Samuel Hoare, 12 May 1940, Beaverbrook Papers, cited in Gilbert, *Never Surrender*.

116 他出任首相两三天后……"……只有灾难。"

Lionel Hastings, Baron Ismay, *The Memoirs of General the Lord Ismay K.G., P.C., G.C.B., C.H., D.S.O.* (Heinemann, London, 1960), p. 116.

第六章
热血、辛劳、眼泪与汗水

120 戏剧化到了……受到领袖受到的欢迎

R. R. James (ed.), *Chips: The Diaries of Sir Henry Channon* (Weidenfeld & Nicolson, London, 1993), 13 May 1940, p. 252.

121–123 请允我动议……凝聚力量，踏上征程

Winston S. Churchill, speech to the House of Commons, Hansard, HC Deb Series 5, 13 May 1940, vol. 360, cc. 1501–03.

124 收效不尽如人意

James (ed.), *Chips*, p. 252.

124 这是一个尤为危急可怕的时刻……表现出了无与伦比的责任心

David Lloyd George, Hansard, Conduct of the War, HC Deb Series 5, 8 May 1940, vol. 360, cc.1510–12.

124 揩[着]眼睛

Harold Nicolson, *Diaries and Letters 1930—1964*, ed. Stanley Olson (Penguin Books, Harmondsworth, 1980), p. 183.

124 唯提及内维尔时，听众方才表现出兴趣与热情

James (ed.), *Chips*, p. 252.

124 [非]常短……但切中肯綮

Nicolson, *Diaries and Letters*, p. 183.

124 演说简短精彩

John Colville, *The Fringes of Power: Downing Street Diaries 1939—1955* (Hodder and Stoughton, London, 1985), p. 102.

124 新首相的演说不止于好，甚至有出其不意之效……

James (ed.), *Chips*, p. 252.

125–126 我进到他的……"他准在练习今天下午下院的演讲哩。"

The Rt Hon. Malcolm MacDonald, *Titans and Others* (Collins, London, 1982), pp. 94–95.

126 丘吉尔视任何演说……绝不匆忙草率而就

John Colville, in *Action This Day: Working With Churchill*, ed. Sir John Wheeler-Bennett (Macmillan, London, 1968), p. 69.

126 修辞这门功夫……经过练习得以开发提升而至臻

Winston S. Churchill, 'The Scaffolding of Rhetoric', Churchill Papers, CHAR 8/13.

126 汗水与热血

Livy, *The fifth, sixth and seventh Books of Livy's History of Rome. A literal translation from the text of Madvig, with historical introduction, summary to each book and . . . notes, by a First-classman* (J. Thornton, Oxford, 1879), pp. 157, 283.

127 用君之眼泪……不过是一场徒劳

John Donne, *An Anatomy of the World. A facsimile of the first edition, 1611. With a postscript by Geoffrey Keynes* (Cambridge, Cambridge University Press, 1951).

127 年复一年……为了日后的收租！

Lord Byron, *Age of Bronze*, IV: 'Satiric —The Landed Interest' (London, 1823).

127 眼泪，汗水，热血……而今皆化作荣光

Robert Browning, 'Ixion', in *Jocoseria* (1883).

127 我提供不了金钱……乃至死亡

'Offro fame, sete, marce forzate, battaglie e morte', speech by Giuseppe Garibaldi, St Peter's Square, Rome, 2 July 1849.

127 我们先辈在……到达胜利彼岸

Theodore Roosevelt, *American Ideals, and Other Essays, Social and Political* (G. P. Putnam's Sons, New York, 1897), p. 260.

127 只是时间与金钱……热血与眼泪的问题

Winston S. Churchill, *London to Ladysmith via Pretoria* (Longmans, Green, London, 1900), p. 96.

127–128 在和平时期……少洒热血与眼泪

Winston S. Churchill, *Saturday Evening Post*, vol. 173, Issue 1, p. 29.

128 [记]录了数百万将士的辛劳……漫无际涯的平野

Winston S. Churchill, 'The Eastern Front', in *The World Crisis, 1911—1918* (Macmillan, London, 1931), p. 17.

128 浸透了热血、付出了辛劳的愚行妄为

Winston S. Churchill, *Marl- borough: His Life and Times* (Harrap, London, 1933), vol. 1, p. 217.

128 国家生活结构……因而得以统一

Winston S. Churchill, 'Hope in Spain, 23 February 1939', in Winston S. Churchill, *Step by Step: Political Writings, 1936—1939* (Butter-worth, London, 1939).

128 演说家是大众激情的具化……须坚信不疑

Churchill, 'Scaffolding of Rhetoric'.

129 "胜利"两字……对前途很是乐观

Richard Toye, *The Roar of the Lion: The Untold Story of Churchill's World War II Speeches* (OUP, Oxford, 2013), p. 42.

131 用一个接着一个……便已消逝

Churchill, 'Scaffolding of Rhetoric'.

131 [福克斯先生]给了我一个难题……化险为夷

Winston S. Churchill, *A History of the English-Speaking Peoples*, vol 3: *The Age of Revolution* (Cassell, London, 1957), p. 296.

132 不深究其理者常以为……直达普通民众的心灵

Churchill, 'Scaffolding of Rhetoric'.

132–133 是一门艺术……精到细腻

Plutarch, *Life of Pericles*, citing Plato, *Phaedrus*, 271c, cited in Algis Valiunas, *Churchill's Military Histories: A Rhetorical Study* (Oxford, Rowman & Littlefield, 2002).

133 欢呼雀跃

Daily Telegraph, 14 May 1940, *Evening Standard*, 13 May 1940.

133 他感觉英国必遭空袭……严峻形势

CAB 65/7/15 and CAB 65/13/7, 13 May 1940.

第七章
日益恶化的战局

137–138 有种莫名之感……一筹莫展

Winston S. Churchill, *The Second World War*, vol. II: *Their Finest Hour* (Cassell, London, 1949), p. 11.

139 意大利一方大凡有……在三到四周后

CAB 65/7/16, 14 May 1940.

139–140 德国想给巴黎以……我方请求落空

CAB 65/7/17, 14 May 1940.

140 两栖坦克……法方今后打算

Ibid.

140 大量商船……以作防御

Ibid.

140 法西斯最高层……不参战

Ibid.

140 我们先等等……万全之策

Ibid.

140–141 很有意思又……片丸粉剂

John Colville, *Action This Day: Working With Churchill*, ed.
Sir John Wheeler-Bennett (Macmillan, London, 1968), p. 49;
John Colville, *The Fringes of Power: Downing Street Diaries
1939—1955* (Hodder and Stoughton, London, 1985), p. 103.

141 各位要人聚集……不足以信

Colville, *Fringes of Power*, p. 104.

141 情绪很不稳

Churchill: telephone conversation with Paul Reynaud, Premier
Papers, 3/188/1, cited in Martin Gilbert, *The Churchill War
Papers*, vol. 2, *Never Surrender: May 1940—December 1940*
(William Heinemann, London, 1993).

142 巴黎门户洞开……谈及投降

Ibid.

142 消息[军情报告]纷至沓来……打来电话

Ibid.

142 形势严峻……得到了遏止

CAB 65/7/18, 15 May 1940.

143 宣布放弃……牺牲生命

Ibid.

143　务必让他们明白……缴械投降

Ibid.

143　情形极不乐观……大获全胜

Ibid.

144　战争逼近我们……打败德国

Colonel Roderick Macleod, DSO, MC, and Denis Kelly (eds.), *The Ironside Diaries: 1937—1940* (Constable, London, 1962), 15 May 1940, p. 310.

144　首相若能……不无裨益

CAB 65/7/18.

144　经内阁同意后……函件内容

Ibid.

145　深为一连串政治事件……感到如释重负

Lord Halifax, diary, 11 May 1940, Halifax Papers (Borthwick Institute, York), A7/8/4, p. 127.

145–146　我职位已变……其他各方面援助……

Churchill to President Roosevelt, Churchill Papers, 20/14, cited in Gilbert, *Never Surrender*.

146　新型战机……你依旧会相助

Ibid.

146　美国派出一支……祝愿与尊敬

Ibid.

147　在美国生产，将用于美国

Martin Gilbert, *Winston S. Churchill*, vol. 6: *Finest Hour, 1939—1941* (Heinemann, London, 1983), p. 344.

147　我们[美国]可以……博特伍德[纽芬兰]

Ibid.

148–149　我既身为……绝不会来自我方

Churchill to Benito Mussolini, Churchill Papers, 20/14, cited in Gilbert, *Never Surrender*.

149　收悉你信……制定政策的准则

Benito Mussolini to Churchill, Churchill Papers, 20/14, cited in Gilbert, *Never Surrender*.

150　毫无疑问……这还非定数

CAB 65/7/19, 16 May 1940.

151　我们一踏上……焚毁文件档案

Lionel Hastings, Baron Ismay, *The Memoirs of General the Lord Ismay K.G., P.C., G.C.B., C.H., D.S.O.* (Heinemann, London, 1960), p. 127.

151　再次强调……如数派遣

Churchill to the War Cabinet, Churchill Papers, 4/149, cited in Gilbert, *Never Surrender*.

152　战时内阁如此快捷……生动表情

Ismay, *Memoirs*, pp. 128–29.

153　做出英国史上……余勇可贾

CAB 65/7/21, 17 May 1940.

153　我国之命根……如今仅剩一百五十架

CAB 99/3, 16 May 1940.

153–154　我们已轰炸了……地面行动

Ibid.

154　当然将尽可能……需时日

CAB 65/7/21, 17 May 1940.

154 最高级别紧急……通过广播发布文告

CAB 65/13/11, 18 May 1940.

154 你该朝他……上帝之家

Colville, Fringes of Power, 19 May 1940, p. 108.

154 过完精疲力竭的……排解心绪

John Colville, *Man of Valour: The Life of Field-Marshal the Viscount Gort, VC, GCB, DSO, MVO, MC* (Collins, London, 1972), p. 204.

155 将遭到密集轰炸……去帮助他们

CAB 65/13/12, 19 May 1940.

155–156 丘吉尔浸淫于……薅住[他的]两耳

William Manchester, *The Last Lion: Winston Spencer Churchill, Defender of the Realm, 1940—1965* (Michael Joseph, London, 1983), Kindle edn, Loc. 1549.

156–160 这是我第一次……"你们应装备……就怎样实行罢！"

Churchill, broadcast to the nation, 19 May 1940, Churchill Archives Centre, CHAR 9/176A–B.

161 这是你迄今做的……谢谢主派来了你

Anthony Eden to Churchill, Churchill Papers, 2/394, cited in Gilbert, *Never Surrender*.

161 首相昨晚的广播演说……备受鼓舞的言辞

Captain Berkley, diary, Berkley Papers, 20 May 1940, cited in Gilbert, *Never Surrender*.

161 我昨晚聆听了……难以承受之重

Earl Baldwin of Bewdley to Churchill, Churchill Papers, 20/1, cited in Gilbert, *Never Surrender*.

第八章
来自内部的忧惧、怀疑与压力

165 战场情况瞬息万变……对此置若罔闻

Lionel Hastings, Baron Ismay, *The Memoirs of General the Lord Ismay K.G., P.C., G.C.B., C.H., D.S.O.* (Heinemann, London, 1960), p. 129.

166 已尽己所能……不可或缺

CAB 66/7/262, 18 May 1940.

166 或放弃苦战

CAB66/7/263, 18 May 1940.

166 那些该死的美国佬……一份电报

John Colville, *The Fringes of Power: Downing Street Diaries 1939—1955* (Hodder and Stoughton, London, 1985), 19 May 1940, p. 109.

166 令人舒缓的言辞

Ibid.

166–167 不管出现何种……咎不在我

Churchill to President Roosevelt, 20 May 1940, Churchill Papers, 20/14, cited in Martin Gilbert, *The Churchill War Papers*, vol. 2: *Never Surrender: May 1940—December 1940* (William Heinemann, London, 1993).

167 举棋不定

CAB 65/7/27, 21 May 1940.

167 自己曾脾气失控……这个男人尽露疲态

Colonel Roderick Macleod, DSO, MC, and Denis Kelly (eds.), *The

Ironside Diaries: 1937—1940 (Constable, London, 1962), 20 May 1940, p. 321.

167 几十万难民逃离比利时、法国北部城镇
CAB 65/7/27, 21 May 1940.

168 纵观史上各场战争，没有如此失控
Colville, *Fringes of Power*, p. 110.

168 从未见过如此沮丧的温斯顿
Ibid.

168 尽管已筋疲力竭……他的一套战争方案
Martin Gilbert, *Winston S. Churchill*, vol. 6: *Finest Hour, 1939—1941* (Heinemann, London, 1983), p. 57.

168–169 法军在加来部署了……守卫这座城镇
Supreme War Council minutes, CAB 99/3, 22 May 1940.

169 可以说，无需要求……陷入某种灾难
Ibid.

169 并非十分融洽
Ibid.

169 虽说尚未完全放松，但不乏乐观
Ismay, *Memoirs*, p. 130.

169 因魏刚将军的表现，心情几可用"愉快"二字形容
Macleod and Kelly (eds.), *Ironside Diaries*, p. 328.

169 已无脱身之机，而现状 [是]，食品、弹药严重匮乏
Colville, *Fringes of Power*, p. 111.

169–170 委实忧心……不可能这般丧权辱国
Ibid.

170 注意到……仓促发动

CAB 65/13/15, 22 May 1940.

170 尚未做好……进行备战

Ibid.

170 在我看来……保障到位

The Rt Hon.The Earl of Avon KG, PC, MC, *The Eden Memoirs*, vol. 2: *The Reckoning* (Cassell, London, 1965), p. 108.

170 德军以远大于……形势万分火急

CAB 65/7/3, 23 May 1940.

171 英法一致同意……无任何动静

Ibid.

171 一片骚动……彻底垮掉

Ibid.

171 还面临两头落空……发挥自己部队的作用

Ibid.

171–172 墨索里尼先生只是……方才宣战

Ibid.

172 在重提并强调……是，先生。

Mr Gurney Braithwaite to Churchill, Hansard, HC Deb Series 5, 23 May 1940, vol. 361, c330W.

173 德军已占领布洛涅……尚无动静

Gilbert, *Finest Hour*, pp. 384−85.

173 没有理由怀疑魏刚通报的真假。阳光驱散了愁云惨雾

John Colville, *Man of Valour: The Life of Field-Marshal the Viscount Gort, VC, GCB, DSO, MVO, MC* (Collins, London, 1972), p. 213.

173 魏刚撒谎,[究竟]为何……休想脱身

Jock Colville in conversation with Martin Gilbert, 21 January 1981: Gilbert, *Finest Hour*, p. 385.

173—174　一直在细细思考……魏刚将军的军事方案
CAB 65/7/31, 23 May 1940.

174　首相晚十点三十分到……蒙受巨大牺牲
King George VI, diary, 23 May 1940, cited in John Wheeler-Bennett, *King George VI: His Life and Reign* (Macmillan, London, 1958), p. 456.

174—175　通常意义上……未收悉任何指示
Telegram from Churchill to General Weygand, 24 May 1940, Churchill Papers, 20/14, cited in Gilbert, *Never Surrender*.

175　没有（重复一遍，没有）可发动一次像样进攻的弹药
Ibid.

175　就是在这里……通报这方面情况？
Ibid.

175　各项供应短缺，务必争分夺秒
Telegram from Churchill to Reynaud, Churchill Papers, 20/14, cited in Gilbert, *Never Surrender*.

176　应敦促罗斯福总统……同盟国将履行前述承诺
CAB 65/7/32, 24 May 1940.

176　照此原则回复
Ibid.

177　撤出加来，结果只会……要牵制住敌人
Churchill to General Ismay, Churchill Papers, 4/150, cited in Gilbert, *Never Surrender*.

177　德军坦克已突破加来西部要塞，插入加来与海岸之间

CAB 69/1–24 May 1940.

178 亟需增援，否则全军覆灭

'Narrative of operations conducted from Dover May 21–26, 1940: Calais' (the Calais war diary), in NA/PRO ADM 199/795, cited in Hugh Sebag-Montefiore, *Dunkirk* (Viking, London, 2006), p. 228.

178 为保全盟军……继续战斗

Calais war diary, NA/PRO WO 106/1693 and 1750, cited in Sebag-Montefiore, *Dunkirk*, p. 3.

178 为正规军，其他无需多言

Ibid., NA/PRO WO 106/1697.

178 务请查出……教人愿肝脑涂地

Churchill to Anthony Eden and General Ironside, 25 May 1940, Churchill Papers, 4/150, cited in Gilbert, *Never Surrender*.

178–179 尼克尔森准将：尽全力……相匹配之功勋

Calais war diary, NA/PRO WO 106/1750, 25 May 1940, cited in Sebag-Montefiore, *Dunkirk*, p. 230.

180 [一位]意方外交官……拒绝如此晤谈

CAB 65/7/33, 25 May 1940.

180 接触晤谈极可能……并不相悖

Ibid.

180: 你领导的政府已对德宣战……制定各项政策的准则

Benito Mussolini to Churchill, 18 May 1940, cited in Winston S. Churchill, *The Second World War*, vol. II, *Their Finest Hour* (Cassell, London, 1949), pp. 107–08.

180–181 与所提之人接触……我方主动示弱

CAB 65/7/33.

181　墨索里尼先生极可能……与意大利人的谈判

Ibid.

181　英国大众对形势一无所知

David Dilks (ed.), *The Diaries of Sir Alexander Cadogan O.M.,*
1938—1945 (Cassell, London, 1971), 23 May 1940, p. 288.

181　巴黎度假……盟军成员享受特价

Manchester Guardian, 25 May 1940.

181　盟军在英吉利海峡……加来固若金汤

News of the World, 26 May 1940.

182　法国解职……"我们对敌呈压倒之势"

Sunday Express, 26 May 1940.

182　纳粹称已包围……敌军损失惨重

People, 26 May 1940.

182　海军展开行动……炮击敌军

Daily Mail, 27 May 1940.

182　梅嫩激战……至今仍为我控

Evening Standard, 27 May 1940.

182　加来巷战……德军装甲师

Daily Express, 27 May 1940.

183　英军已朝海岸开拔

Churchill, *Their Finest Hour*, p. 66.

183　有此思想准备……保英国远征军安全撤离

CAB 63/13/20, 26 May 1940.

183　我们必须面对现实……保卫我们帝国的独立

Ibid.

184　墨索里尼最愿确保欧洲和平

Ibid.

184　英意双方显然……自由与独立得到保证

Ibid.

184　获得[和]平与安全……英国与其他所有欧洲国家的权利与权
　　力的谈判

Ibid.

184–185　重重的砝码……他们手中一张硬牌

Ibid.

185　德国或将向法国人……而是剑指英国

Ibid.

185　我方是否能单独继续……权当最后自救之策

Ibid.

186　他将遵令尽力坚持……限制各国驻地中海海军力量

CAB 65/13/21, 26 May 1940.

186　我们无论如何不愿放弃……法国绝不可退出战争

Ibid.

187　咬牙再坚持三个月……[到时]形势将截然不同

Ibid.

187　墨索里尼先生最不愿之事……战时内阁是得斟酌

Ibid.

188　过于喋喋不休……阴晴不定

Dilks (ed.), *Diaries of Sir Alexander Cadogan*, 23 May 1940, p.
288.

188　希特勒竟会认同……毫不犹豫抓住这样的机会

Neville Chamberlain, diary, 26 May 1940, cited in David

Reynolds, 'Churchill and the British "Decision" to Fight on in 1940: Right Policy, Wrong Reasons', in Richard Langhorne (ed.), *Diplomacy and Intelligence during the Second World War* (Cambridge and New York, CUP, 2003), p. 152.

188–189　昨日［五月二十六日］讨论时……便谢天谢地了
CAB 65/13/23, 27 May 1940.

189　德国一旦得行其道，将肆无忌惮逼我们接受其所有条款
CAB 63/13/21, 26 May 1940.

190　同时，我方须切记……如此境地而难以自拔
Ibid.

190　允许法国尝试……尝试终归无害
Ibid.

191　不从希特勒而自行其是……将问题说清论透，方为正理
Ibid.

191　认为，上策是……主力或得以保存
Ibid.

192　我们则没有同等选择……须与法国分道扬镳
Ibid.

192　同时……［我并］不反对与墨索里尼先生进行一定接触
Ibid.

193　假如巴黎或短时间内……谈判还能有什么用？
Ibid.

193　发现，给予我方的和谈条件……真可谓愚蠢
Ibid.

194　他一天有一百个主意……根本就是险招
Cited in Nassir Ghaemi, *A First-Rate Madness: Uncovering the*

Links between Leadership and Mental Illness, Penguin Books, London, 2011, p. 61.

195　首相建议……开赴沿法国海岸的大小港湾

CAB 65/7/26, 20 May 1940.

196　一会在这，一会在那……嚷嚷着我们绝不退让

Captain Berkley, diary, Berkley Papers, 26 May 1940, cited in Gilbert, *Never Surrender*.

196　准备执行发电机计划

Signal sent from the Admiralty, cited in L. F. Ellis, *The War in France and Flanders, 1939—1940* (London, HMSO, 1953), p. 182; Gilbert, *Never Surrender*.

196　苦战至最后一刻

Ismay, *Memoirs*, p. 131.

197　在这场战争中做出的一个撕心裂肺的决定

The Rt Hon. The Earl of Avon, KG, PC, MC, *The Eden Memoirs*, vol. 2: *The Reckoning* (Cassell, London, 1965), p. 109.

197　那晚用餐，自始至终……看得出毫无胃口

Ismay, *Memoirs*, p. 131.

197　我感到身体不适

Ibid.

第九章
内阁危机与领袖地位

201　加来与敦刻尔克间形势……船只遭其炮击……

Vice-Admiral Somerville to Churchill, 7.15 a.m., 27 May 1940,

Premier Papers, 3/175, cited in Martin Gilbert, *The Churchill War Papers*, vol. 2: *Never Surrender: May 1940— December 1940* (William Heinemann, London, 1993).

201 比利时国王似已暗示败局已定,开始酝酿与德国单独媾和
CAB 65/7/36, 27 May 1940.

201 移师异土[至法国],继续奋战
Ibid.

201 认为,国王此举……希特勒先生翼下
Ibid.

202 让他[利奥波德]务必清楚……比利时也难以幸免
Churchill to Roger Keyes, 27 May 1940, Churchill Papers, 20/14, cited in Gilbert, *Never Surrender*.

202 [我方]在要求他们作出牺牲,成全我们
Churchill to Lord Gort, 27 May 1940, Churchill Papers, 20/14, cited in Gilbert, *Never Surrender*.

202 我方应将在新大陆的财产部分让与美方,部分偿还我方战争债务
CAB 65/7/36, 27 May 1940.

202 我方此举或可让美方刮目相待,更有助于国家安全
Ibid.

202 在这场战争中,美国根本……以图自保
Ibid.

202–203 颁布一道强制令……纵使是姑妄之语
CAB 65/13/22, 27 May 1940.

203 我方若独自继续与德甚或包括与意交战,前景如何
Churchill to Ismay, 27 May 1940, Churchill Papers, 20/13, cited in

Gilbert, *Never Surrender*.

203 卡多根爵士

The Hon. Sir Alexander Cadogan, Permanent Under-Secretary of State for Foreign Affairs.

203 辛克莱爵士

The Right Hon. Sir Archibald Sinclair, Bt, MP, Secretary of State for Air.

203 布里奇斯爵士

The Cabinet Secretary, Sir Edward Bridges.

204 假如墨索里尼先生……力遂其愿

CAB66/7/50, 26 May 1940, 'Suggested Approach to Signor Mussolini'.

204 罗斯福总统已在……与墨索里尼接触

CAB 65/13/23, 27 May 1940.

204 这种接触不会有果……一位败象渐露的盟友间的关系

Ibid.

204–205 将让德意两国更加……帮我们达成和谈

Ibid.

205 假如结果是……无异于自取其祸

Ibid.

205–206 提议的接触，一不会……岂是坏事？

Ibid.

207 他同意，提议的接触……不应是断然拒绝

Ibid.

207 大家达成一致意见……是为最佳途径

Ibid.

207 本次会议委实令人绝望……无理性可言

Lord Halifax, diary, 27 May 1940, Halifax Papers (Borthwick Institute, York), A7/8/3/, p. 142.

208 本质不同的观点

CAB 65/13/23, 27 May 1940.

208 他提出寻求和约……两者何来如此关联

Ibid.

208–209 然而, 首相今日……方为正理

Ibid.

209 如果能摆脱当前困厄……战时内阁大臣非正式会议

CAB 65/13/21, 26 May 1940.

209 温·丘[丘吉尔]表示……雷[雷诺]该满意才是……

Neville Chamberlain, diary, 26 May 1940, Neville Chamberlain Papers (University of Birmingham), 2/24A.

210 一个国家为不切实际的想法所驱……则更加合算

Andrew Roberts, *The Holy Fox: A Biography of Lord Halifax* (Weidenfeld & Nicolson, London, 1991), p. 289.

211 设若希特勒先生……那是一件……

CAB 65/13/23, 27 May 1940.

211 他绝不可能以如此条件与我们和谈

Ibid.

212 外交大臣言……首相可愿就此谈判?

Ibid.

212 在我看来, 温斯顿所言……我与他们势必分道扬镳

Lord Halifax, diary, 27 May 1940, p. 142.

214 先惊愕后柔缓

Ibid.

214　他不会参与……他会仔细思量

CAB 65/13/23, 27 May 1940.

214　稳其心态……甚或惹恼罗斯福总统

Ibid.

214　我难以继续与温斯顿共事

David Dilks (ed.), *The Diaries of Sir Alexander Cadogan O.M., 1938—1945* (Cassell, London, 1971), p. 291.

214　别说这话。他的夸夸其谈……做出任何傻事

Ibid.

215　丘吉尔的极尽渲染之语……这种结果原本可以避免

Roberts, *Holy Fox*, p. 298.

215　歉疚满怀，情真意切

Lord Halifax, diary, 27 May 1940, p. 142.

215　烦心的事或人……他不会仓促做决定

Dilks (ed.), *Diaries of Sir Alexander Cadogan*, p. 291.

215　内阁在我们面对……而是保护我们自己的完整与独立

John Colville, *The Fringes of Power: Downing Street Diaries 1939—1955* (Hodder and Stoughton, London, 1985), 19 May 1940, p. 109.

216　更加令人绝望……杀出一条血路

CAB 69/1, 27 May 1940.

216　如今在为此付出代价，我们军队当前所罹之灾也源于此

Ibid.

216　已发电报，令其……实现"停火"

Telephone conversation between Major-General Sir Edward Spears and Churchill, 27 May 1940, Cabinet Papers, 65/7, cited in Gilbert, *Never Surrender*.

216 国防委员会赞成英法政府即刻在停战之事上与比利时划清界限,脱离干系。

CAB 69/1, 27 May 1940.

216—217 确保国王安全的重要性……生死存亡之地

Ibid.

217—218 一方面,应发布文稿……待形势完全明朗后才能通报

CAB 65/7/38, 27 May 1940.

218 午夜时分,他浏览了……上床就寝了

Colville, *Fringes of Power*, p. 109.

218 黑云密布

Lord Halifax, diary, 28 May 1940, p. 143.

218 所生祸乱完全归咎于……则恐怕瞬时而衰

CAB 65/7/39, 28 May 1940.

219 禁止比利时军队所有行动……将摧毁之

Ibid.

219 数量可观……形势将十分严峻

Ibid.

220 须不加掩饰地告知……简短声明

Ibid.

220—221 英法军队正进行……直至最终打败敌人

Churchill, Hansard, HC Deb Series 5, 28 May 1940, vol. 361, cc.421—22.

221 [我]们这个国家是有决心做成大事的

Mr Lees Smith, in ibid.

221　首相话语充满尊严……整个国家的所思所想

Sir Percy Harris, in ibid.

221　整个氛围感似末日将至

Roberts, *The Holy Fox*, p. 300.

221　全无好讯

CAB 65/13/24, 28 May 1940.

221　我们应明确表示，我们乐见意方斡旋

Ibid.

221–222　法国之举……他本人绝不接受如此关系

Ibid.

222　为了捍卫独立……让步于意方

Ibid.

222　法方在设法……我们地位将截然不同

Ibid.

223　更广泛意义……予以认真考虑

Ibid.

223　我们切不可无视现实……形势或将不利于我们

Ibid.

223　即使墨索里尼先生愿……也差不过他此时开出的条件

Ibid.

223–224　大错特错……这么做又有何损于我们

Ibid.

224　大凡不放下武器的国家……绝无半点息兵请降之意

Ibid.

224　务必考虑英国民意……这可是天大的危险

Ibid.

224–225 难以周全但不危及我们独立……就目前而言

Ibid.

225 二战期间一次非比寻常的会

Martin Gilbert, *Winston S. Churchill*, vol. 6: *Finest Hour, 1939—1941* (Heinemann, London, 1983), p. 419.

227–229 下午,各大臣受邀……洒尽热血,战死沙场

Ben Pimlott (ed.), *The Second World War Diary of Hugh Dalton* (Jonathan Cape, London, 1985), pp. 27–28.

230 反应即示……就是几乎所有英国民众的态度

Winston S. Churchill, *The Second World War*, vol. II, *Their Finest Hour* (Cassell, London, 1949), p. 88.

230–231 他们对法国形势并不……有如此热烈正面的响应

CAB 65/13/24, 28 May 1940.

231 内阁四点再次开会……此举纯属徒劳

Lord Halifax, diary, 28 May 1940, p. 144.

231–232 一道白光……划过英伦之岛的天空

Churchill, *Their Finest Hour*, p. 88.

第十章
"在任何一块滩涂战斗"

233 德国空军"最大密度轰炸"敦刻尔克港。炸沉船只达二十五艘。

Douglas C. Dildy, *Dunkirk 1940: Operation Dynamo* (Osprey, Oxford, 2010), p. 9.

235 神奇……与罗马接触的函电:

General Sir Edward Spears, *Assignment to Catastrophe*, 2 vols.

(William Heinemann, London, 1954), vol. 1, p. 255.

235–236 在此黑暗时刻……捍卫我们的崇高事业

Churchill to Cabinet ministers and senior o cials, 29 May 1940,
Premier Papers, 4/68/9, cited in Martin Gilbert, *The Churchill War
Papers*, vol. 2: *Never Surrender: May 1940 —December 1940*
(William Heinemann, London, 1993).

236 意大利参战……将对此负责

CAB 65/7/41, 29 May 1940.

236: 坏

David Dilks (ed.), *The Diaries of Sir Alexan-der Cadogan O.M.,
1938—1945* (Cassell, London, 1971), p. 292.

236–237 明确指示他在万般无奈之下该如何行动

CAB 65/13/25, 29 May 1940.

237 坚守阵地……同时给予德国人最大打击

Ibid.

237 [他]极不满意……非耻辱之举

Ibid.

237 任何身处绝境的勇士……给戈特勋爵的指令无需改动

Ibid.

238 大凡指挥官……可自主裁量

Ibid.

238–239 戈特勋爵把这条指令理解为……[艾德礼]的说法，调整电
令措辞

Ibid.

239 讨论给戈特的指令该如何措辞……错在温斯顿——太倔

Dilks (ed.), The Diaries of Sir Alexander Cadogan, p. 292.

239–240 敦刻尔克撤退不无可能……尽可能少些批评

Churchill to Anthony Eden, General Ismay and General Dill, 29 May 1940, Premier Papers, 3/175, cited in Gilbert, *Never Surrender.*

240 你的报告很有意义……决绝立场……

Churchill to General Spears, 29 May 1940, FO Papers, 800/312, cited in Gilbert, *Never Surrender.*

240 若你与我们的联系被切断……英国军人将无损英名

Churchill to Lord Gort, 29 May 1940, Premier Papers, 3/175, cited in Gilbert, *Never Surrender.*

240 状态极佳

Colonel Roderick Macleod, DSO, MC, and Denis Kelly (eds.), *The Ironside Diaries: 1937—1940* (Constable, London, 1962), p. 344.

240 温斯顿勤勉得片刻不停，令人肃然起敬

John Colville, *The Fringes of Power: Downing Street Diaries 1939—1955* (Hodder and Stoughton, London, 1985), p. 115.

240 法军一同撤离……新英国远征军

Churchill to Reyanud , 29 May 1940, Premier Papers, 3/175, cited in Gilbert, *Never Surrender.*

240–241 此举仅为整饬修理……加强驻法英军的新策

Ibid.

241 完全出于同舟共济之谊……勿蹉跎讳言

Ibid.

241 上帝保佑你。我多希望与你同往

Captain Pim, recollection, 29 May 1940, Pim Papers, cited in Gilbert, *Never Surrender.*

241 仍战斗装束,全身浸湿……小型船只是我军救星

John Spencer-Churchill, *Crowded Canvas* (Odhams Press, London, 1961), pp. 162−63.

241 眼下,浓雾严重阻碍撤离行动

CAB 65/7/43, 30 May 1940.

242 魏刚将军早言……局势也会截然不同

CAB 65/13/26, 30 May 1940.

242 也是迫不得已……目前无兵可遣

Ibid.

242 一贯性好亲力亲为,从而第一手掌握局势

Lionel Hastings, Baron Ismay, *The Memoirs of General the Lord Ismay K.G., P.C., G.C.B., C.H., D.S.O.* (Heinemann, London, 1960), p. 136.

242 [我]军务必坚守……法军撤离方可继续

CAB 69/1, 30 May 1940.

242 不可修补的损害

Ibid.

243 到处是稀稀拉拉的难民……尽快逃离交战地带

Ex-Detective Inspector W. H. Thompson, *I was Churchill's Shadow* (Christopher Johnson, London, 1951), p. 41.

243 [他]勇敢……似未有过星点私心杂念

Ismay,*Memoirs*,p.133.

243−244 截至当日午时……即刻向自己部队正式下达撤退命令

CAB 99/3, 31 May 1940.

244−245 往下想保敦刻尔克不失……让英方现在决定可派遣多少地
面部队

Ibid.

245–246 他相信……他本人不日内还会将之告谕英国议会

Ibid.

246 他完全赞同丘吉尔先生所言……我们人民的斗志空前决绝

Ibid.

246 正是关键时机，极具意义

Sir Ronald Campbell to Lord Halifax, 31 May 1940, Foreign Office Papers, 800/212, cited in Gilbert, *Never Surrender*.

246–247 他此次与法国人打交道……绝不屈受桎梏的死士之志

Ibid.

247 紊乱……十分恼人

Lord Halifax, diary, 30 May 1940, Halifax Papers (Borthwick Institute, York), A7/8/4, p. 146.

247 无一例外地意在激发听众之情

definition of peroration, *Oxford English Dictionary* (Oxford University Press, Oxford, 2017).

248 国王称……并不兼任法国总理！

Ben Pimlott(ed.), *The Second World War Diary of Hugh Dalton* (Jonathan Cape, London, 1985), 31 May 1940, p. 31.

248 发电机计划实施之顺利远超预期

Ismay, *Memoirs*, p. 135.

248 敦刻尔克撤退行动告捷，胜抵盟军向美国提出四十次求援

Lord Halifax, diary, 30 May 1940, p. 147.

248 各项事宜在美国进展迅速

CAB 65/7/46, 1 June 1940.

248 将国家美术馆里的画作送往加拿大……我们会大败他们

Colville, *Fringes of Power*, p. 115.

248 我笃信……迁移之事不必再议

Churchill to Desmond Morton, Premier Papers, 7/2, cited in Gilbert, *Never Surrender*.

249 特别指出……纵使损失海军也在所不惜

CAB 79/4, 1 June 1940.

250 现实难以教人振奋……这种心态将严重妨碍两军重建友好关系

Harold Nicolson, *Diaries and Letters 1930—1964*, ed. Stanley Olson (Penguin Books, Harmondsworth, 1984), 1 June 1940, p. 186.

250 六个月后……那里的人民遭受奴役

Pimlott (ed.), *Second World War Diary of Hugh Dalton*, 3 June 1940, p. 34.

250 一切仿佛阴谋与我们作对……我们今天难道要目睹这一切变成现实?

R. R. James (ed.), *Chips: The Diaries of Sir Henry Channon* (Weidenfeld & Nicolson, London, 1993), 2 June 1940, p. 255.

250—251 那些天,尽管……这是我们在英国本土继续苦战的希望所在

Sir John Martin, *Downing Street: The War Years* (Bloomsbury, London, 1991), p. 5.

251 在法国最高司令部听来该略显刺耳

Anthony Eden to Churchill, 3 June 1940, Churchill Papers, CHAR 9/172/104.

251 纵使美国仍旧……可怕危险日益成势

Churchill, speech notes for 4 June 1940, Churchill Papers, CHAR 9/172/23.

252 示以同情……包括阵亡者、伤员及失踪者

Ibid., CHAR 9/172/16

252 格外用心……圣诗版式稿

Interview with Sir John Martin in 1973, BBC Archives, 'Remembering Winston Churchill', http://www.bbc.co.uk/archive/churchill/11021.shtml.

253 [一场]堪称奇迹的大运送……胜者靠的不是撤退

Churchill, Hansard, War Situation, HC Deb Series 4, 4 June 1940, vol. 361, cc.787–98.

253 为战争大局计……难道不也或可捍卫让文明得以存续之事业?

Ibid.

253–254 我以为,纵观……一位位当代高贵的骑士应运而生

Ibid.

254 欧洲大陆的专制君王

Ibid.

254–255 我本人充满信心……让其重获自由

Ibid.

255 演说直达其旨,力量巨大,反响强烈;几位工党议员热泪盈眶

James (ed.), Chips, 2 June 1940, p. 255.

255 拥有一颗雄狮之心的……代其发出狮吼

Churchill, speech to Westminster Hall, 30 November 1954, for his eightieth birthday, Churchill Papers, CHAR 5/56B/235.

255 在任何一块滩涂战斗……我将在巴黎后方战斗

Georges Clemenceau, speech in Paris, November 1918, cited in Donald McCormick, *The Mask of Merlin: A Critical Study of*

David Lloyd George (Macdonald, London, 1963), p. 143.

256 真正的演说家乃民众情感之具化

Winston S. Churchill 'The Scaffolding of Rhetoric', Churchill Papers, CHAR 8/13/1–13.

256 言如其人……主观张扬

Winston S. Churchill, *Blood, Toil, Tears and Sweat: The Great Speeches*, ed. David Cannadine (Penguin Books, London/New York, 2007), Introduction, p. xxii.

256–257 究男人之天赋……则听由左右

Churchill 'Scaffolding of Rhetoric'.

跋：
真相大白又如何

260–261 各派认为……更是如此

Churchill, Hansard, Commons Sitting, HC Deb, 23 January 1948, vol. 446, cc.556–62.

262 我这双手沾的鲜血多过油彩呀

See e.g. Nigel Jones, 'Churchill and Hitler: At Arms, at Easels', History Today, vol. 64, Issue 5, May 2014.

262 简单、激情、纯粹，不擅欺诈诡谋

Winston S. Churchill, Blood, Toil, Tears and Sweat: The Great Speeches, ed. David Cannadine (Penguin Books, London/New York, 2007), Introduction, p. xxii.

索　引

Abbeville 阿布维尔 122,130

Abyssinia, Mussolini's invasion of 墨索里尼入侵阿比西尼亚 45

Admiralty buildings 海军部大楼 Ⅱ, 33, 37, 52, 80, 87, 105, 107, 147, 163, 180

Alexander, A.V. 阿尔伯特·维克托·亚历山大 62

All-Party Parliamentary Action Group 跨党派议会行动组 4, 6

Amery, Leo 利奥·艾默里 4, 96

Antwerp 安特卫普 34–35, 105

Asquith, Herbert 赫伯特·阿斯奎斯 31–32, 33, 34, 36

Attlee, Clement 克莱门特·艾德礼 5–6, 17, 52, 61, 79, 81, 152, 153–154, 167, 179, 182, 184

Austria, German annexation 德国吞并奥地利 72

Baldwin, Stanley 鲍德温·斯坦利 40, 41, 42, 44, 67, 122

Balfour, Arthur 亚瑟·贝尔福 30

Bangalore 班加罗尔 26

Bastianini, Giuseppe 朱塞佩·巴斯提亚尼尼 138, 166, 196

Beaverbrook, Max Aitken, 1st Baron 第一代比弗布鲁克勋爵 马克

斯·艾特肯 15,56,108

Belgium 比利时 37,151

　　Armistice 停战，162–164

　　Belgian Army 比利时军队 151,163,164,165

　　First World War 第一次世界大战 37；Churchill and Antwerp 丘吉尔和安特卫普 34–35

　　German 1940 invasion of 一九四〇年德国入侵 51–52,55–56

Berkley, Claude 克劳德·伯克利 122,146

Billotte, Gaston-Henri 比洛特 126,127,128

Blunt, Wilfrid Scawen 威尔弗雷德·斯科恩·布伦特 195

Boers 布尔人

　　Boer War 英布战争 14,28,29

　　POW camp 战俘营 28,98

Bolshevism 布尔什维克主义 38

Bonham-Carter, Violet 维奥莱特·博纳姆·卡特 29

Boulogne 布洛涅 127,129,130,131,136,137

Braithwaite, Gurney 格尼·布雷思韦特 130

Bridges, Sir Edward 爱德华·布里奇斯爵士 81,141,142,152,155,158,159

British Army 英国陆军

　　4th Queen's Own Hussars 第四轻骑兵团 24,26,37,52

　　BEF 英国远征军 56,57,118,127,128,129,130–131,132,135,136,140,162,164–165；Calais garrison not evacuated 死守加来的部队 147；Dunkirk evacuation 撤离敦刻尔克 145–147,157–158,164,178–189

　　planes 飞机 112

Queen's Own Yorkshire Dragoons 约克郡龙骑兵队 66

Scots Guards 苏格兰卫队 32

Browning, Robert 罗伯特·布朗宁 97

Butler, R.A. 'Rab' 理查德·奥斯汀·"拉布"·巴特勒 12, 60

Cadogan, Sir Alenxander 亚历山大·卡多根爵士 16, 136, 141, 152, 161, 179

Calais 加来 126, 127, 129, 132, 133–134, 137

BEF garrison not evacuated 死守加来的部队 147

Campbell, Sir Ronald 罗纳德·坎贝尔爵士 184–185

Cannadine, David 大卫·坎纳丁 191, 195

Chamberlain, Joseph 约瑟夫·张伯伦 29

Chamberlain, Neville 内维尔·张伯伦 III, 44, 45, 46, 57, 62–63, 143, 144, 152, 168, 179

appeasement policy 绥靖政策 5–6, 46, 69, 71–72, 75；另见 Munich Agreement；'Peace in our time!' "我们时代的和平!" 5, 54, 73

and Churchill 和丘吉尔：Churchill's letters 丘吉尔的信 60–61, 79, 86–87；Churchill's loyalty and consideration 丘吉尔的忠诚和体贴 9–10, 17, 87；as PM 作为首相 79, 80, 81, 83–84, 87, 130–131, 144, 157, 172

'Conduct of the War' debate "战争的行为"辩论 5–8

diary entries 日记 III, 141, 142, 157, 196

and Halifax 与哈利法克斯 另见 Halifax, Edward Wood, 1st Earl of: and Chamberlain

and Hitler 与希特勒 5, 46–47 另见 Munich Agreement

as House of Commons leader 领导下院 61

Munich Agreement 《慕尼黑协定》6, 47, 73

reluctance under pressure to stand down 不愿下台 3–6, 52, 53–55

resignation 交印辞职 17, 55

Channon, Sir Henry（'Chips'）亨利（·"齐普斯"）·钱农爵士 9, 10, 65, 80–81, 91–92, 94, 95, 186–187

Chartwell 查特韦尔 39–40, 42, 84, 85, 117

Churchill, Clementine Spencer, née Hozier 克莱门坦·斯宾塞·丘吉尔，婚前姓霍齐尔 30–31, 37–38, 59, 117, 180

birth of Diana 戴安娜出生 31

birth of Marigold 玛丽戈尔德出生 38

birth of Mary 玛丽出生 39

birth of Randolph 伦道夫出生 33

birth of Sarah 萨拉出生 35

and death of Marigold 玛丽戈尔德去世 39

Churchill, Diana 戴安娜·丘吉尔 31

Churchill, Jack Spencer 杰克·斯宾塞·丘吉尔 21

Churchill, Jeanette (Jennie), Lady Randolph Churchill, née Jerome 珍妮·丘吉尔（珍妮），伦道夫·丘吉尔夫人，娘家姓杰罗姆 20

Churchill, John Spencer 约翰·斯宾塞·丘吉尔 181

Churchill, Marigold 玛丽戈尔德·丘吉尔 38, 39

Churchill, Mary see Soames 玛丽·丘吉尔 见 Mary, née Churchill

Churchill, Lord Randolph 伦道夫·丘吉尔勋爵 20, 21, 67

death 去世 24, 27

letter to Winston about Sandhurst 就桑德赫斯特致信温斯顿 23–34

marriage 婚姻 20

oratory 雄辩家 21

syphilis 梅毒 21

Churchill, Randolph Frederick Edward Spencer 伦道夫·弗里德里克·爱德华·斯宾塞·丘吉尔 33,51,52

Churchill, Sarah 萨拉·丘吉尔 35

Churchill, Winston Leonard Spencer 温斯顿·伦纳德·斯宾塞·丘吉尔

与艾默里 27–28

appendicitis 阑尾炎 40

and Belgium 与比利时 151–152,162,163–164

birth 出生 20

and the Boer War 英布战争 14,28,29；as prisoner of war 作为战俘 28,97–98

布尔什维克主义 38

Calais garrison nonevacuation 死守加来的部队 147

and Chamberlain 与张伯伦 见 Chamberlain, Neville: and Churchill

as Chancellor of Exchequer 任财政大臣 40–41

Conservative to Liberal switch（1904）一九四〇年脱保守党入自由党 9,29–30

and Cuban War of Independence 古巴独立战争 25–26

death of daughter, Marigold 女儿玛丽戈尔德去世 39

Dundee election successes 敦提选举获胜 31

and Dunkirk evacuation 敦刻尔克撤退 145–148,178–179

education 教育 22–23；self-education in India 在印度自我精进 26–27,96

elected 1900 as Conservative MP 以保守党人身份当选议员 28

Epping seat 埃平席位 40

as First Lord of the Admiralty 任海军大臣 9, 34–35；mistakes
　　during Great War 第一次世界大战中的错行 13, 34–36, 195；
　　and RN reforms 整饬英国海军 32–33

in First World War 在第一次世界大战中 13, 14, 34–36, 37, 195

and France 与法国 106–107, 108–109, 114–117, 119–122, 125–
　　140, 143–144, 145–147, 173, 178–189, 196

and Free Trade 自由贸易 29

front-line journalism 报道前方战事 28

and Gallipoli 加利波利 13, 35–36, 195

and the German invasion of Low Countries 德国入侵低地国家 52,
　　53

habits and tastes 生活习惯和癖好 26–27, 83–86；饮酒 20, 85–86

and Halifax 与哈利法克斯 见 Halifax, Edward Wood, 1st Earl of:
　　and Churchill

and Hitler 与希特勒 见 Hitler, Adolf: and Churchill

as Home Secretary 任内政大臣 31；and the Siege of Sidney
　　Street 悉尼街围困 32；and the Tonypandy riots 托纳班迪骚
　　乱 32

in India 在印度 26–27, 96

and Indian Home Rule 印度自治 13, 42

and Ireland 爱尔兰 15

letters 信件：to Chamberlain 致张伯伦 60–61, 79, 86–87；to
　　Clementine 致克莱门坦 31；to colleagues, warning about
　　Germany 致同僚, 提醒注意德国 43；to Halifax 致哈利

法 克 斯 61；to Mussolini 致 墨 索 里 尼 112–113；to Lady Randolph 致 伦 道 夫 夫 人 26；to Reith 致 里 斯 82–83；to Roosevelt 致罗斯福 111

Manchester North West election failure 曼彻斯特西北部选举失利 31

marriage to Clementine Hozier 与克莱门坦·霍齐尔的婚姻 39–40 另见 Churchill, Clementine Spencer, née Hozier

military credentials 从军经历：with 4th Queen's Own Hussars 第四轻骑兵队 24, 26, 37, 52；wartime experience 战争经验 14, 34–36

and Mussolini 与墨索里尼 Ⅱ, 106, 110, 112–114, 135–136, 138–139, 140, 142–144, 152–154, 157, 166–168, 196

and the Norway campaign 挪威战役 8–9

painting 画画 40, 42

personality 性格 19–20

premiership appointment 任 命 首 相 59；and first meetings with ministers 与内阁大臣最初的两次会议 79–81, 83；and maiden speech 第一次演说 91–102

premiership candidacy 首相人选 13–18, 58–59

premiership style 工作方式 82–87

as President of the Board of Trade 任贸易大臣 30

public support 公众支持 87, 101–102, 105

reading matter 阅读 22

reputation 声誉：克莱门坦四处活动 37–38；with Dundee election success 敦提选举获胜 31；as emotional 感情丰富 25；over Gallipoli 加 利 波 利 35–36；as Home Secretary 任 内 政 大

臣 31；as a joke figure 受到嘲讽 9,32,85；and premiership suitability 首相资质 13–14；as a warmonger 好战分子 13, 44,54

and Roosevelt 与罗斯福 102,110–112,117,126,145

at Sandhurst 在桑德赫斯特 22–24

as Secretary of State for the Colonies 殖民地事务 2 大臣 38–39

as Secretary of State for War 陆军大臣 38

self-doubt 自疑 13–14,20,147–148,195

sense of destiny 仿佛与宿命同行 17–18

speeches 演说：一九四〇年五月十九日广播 118–122；on cost of appeasement 绥靖之策的代价 46；fermenting 酝酿 10；"在任何一块滩涂战斗" IV，188–190,192；first political speech 首次政治演说 27；House of Commons speech 28 May 1940 一九四〇年五月二十八日下院发言 165,170– 171；maiden speech as PM 作为首相的第一次演说 91– 102；on military spending 就军费问题 29；models for 模本 IV，185；oratory and rhetoric 演说与修辞术 I，IV–V，96– 102,122,171,185,187–192；pre-war warnings concerning Germany 战前就德国威胁发出警告 34，43,44,46,54； response to Munich Agreement 对《慕尼黑协定》的反应 47– 48；stage directions 剧本提示 188；thought process operating through speech 通过演说规整思想 185

as Under-Secretary of State for the Colonies 殖民地次长 30

War Cabinet meetings 战时内阁会议 II–III，35,53,56–57， 105–107,109–110,114,115–118,125–126,128–129,130– 131,137–146,178–179,181–182,185；27 May 1940 meeting 一九四〇年五月二十七日会议 151-161, 201-214; 28 May 1940 meeting 一九四〇年五月二十八日会议 165-168, 172-173

'wilderness' years 与世隔绝的生活/远离政治中心的生活 13, 42, 67

writings 写作：*Daily Graphic* despatches《伦敦每日画报》文章 25-26；*Daily Telegraph* reports《每日电讯》报道 27；*The Gathering Storm*《风云紧急》16, 61-62, 63-64；*Harrovian* articles《哈罗公学周报》22；*History of the English-Speaking Peoples*《英语民族史》100-101；*London to Ladysmith via Pretoria*《从伦敦发出经比勒陀利亚前往莱迪史密斯》98；memoirs 回忆录 45-46, 172, 173；*My Early Life*《我的早年生活》20, 21-22, 24-25, 26, 29；*Pioneer* reports《先锋报》报道 27；rallying memo of 29 May 1940 to Cabinet 给内阁的备忘 177-178；for *Saturday Evening Post* 为《星期六晚邮报》撰文 98；*Savrola*《萨伏罗拉》27；'The Scaffolding of Rhetoric'《修辞的支柱》101, 191；*The Story of the Malakand Field Force*《马拉坎德远征史》27；*Their Finest Hour*《荣光时刻》172；*The World Crisis*《世界危机》98

Cicero 西塞罗 97, 185

Clemenceau, Georges 乔治·克列孟梭 190-191

coalminers 矿工 32

Colville, John 'Jock' 约翰·"乔克"·科尔维尔 6, 11, 58, 83-84, 85, 95, 96, 107-108, 117, 127-128

Conservative Party 保守党 9, 10-11, 20, 27, 28, 29, 31, 40, 41, 57, 60, 81, 160

Cooper, Duff 达夫·库珀 162–163, 164, 250

Cromwell, Oliver 奥利弗·克伦威尔 4

Cuban War of Independence 古巴独立战争 25–26

Czechoslovakia 捷克斯洛伐克 46–48, 73

    Sudetenland 苏台德 46–47, 72, 73

Daily Express 《每日快报》137

Daily Graphic 《伦敦每日画报》25

Daily Mail 《每日邮报》137

Daily Telegraph 《每日电讯》27, 101

Daladier, édouard 爱德华·达拉第 116

Dalton, Hugh 休·道尔顿 7, 170–171, 185

Davies, Clement 克莱门特·戴维斯 4

de Gaulle, Charles 夏尔·戴高乐 115

Defence Committee 国防委员会 56, 105, 133, 162, 182, 196

Dill, Sir John 约翰·迪尔爵士 80, 114, 180

Donne, John 约翰·多恩 97

Dorman-Smith, Sir Reginald 雷金纳德·多尔曼-史密斯爵士 72

Dowding, Sir Hugh 休·道丁爵士 164

Dunkirk 敦刻尔克 118, 127, 129, 133, 137, 151, 162, 164, 155, 168,
    169, 171, 177, 178, 181

evacuation (Operation Dynamo) 撤退（发电机计划）145–148, 157,
    164, 178–189

Eden, Anthony 安东尼·艾登 14–15, 17, 45, 62, 68, 70, 72, 108, 122,
    128, 134, 147, 179, 180

Edward VII 爱德华七世

    Churchill's oath of fealty to 丘吉尔宣誓效忠 29

    as Prince of Wales 作为威尔士亲王 20

Edward VIII 爱德华八世 44

elections, general 大选 见 General Elections

Enchantress, HMS "女巫"号 33

Epping 埃平 40,41

Evening Standard 《旗帜晚报》101-102,137

Everest, Elizabeth 伊丽莎白·埃弗里斯特 21,24-25

First World War 第一次世界大战

    Britain's declaration of war 宣战 34

    Churchill in 丘吉尔 13,14,34-36,37,195

    Gallipoli campaign 加利波利战役 13,35-36,195

Fisher, Sir John 约翰·费舍尔爵士 35,36

France 法国 108-109,114-117,118-122,173 另见 Boulogne；Calais；

    Dunkirk；Paris

    French Army 法国军队 106,107,119,126,127-129,140,186

    German invasion of 德国入侵 106-107,108,114,118-122,125-

      140,143-144,170

    and Italy 与意大利 165-168

Free Trade 自由贸易 29

French, Sir John 约翰·弗伦奇爵士 37

Gallipoli campaign 13,35-36,195

Gandhi, Mahatma 圣雄甘地 67

Gandhi–Irwin Pact 《甘地-欧文协定》 67

Garibaldi, Giuseppe 朱塞佩·加里波第 97

Gemmell, Chips 齐普斯·吉梅尔 84

General Elections

    1910 elections 一九一〇年大选 31–32

    1922 election 一九二二年大选 40

    1929 election 一九二九年大选 41

    1935 election 一九三五年大选 68

General Strike 大罢工 41

George V 乔治五世 31

George VI 乔治六世 13,57–58,59,82,106,131,185

Germany 德国

    Churchill's pre-war warnings about 丘吉尔的战前警告 34,43,44,
        46,54

    and First World War 第一次世界大战 见 First World War

    Luftwaffe 德国空军 52,127,129,132,139,178,186

    naval expansion/rearmamen 扩张海军/重启军备 33–34,44

    Poland invaded by 入侵波兰 11,48

    in Second World War 第二次世界大战 见 Second World War

    the Treaties of Versailles and Locarno 《凡尔赛条约》和《洛迦诺公
        约》 68

Gibraltar 直布罗陀Ⅲ,140,141,144,157

Gilbert, Martin 马丁·吉尔伯特 37,44,72,130,142,168

Gilliatt, Elizabeth 伊丽莎白·吉利亚特 85

Goebbels, Josephs 约瑟夫·戈培尔 85

Gold Standard 金本位 41

Göring, Hermann 赫尔曼·戈林 69, 71

Gort, John Vereker, 6th Viscount 第六代戈特子爵 约翰·费列科 57, 128, 130, 131, 132, 152, 162, 178–179, 180, 181, 183

Great War *see* First World War 大战 另见 First World War

Greenwood, Arthur 亚瑟·格林伍德 5, 17, 52, 61, 79–80, 81, 143, 144, 152, 154, 167

Grey, Sir Edward 爱德华·格雷爵士 34

Guthrie, Tyrone 蒂龙·格思里 118

Halifax, Charles Wood, 1st Viscount 第一代哈利法克斯子爵 查尔斯·伍德 66

Halifax, Edward Wood, 1st Earl of 第一代哈利法克斯伯爵 爱德华·伍德 Ⅲ, 45, 57, 64, 65–76, 81, 106, 107, 109, 110, 132–133, 135, 151, 152–153, 163, 178–179, 185

appeasement policy 绥靖政策 14, 54, 69–73, 106, 110, 129, 135–136, 138–139, 140–141, 142–145, 152–162, 165–168

and Chamberlain 和张伯伦 11–13, 15–17, 45, 69–70, 74–75, 83, 155, 158, 167–168; as possible successor 作为接任者候选人 11–13, 15–17, 57–58

and Churchill 和丘吉尔 13, 15–17, 45–46, 61, 66–67, 75–76; letter to Halifax 致哈利法克斯的信函 61; and Mussolini, Italy and peace talks 和墨索里尼、意大利、和谈 106, 110, 129, 135–136, 138–139, 140–141, 142–145, 152–161, 165–169, 194, 196–197; as PM 首相 79–80, 83, 106, 110, 135–136, 138–139, 140–145, 165–168, 172–173, 178–179, 184–185, 193–194; resignation threats 辞任之挟 160–161, 168, 171–172, 194

Foreign Secretary Appointment　任命外交大臣　72

and Hitler　和希特勒　见 Hitler, Adolf: and Halifax

and Morrison　和莫里森　7

Peer/Commons conflict　贵族身份和下院席位的冲突　11, 16

as Secretary of State for War　任陆军大臣　68

as Viceroy of India　任印度总督　42, 67; Gandhi–Irwin Pact　《甘地–欧文协定》67

Hankey, Maurice, 1st Baron　第一代汉基男爵 莫里斯·汉基　86

Harrovian　《哈罗公学周报》22

Harrow　哈罗公学　22

Hitchens, Christopher　克里斯托弗·希钦斯　194

Hitler, Adolf　阿道夫·希特勒

British invasion plans/possibility　侵略英国的计划／可能性　166, 186, 189–190

and Chamberlain　和张伯伦　5–6, 46–47, 62–63, 143 另见 Munich Agreement

and Churchill　和丘吉尔：and Mussolini　和墨索里尼　Ⅱ–Ⅲ, 143–144; peace deal possibilities　媾和的可能性　Ⅱ–Ⅲ, 140–142, 143, 154–161, 193–197

claim to be guardian of Europe　声称要捍卫欧洲　44

and Halifax　和哈利法克斯　14, 45, 54, 68–72, 73–75, 140–141, 143–145, 154, 166–168

and Mussolini　和墨索里尼　144, 152–154, 166–168, 196

preparations for war　备战　17, 44

speeches　演说　101

Hoare, Sir Samuel　塞缪尔·霍尔爵士　7, 51–52, 53, 56–57, 72–73, 86

Holland 荷兰

    German invasion of 德军入侵 51–52,55,106,109

    surrender 投降 109

Hozier, Blanche, Lady 布兰奇·霍齐尔夫人 30

Hozier, Clementine 克莱门坦·霍齐尔 见 Churchill, Clementine Spencer, née Hozier

Hussars, 4th Queen's Own 英国第四轻骑兵团 24,26,37,52

India 印度

    Bangalore 班加罗尔 26

    Churchill in 丘吉尔于 26–27,96–97

    Home Rule and Churchill 印度自治和丘吉尔 13,42

    Round Table Conference 圆桌会议 67

Inskip, Sir Thomas 托马斯·英斯基普爵士 72

Ireland 爱尔兰 13

Ironside, Sir Edmund 埃德蒙·艾恩赛德爵士 14,52,57,80,81,110, 114,125,126,128–129,131,133–134,180

Irwin, Lord *see* Halifax, Edward Wood, 1st Earl of 欧文勋爵 见 Halifax, Edward Wood, 1st Earl of

Ismay, Hastings, 1st Baron 第一代伊斯梅男爵 黑斯廷斯·伊斯梅 56, 80,87,108,114,115–116,125,128,133–134,147,152,180,182

Italy 意大利 106,107,109–110,112–114,129,132–133,135–136, 138–139,140–141,142–145,152–154,165–168,178,196

    and France 和法国 165–168

Ive, Ruth 露丝·艾弗 81

Jenkins, Roy 罗伊·詹金斯 28,33,38,42,84–85

Kennedy, Joseph 约瑟夫·肯尼迪 74,108,109,185–186

Keyes, Sir Roger 罗杰·凯斯爵士 5,151,163

Keynes, John Maynard 约翰·梅纳德·凯恩斯 41

Kitchener, Horatio Herbert, 1st Earl 第一代基钦纳勋爵 霍拉修·赫伯特 27,35

Kristallnacht 水晶之夜事件 74

Labour Party 工党 32,57

Lawrence, T. E. 托马斯·爱德华·劳伦斯 38–39

Leopold III of Belgium 比利时国王利奥波德三世 151,162

Liberal Party 自由党 9,29–30,31,32,34,40

Livy 题图斯·李维 97

Lloyd George, David 戴维·劳合·乔治 8,9,29,34,38,40,66

Lloyd George, Margaret 玛格丽特·劳合·乔治 8

Lorarno, Treaty of 《洛迦诺公约》 68–69

Low, David 大卫·罗 101–102

Luftwaffe 纳粹德国空军 52,127,129,132,139,178,186

Luxembourg 卢森堡 52,55

MacDonald, Malcolm 马尔科姆·麦克唐纳 95–96

MacDonald, Ramsay 拉姆齐·麦克唐纳 44,68

Mahdist War 马赫迪战争 27

Malta 马耳他 Ⅲ,140,141,144,157,196

Manchester, William 威廉·曼彻斯特 118

Manchester Guardian 《曼彻斯特卫报》136

Margesson, David 戴维·马杰森 11,16,17,108

Martin, John 约翰·马丁 187,188

Metropolitan Police 伦敦警察厅 32

Middle East Conference 中东会议 38

Military Coordination Committee 军事协调委员会 52

Morrison, Herbert 赫伯特·莫里森 6-7

Munich Agreement 《慕尼黑协定》6,47,73

Munster, Geoffrey Fitz Clarence, 5th Earl of 第五代芒斯特伯爵 杰弗里·费兹·克莱伦斯 181

Mussolini, Benito 贝尼托·墨索里尼 II-III,45,72,106,107,109-110,112-113,129,135-136,142-144,152-154,157,166-168,178,196

    invasion of Abyssinia 入侵阿比西尼亚 45

National Government 联合政府 7,15,17,55,57,79,81

Newall, Sir Cyril 西里尔·纽沃尔爵士 56,80

News of the World 《世界新闻报》136

Nicholson, Claude 克劳德·尼克尔森 132,134,147

Nicolson, Harold 哈罗德·尼克尔森 95,186-187

Norway 挪威

    Campaign 挪威战役 8

    Debate 挪威辩论会 4-6

Onslow, Dorothy, Lady 多萝西·昂斯洛夫人 66

Operation Dynamo 发电机计划 145-147,157,164,178-189

oratory *see* rhetoric/oratory 演说 见 rhetoric/oratory

Paris 巴黎 52, 182–184

　　defence of 防卫战 106–107, 108–109, 114–117

　　Peace Conference 巴黎和会 66

Peel, Sir Sidney 西德尼·皮尔爵士 30

People《人民报》137

'Phoney War'"假战" 11

Pioneer《先锋报》27

Plutarch 普鲁塔克 101

Poland, German invasion of 德国入侵波兰 11, 48, 75

Pound, Sir Dudley 达德利·庞德爵士 80, 164

Prague 布拉格 75

Profumo, John 约翰·普罗富莫 10–11

Purnell, Sonia 索尼娅·珀内尔 84, 85

Ramsay, Bertram 伯特伦·拉姆齐 146–147, 164

Reith, Sir John 约翰·里斯爵士 43, 82

Reynaud, Paul 保罗·雷诺 106–107, 108–109, 114, 116, 127, 132, 135, 137, 139–140, 153, 154–155, 166, 173, 180–181, 182–184

rhetoric/oratory 演说/演讲 Ⅱ, Ⅳ–Ⅴ, 96–102, 122, 171, 185, 187–192

Ribbentrop, Joachim von 约阿西姆·冯·里宾特洛甫 72

Roberts, Andrew 安德鲁·罗伯茨 11–12, 14, 57, 73, 76, 157, 161

Roosevelt, Franklin D. 富兰克林·德·罗斯福 111, 117, 132, 145, 153, 160–161, 165

and Churchill 和丘吉尔 102,110–112,117,126

Roosevelt, Theodore 西奥多·罗斯福 97

Royal Air Force 英国皇家空军 119,139,164,183

Royal Navy 英国皇家海军 32–33

    and Dunkirk 和敦刻尔克 146

    in First World War 在第一次世界大战中 34–35

    planes 飞机 112

Russia 俄罗斯 38

Sandhurst 桑德赫斯特皇家军事学院 22–24

Scots Guards 苏格兰卫队 32

Second World War 第二次世界大战

    1940's worsening situation 一九四〇年日益恶化的战局 105–122

    Britain's declaration of war 英国对德宣战 48

    German annexation of Austria 德奥合并 72

    German bombing campaigns 德军密集轰炸 52,56

    German invasions 德军进攻 105,106; Belgium 比利时 51,55–56,151,162,163,165; France 法国 106,106–107,108,114,118–122,125–140,144,170 另见 Boulogne; Calais; Dunkirk；荷兰 51–52,55,106,109; Luxembourg 卢森堡 52,55; Poland 波兰 11,48,75; Sudetenland 苏台德区 73

    Kristallnacht 水晶之夜 74

    Phoney War "假战" 11; Norway campaign 挪威战役 8

Sheldon, Michael 迈克尔·谢尔顿 34

Sidney Street, Siege of 悉尼街围困 32

Simon, Sir John 约翰·西蒙爵士 7,33,72,74

Simpson, Wallis 沃利斯·辛普森 44

Sinclair, Sir Archibald 阿奇博尔特·辛克莱爵士 62,108,152,153

Sinclair, Sir John 约翰·辛克莱爵士 84

Soames, Mary, née Churchill 玛丽·索姆斯,婚前姓丘吉尔 39,59,85

Somervell, Mr (teacher) 萨默维尔老师 22

South Africa 南非 28

Spears, Sir Edward 爱德华·斯皮尔斯爵士 162,177,180,181

Stanhope, James Stanhope, 7ᵗʰ Earl 第七代斯坦霍普伯爵 詹姆斯·斯坦霍普 72

Stanley, Oliver 奥利弗·斯坦利 51,52

Sudan 苏丹 27

Sudetenland 苏台德区 46,72,73

Suez Canal 苏伊士运河 107,140,144

Sunday Express 《星期日快报》136

Supreme War Council 最高战时委员会 56,114,115–118,127–128,181–185

Thatcher, Margaret 玛格丽特·撒切尔 83

Thompson, W. H. 沃特·亨利·汤普森 59

Tonypandy riots 托纳潘迪暴乱 32

Toye, Richard: *The Roar of the Lion* 《狮子的呐喊》理查德·托伊著 99

trade 贸易

    Board of 贸易委员会 30

    Free Trade 自由贸易 29

Trondheim 特隆赫姆港 4,14

unemployment 失业率 41

United States of America 美利坚合众国 110–112, 126, 132–133, 152, 170, 185–186

Neutrality Acts 《中立法案》111–112

Versailles, Treaty of 《凡尔赛条约》68

Victoria, Queen 维多利亚女王 28

Wall Street Crash 华尔街大崩盘 42

War Cabinet 战时内阁 Ⅱ, 35, 37, 53, 55, 56–57, 68–69, 71, 105–107, 109–110, 114, 115–116, 117–118, 125, 128, 130–131, 132, 135, 137–140, 141–144, 145–146, 163, 165, 178–179, 181–182, 185, 186

   27 May 1940 meeting 一九四〇年五月二十七日内阁会议 151–161

   28 May 1940 meeting 一九四〇年五月二十八日内阁会议 165–168, 172–173

   Churchill appoints his Cabinet 丘吉尔任命内阁 61–62

   Minutes 会议记录 Ⅱ, 141–142, 146, 196

War Staff 作战参谋部 33

Warner, Philip 菲利普·华纳 55–56

Watching Committee 监察委员会 4, 6

Weygand, Maxime 马克西姆·魏刚 127–128, 129, 130, 131, 132, 181, 186

Wilhelmina of Holland 荷兰威廉明娜女王 106

Wood, Sir Kingsley 金斯利·伍德爵士 7, 15, 55, 72

Yorkshire Dragoons, Queen's Own 约克郡龙骑兵队 66